新文京開發出版股份有限公司

NEW WCDP

新世紀‧新視野‧新文京 ─ 精選教科書‧考試用書‧專業參考書

第**9**版

統計學

以 MICROSOFT EXCEL 為例

馬秀蘭、吳德邦 編著

9TH EDITION

STATISTICS

隨書附贈範例程式光碟

劉 序

　　二十一世紀的時代，將是一個知識多元與科技整合的 AI 時代，隨著大數據(Big Data)與科學技術神速的進步，人類所面臨的問題將遠超過以往的幾個世紀；因此，如何利用有效的知識來作預測、推論、進而解決問題，將是重要的問題。無庸置疑，統計學將是多元文化中所共通的知識，因為統計學是一門「藉蒐集資料、處理資料、陳述資料、分析資料、以及推論分析結果，使能在不確定情況下，作成最佳決策或獲致一般性結論」的學科，面對未來不確定的問題，統計學的知識，恰好能幫助人類作成最佳決策，進而解決問題。

　　本書作者們學養俱佳，自他們學成歸國之後，除了認真教學之外，並積極的投入基礎研究工作，連續多年榮獲行政院國家科學委員會資助研究計畫，除此之外，更能於教學與研究之餘，融合了他們多年的學習與教學的經驗，以「用 Excel 作為工具來教導統計學」的觀念，完成了本書，更是難能可貴。本書對想學統計概念的人來說，是一本極具參考價值的圖書。茲值此書編寫完成而付梓之際，爰特綴數語樂為之序。

前國立台中教育大學校長

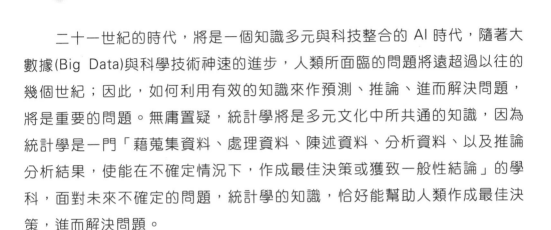

劉湘川　謹識

於亞洲大學

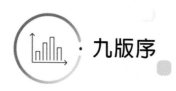 九版序

本書中，必須大量使用 Microsoft Excel 2013 版中「資料」「資料分析」的圖示(icon)。假設您在右上角找不到「資料分析」圖示，如圖 0-1 所示。

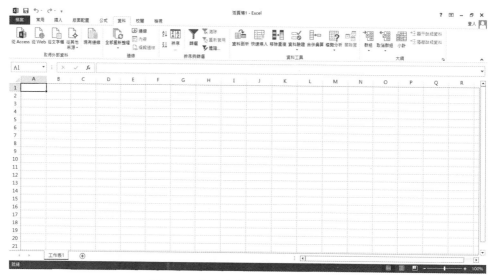

■ 圖0-1　選單上找不到「資料分析」

若要使用「資料分析」，您必須自己設定，方法如下：

(1)點選「檔案」，如圖 0-2 所示。

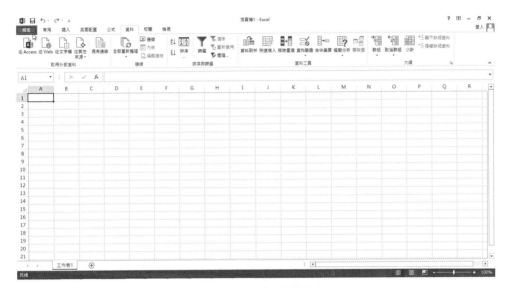

■ 圖0-2　點選「檔案」

(2)再選擇「選項」，如圖 0-3 所示。

■ 圖0-3　選擇「選項」

(3)選取「增益集」，如圖 0-4 所示。

■ 圖0-4　選取「增益集」

(4)選擇「分析工具箱」，並按「執行」，如圖 0-5 所示。

■ 圖0-5　執行「分析工具箱」

(5)將「分析工具箱」選項做勾選，再按確定，如圖 0-6 所示。

■ 圖0-6　增加「分析工具箱」

　　按下**確定**後，好像沒發生什麼事，但是其實已設定完成了！您可以再選「資料」選項檢查看看，是否可找到「資料分析」？如圖 0-7 所示。

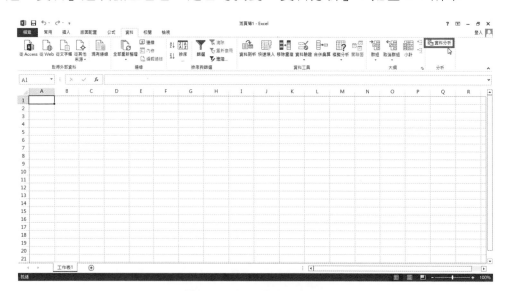

■ 圖0-7　出現「資料分析」

本版從第 1 章至第 13 章重新改寫，範例圖檔配合 Excel 2013 版本重新配置，並將資料檔附在光碟內，以利讀者實作操演。

　　本版重新大改版，更美觀清爽，並得以順利出版，十二萬分感謝新文京開發出版股份有限公司全體人員之鼎力幫忙。本書雖進入第九次改版，疏漏之處在所難免，尚祈大家繼續不吝斧正賜教。

馬秀蘭、吳德邦　謹識

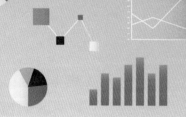

眾所皆知，統計學是一門「蒐集資料、處理資料、陳述資料、分析資料、以及推論分析結果，使能在不確定情況下，作成最佳決策或獲致一般性結論」的學科。我們日常生活中，處處受到統計的影響，也常常應用到統計概念而不自知。例如：我們購物前，常考慮「貨比三家不吃虧」，這就應用到統計概念—蒐集資料、作決策。愈是工商業發達的社會愈需要統計性的思考，因此，對統計概念迫切需求，今甚於昔。

背誦抽象符號和公式，幾乎是學過統計學的人，共同痛苦的經驗，尤其是用紙筆計算或是拿著電算機進行統計分析的困境；為了解決此一困境，於是乎專業化的統計軟體，隨著電腦的發展一一被開發出來，例如：BMDP、MINITABR、R、SAS、SPSS，…。但是，對於初學者，使用這些專業統計軟體有下列三個限制：

1. 軟體昂貴，非一般學生個人或學校團體大量採購所能負荷。

2. 每一個軟體各有各的用法和語法，難學易忘，曠日廢時。雖然在圖形使用介面(GUI)的作業系統下，情況大有改善，但為了作一統計分析，亦常不得其門而入。

3. 這些軟體根據資料，直接就分析結果報表，難以了解其分析的過程；不利統計概念的學習。電子試算表軟體(Microsoft Excel、Lotus128、Works…)恰好能解決上述的限制，特別是 Excel（中文版）在國內已相當普及，它價格合理，學校亦不難支付大量授權的費用；同時，在Windows（中文版）的圖形使用介面系統下，易學易用；況且，必要時也可透過實例演示，依統計公式一步一步的操作演練，進而獲得分析結果，易於掌握學習的過程。

本書之撰寫原則是本著以簡馭繁的精神，並且融合了筆者們多年「學與教」的經驗，以統計學（概念）為主，以 Excel（運算工具）為輔，期使學習者能很快的學會統計概念。

　　本書得以順利完成，要特別感謝我們的恩師，前國立台中教育大學校長劉湘川教授不時的鼓勵與教誨，並特別於公務繁忙之際為本書賜序；同時，也要特別感謝新文京出版機構全體人員之鼎力幫忙，特別是洪成賀先生和施閔元先生之極力邀稿，以及編輯部人員細心協助校稿，在此致上十二萬分的謝意。

　　本書成書費時良久，雖力求完美無缺，但疏漏之處在所難免，尚祈讀者先進，不吝賜予指正，無任感荷。

馬秀蘭、吳德邦　謹識

 **編者簡介**

吳 德 邦 教授、雙博士

- e-mail：wudb@hotmail.com/ dr.wudb@gmail.com

┃ 現 任

- 國立台中教育大學教育學系兼任教授

┃ 曾 任

- 國小教師
- 師專、師範學院助教、講師
- 教育大學副教授、教授

┃ 學 歷

- 美國北科羅拉多大學教育數學博士（Ph. D., 1994）
- 國立台中教育大學教育測驗統計研究所博士（Ph. D., 2010）
- 國立台灣師範大學理學碩士（M. S.）
- 國立台灣師範大學理學學士（B. S.）
- 省立台中師範專科學校畢業

┃ 著 作

- 學術論文（含 SCI, SSCI, EI 雜誌）數百餘篇
- 專書數十餘冊，包括：
  - ⇨ 統計學 —— 以 SPSS for Windows 為例（新文京出版社）

⇨ 如何撰寫文獻探討：給社會暨行為科學學生指南（譯作，心理出版社，2014 二刷）

⇨ 統計學 —— 以 Microsoft Excel 為例（新文京出版社）

⇨ 小學數學教學資源手冊 —— 推理與解題導向（心理出版社，2009）

⇨ 中學數學教學資源手冊 —— 推理與解題導向（心理出版社，2009）

⇨ 微積分、工科微積分、高科微積分

⇨ 民 82 年國民小學數學教科用書（全套）第一冊至第十二冊

▍會 員

- 美國 NCTM
- 美國 IEEE 會員
- 歐洲 WSEAS 會員
- International Group for the Psychology of Mathematics Education 會員
- 台灣數學教育學會永久會員兼第一、二屆理事
- 台灣科學教育學會永久會員

▍榮 譽

- 論文曾獲國科會研究成果獎助優等獎
- 榮獲國科會專題研究計畫補助，擔任計畫主持人（自 1996 至 2012）
- 擔任碩士班研究生指導教授
- 國立台中教育大學研究優良教師

馬 秀 蘭 教授、博士

- e-mail：hlma@hotmail.com.tw

▌ 現 任

- 嶺東科技大學教授

▌ 曾 任

- 高中教師
- 國立台中教育大學、勤益科技大學兼任教授

▌ 學 歷

- 美國北科羅拉多大學博士（Ph. D.）
- 美國北科羅拉多大學理學碩士（M. S.）
- 國立台灣師範大學理學學士（B. S.）

▌ 著 作

- 學術論文數百餘篇
- 專書數十餘冊，包括：

  ⇨ 統計學 —— 以 SPSS for Windows 為例（新文京出版社）

  ⇨ 如何撰寫文獻探討：給社會暨行為科學學生指南（譯作，心理出版社，2014 二刷）

  ⇨ 統計學 —— 以 Microsoft Excel 為例（新文京出版社）

  ⇨ 小學數學教學資源手冊 —— 推理與解題導向（心理出版社，2009）

  ⇨ 中學數學教學資源手冊 —— 推理與解題導向（心理出版社，2009）

  ⇨ 微積分、工科微積分、商科微積分

  ⇨ 二專數學（全）、五專數學（一二三四）、五專數學（全）

▌會 員

- International Group for the Psychology of Mathematics Education 會員。
- 台灣數學教育學會永久會員兼第一屆監事。

▌榮 譽

- 論文曾獲國科會研究成果獎助優等獎。
- 自 1997 年 8 月至今，連續主持科技部（國科會）26 個專題研究計畫（擔任主持人）。
- 榮獲 100、101 年度"教育部"教學卓越計畫獎勵特殊優秀人才彈性薪資獎勵。
- 榮獲 102、103、104、105、106、107、108 年度"科技部"補助特殊優秀人才獎勵。

STATISTICS **Contents**

目　錄

緒　論

01
Chapter

STATISTICS

 ## 1-1 統計學概論

（一）統計學意義

統計學(statistics)為藉蒐集、整理、陳述、分析資料與推論分析結果，使能在不確定情況(uncertainty)下作成最佳決策或獲致一般性結論的科學。

（二）統計學分類

1. 統計學依其主要內容可分為三類：敘述統計學、推論統計學及實驗設計。

   (1) **敘述統計學**(descriptive statistics)：主要內容是在蒐集、整理與陳列資料，並不由已知的資料推論到未知的部分。

   (2) **推論統計學**(inferential statistics)：又可稱為統計推論學(statistical inference)或歸納統計學(inductive statistics)一般科學研究，由於受到時間、金錢、人力、物力的限制，通常無法將研究對象全部加以測量或調查，只能由其中抽取部分樣本加以研究。故主要目的是根據所蒐集的部分群體（樣本）資料對全部群體（母群體）作推論。

   　　推論統計學又因母群體條件不同而分為有母數統計學(parametric statistics)及無母數統計學(nonparametric statistics)。

   ① 有母數統計學：指所有母體為常態分配(normal distribution)的統計推論方法。

   ② 無母數統計學：指其他不是常態分配之母體的統計推論方法。

   (3) **實驗設計**(experimental design)：製造一種情境以驗證假設是否存在的研究。

2. 統計學的另一分類法是將之分為二類：數理統計學(mathematical statistics)及應用統計學(applied statistics)兩類。

   (1) 數理統計學：又稱理論統計學，利用數學理論闡明統計方法的原理，導證各種統計公式的來源，研究發展統計推論的方法而為統計學的理論基礎者，稱為數理統計學。簡言之，數理統計學主要在闡明各種統計方法的原理。

   (2) 應用統計學：凡闡明統計理論及統計方法在各種科學研究，專門學術及行政管理上之應用，以解決實際統計問題，是為應用統計學，如經濟統計、教育統計、政府統計、人口統計、生物統計、國際貿易進出口統計…等等，皆為應用統計學。換言之，應用統計學主要在闡述統計方法在各種科學研究及專門學術領域上之應用。

（三）統計學的發展

1. **古典統計學時代**：此時代大致是從十六世紀中葉至十九世紀初葉。其發展由德國的國勢學派，而至英國的政治算術學派。此時統計學僅在國情及社會現象，作文字或數字的描述，而慢慢演化為對數字資料加以初步比較與分析而已，尚未發展成一門獨立科學方法。

2. **近代統計學時代**：此時代大致是從十九世紀初葉至二十世紀初葉。由於數學上機率原理的發展、使得統計學逐漸成為一門獨立的科學方法。十九世紀中葉，比利時學者郭特萊(A. Quetelet)應用機率理論確定大數法則原理，奠定了統計學上大量觀察的理論基礎，亦即觀察之數據資料愈多，所依樣分析之結果越正確，故該期亦可稱為大樣本時期。

3. **現代統計學時代**：二十世紀初葉以後，統計學之發展進入現代統計學時代。首先於 1908 年，英國高賽德(W. S. Gosset)提出小樣本理論，首創 T 分配，為現代統計學之開端；接著英人費歇(R. A. Fisher)創立統計推論法、統計假設檢定法、實驗設計及變異數分析等，而開推論統計學之先河。因此該時期又可稱為推論統計時期或小樣本時期。

（四）統計學的功能與應用

近半世紀，地球村的每一個角落，不分城鄉，由於遭逢生存環境的惡化，能源短缺的危機，人口爆增，糧食產量相對降低，雖然人口成長可以提供大量勞工，但卻發生嚴重的失業問題，經濟衰退，失業率節節上升，痛苦指數有升無降，這些層出不窮的社會問題，已使這個世界因各問題之間相互滲透的複雜性帶來了高度的困局，也讓地球村每一個成員面對變化莫測的未來，更加深對目前生活處境的危險性、不確定性。在面對這些煩雜的不確定性問題時，人們如何由雜亂無章的資料裡，如何整理出多頭事項變化的規律性及其間的相互關係？如何將蒐集的不同問題予以分類、整理、簡化，進而發現其潛在的特性與未來演變的趨勢，已成為當前地球村的人們所積極追尋的首要課題。

欲深入瞭解當前盤根錯結的政治、經濟、貿易、社會、文化、心理、醫藥、失業、生活品質以至環境等等的世界困局(world problematique)唯有賴科學的統計方法，透過資料的蒐集、整理、分析、陳述、評估、推論以至於預測，從不確定的狀態下建立科學的定律，獲得通盤性的結論，從而規劃出最佳的決策及處理該等事項的有效措施與方法。

由歷史的軌跡得知；地球村的成員就是困局的製造者，也因而受困於其產生的惡果，然人們面對各種變化，並表示人類應該是被動的順應或承受痛苦而沒有反應，也不表示人類必須生活在永遠的壓力下，而不嘗試去瞭解或克服這些史無前例的處境，因為以往的人類一直在確定的事物中生存，包括價值觀、職業、生活、信念等，然現在所面對的卻是一連串不斷的變化而不再是一種變化，這些分歧的變化已經影響了人類整個生存的方向。一個接一個的變化，使情況變得更困難，在面對世界的挑戰中，統計學的理論與方法就成了挑戰及克服千變萬化的自然現象，層出不窮的社會、經濟、政治等問題之有效工具，因此一個 e 時代的商管人確有必要對統計學的功能與應用有所瞭解，以便當你面對繁雜的不確定問題時，能熟練的利用統計理論方法去分析、評估、找出對策，使不確定性及風險獲得降低或避免。

1. 統計學的功能：

　　謹以統計學的流程蒐集、整理、陳述、分析資料、推論與預測為基礎，簡要介紹說明。

(1) 資料蒐集：在全部統計方法的過程中，資料的蒐集是統計工作的開端。統計學提供抽樣調查方法與技術，同時配合不同的研究目的、需求、與研究對象全體（又稱母群體，population）的特性，在一定準確度(precision)或調查經費限制之下，以普查(census)的方式由母群體調查得到有關某種性質的全部資料，或以抽樣(sampling)的方式取得一代表性高的樣本(sample)，從而獲致統計方法過程中所需的各種資料與資訊。

(2) 整理分析：資料(data)（或稱數據）本身不等於資訊(information)，資料是資訊的原始粗略材料，需經過選擇過濾，利用統計學的整理規則，始能產生資訊，基本上將蒐集所得到的（或樣本）資料，加以整理、分類、簡單化、系統合理化，使成為有用的統計資料或資訊。例如時間數列資料、空間數列資料、數量數列資料及屬性數列資料等，並可利用統計表或統計圖陳述之；從而可由所蒐集之資料本身求出其平均數、標準差、比率、偏態係數、峰度係數、樣本相關係數、迴歸係數暨簡單數學模型等以顯示資料的特徵、相互關係、未來發展趨勢、並可作為推論估計(estimation)、假設檢定(tests of hypotheses)等統計工作的基礎。

　　例如政府為設計經濟計畫，統籌全國資源分配，以及找出施政決策之依據，政府常透過登記或調查所獲之大量原始資料，經整理、歸類、分析、化繁複為簡要數據後，變成資訊以提供使用部門便於比較研究。

(3) 評估預測：現代統計學最重要的功能即在不確定情況下，能以樣本資訊推論母群體（全體）的特徵與性狀，由已知推論未知，以建立模型預測未來。經由客觀的觀察，詳盡的分析與合理的判斷，獲得一般性結論或作成最佳決策。

　　目前，社會現象、自然現象的分析研究，從個人及家庭的生活收支，投資理財計畫；儲蓄、購買、出售股票，期貨、基金、保險等，到企業的經營管理，投資設廠，行銷策略，進而擴大至整個社會、國家均可利用現成資訊，利用時間數列或模型藉以推測今後可能變動趨勢，供給個人家庭，企業、政府研訂各種長短期發展計畫之參考。

2. **統計學的應用：**

(1) **使得資訊變得更有意義**：在這個資訊發達且動盪複雜的環境下，企業家在訂定各種經營決策時，往往需要許多的資訊，如中央銀行貨幣政策各種利率的變動，股票市場股價指數、貨幣供給量、匯率、失業率、貿易、躉售物價、消費者物價等等，而面對大量且複雜的資訊，應如何蒐集與整理相關的資訊呢？藉著統計方法的運用，或許能從中萃取精華且重要的資訊，進而據以判定決策。譬如將所蒐集的資料，編製成統計圖、統計表或計算出其統計量數，如此將使得資訊更為有意義。

(2) **處理不確定性的問題**：統計學本質上是一門「處理不確定性的科學」。在我們所面對的許多問題中，往往具有很大的不確定性。譬如說：經濟將持續景氣或開始衰退？物價水準會上升、持平或下跌？新產品上市成功的機會？競爭者是否會擴充其產能？參加競選的候選人欲知得票率？新處方對某種疾病的治癒率是否比舊處方有效？兩種測驗方法分數結果變動程度的比較？等等，這些都是不確定性的問題，但卻是一位企業家、政治家、醫生、教育家極為關切的事務。統計學在這方面提供了一個很有用的工具，譬如機率理論、期望報酬或損失、貝氏決策理論、模擬技巧等，或可用來處理不確定性的問題。

(3) **統計與工商企業**：統計在工商企業的應用上極為普遍，舉凡一切與經營有關的企業活動，莫不使用統計來幫助其決策。例如，在生產製造活動上，可依據統計方法來執行抽樣檢驗與品質管制，透過品

質管制圖可找出產品發生變動的原因係屬於「機會原因」或屬「可疑原因」對症下藥，如此可達到以最低的成本獲致最高的品質。又如企業組織與管理上，可利用統計方法變異數分析(ANOVA)二因子變異分析對員工的訓練、績效的評鑑以及人力資源規劃等，進行統計分析以獲得有用的資訊，及找出是否有顯著差異作為管理當局的決策參考。至於其他的企業活動與統計有密切的關係，如行銷活動進行行銷研究、財務管理上執行財務預測、損益分析、投資決策等以及會計部門使用統計抽樣調查以進行內部稽核等，工商管理者也可由時間數列中之循環變動去分析工業生產量、股票交易額、物價、工資以及種種企業活動週而復始之繁榮、衰退、蕭條、復甦之上下變動趨勢。這些都是統計方法應用的最佳範例。

(4) **統計與科學研究**：實驗工作為科學研究之主要途徑，其方法是蒐集可靠的相關資料，然後按其性質將之歸類，並加以比較分析，從而歸納出初步的原理，根據此原理作出假設，並作反覆的實驗，而構成科學上所謂的定律(law)。由此可知，科學方法之進行過程，在在需要利用統計方法以協助其研究。因此，統計實驗與科學研究有密切的關聯。我們甚至可以說，科學研究愈趨複雜，則對統計的需要也就愈為迫切。例如：變異數分析(ANOVA)已在科學實驗中得到實質上的功能：①在工業方面：可藉 ANOVA 法觀察不同的技術或方法所生產出來的產品是否有顯著差異；②在農業方可藉 ANOVA 法觀察不同的肥料，種子對於其收穫量是否有顯著差異；③在醫學、教育方面也可找出各種營養品的營養價值，教學方法教學效果有無顯著差異。

　　除了上述的一些統計方法之應用外，統計學的應用範圍尚包括人口統計、生物統計、農業統計、教育統計、心理統計、社會統計以及實驗設計……等，舉凡一切與人類活動有關者，幾乎皆離不開統計的應用範圍，不過統計方法的目的即在尋求群體中的通理通則，所以在使用時應充分暸

解統計方法的兩大特質：①統計方法適宜於處理群體性的資料，而非以個體為研究對象；②統計方法適宜於研究影響因素複雜而不能作嚴密控制實驗的現象，然因統計方法因包含平均、相關估計、檢定、選擇及機遇化的種種技術，故對於因素複雜，而不能從事嚴密控制實驗的一切現象亦能以種種不同的分析、檢定、推論過程，依據研究的目的逐步消除資料中其他因素的影響成分，最後仍可獲致研究者所設定的標的與結果。

1-2 變 數

（一）變數的意義

變數(variable)，簡單而言，即指會變動的事物或稱為變項，或變因，例如人之年齡、血型、體重、物價、生產量等。

（二）變數的分類

變數常見之分類方法如下：

1. 自變數與依變數：

自變數(independent variable)是指研究可操縱或已知的變數；而依變數或應變數(dependent variable)是指被預測或未知的變數。例如，研究不同的環境對人性格的影響，則環境為自變數，性格則為依變數。

2. 連續變數與間斷變數：

連續變數(continuous variable)可以有無數個不同之值，且任何兩個值之間都可以加以無限制的細分。例如百米賽跑，小李跑 11.3 秒，小王跑 11.35 秒；時間即為連續變數，它能進一步加以細分。我們測量連續變數所得到的數值應視為一段距離而非一點。

間斷變數(discrete variable)一般是由記點(counting)所得，例如競選班長，小李得 25 票，小王得 30 票；票數即為間斷變數，它不能加以無

限制的細分，只能得到特殊的數值。間斷變數的每一個數值，係代表一個點，而不是一段距離。

（三）統計分析所用的變數值尺度

統計分析上所用的變數值尺度有下列幾種：

1. 名義或類別變數(nominal variable)：

又稱名目尺度(nominal scale)。只用以區分或描述事物之間的差異性，例如將教育程度分為小學、中學與大學，性別分成男與女等。用來表示任何特徵的數字（例如男生以 0,1,2,3 的 0 表示，女生以 1 表示），它僅是一種代號，代表的並非絕對或相對的數量，不能將這些數值任意進行數學四則運算。

2. 次序變數(ordinal variable)：

又稱順序尺度(ordinal scale)、序列尺度。如果以某一特質之大小來區分類別，且類別之間具有等級(rank-order)的關係，則代表此特質大小的值，就稱為次序變數。例如將平時考試的排名分成第一名、第二名與第三名。只用以表示具有某屬性的個人或物體彼此之間的相對位置，但並無絕對差異，因此第一與第二，第二與第三之間的差數，並不相等。

3. 等距變數(interval variable)：

又稱區間尺度(interval scale)。如果類別彼此之間，不但具有次序關係，且類別之間也是以相等單位來測量，則此測量值就是等距變數。攝氏及華氏溫度是最常見的等距變數，溫度計上每度之間都是相等的。等距變數可讓我們比較所研究事物之間的差，但是它並沒有絕對零點，不能用來測量完全沒有的素質，因此不能用除法來表示攝氏 20 度就是攝氏 10 度的兩倍。

4. 比率或等比變數(ratio variable)：

又稱比例尺度(ratio scale)。比率變數除具有等距變數特性外，它並有真正的零點當原點，可以標示完全不存在的素質，例如體重機上的零

點，表示完全沒有重量。因此比率變數有真正的數量，可以做加、減、乘、除運算，例如 100 公斤體重是 50 公斤體重的兩倍。

 1-3　次數分配及圖示法

將一群原始資料分成若干組，並計算各組中觀察值之個數，並將其列成一表格，稱為**次數分配**(frequency distribution)**表**，簡稱次數表。除了用次數分配表外，也可用圖示法，使人一目了然。

（一）間斷資料的次數分配表及圖示法（即不連續資料）

1. **列舉式**：簡單的不連續資料可採用：按資料類別先後順序排列，並將次數列記上去即可。例如班上 50 位同學血型人數的次數分配表如表 1-1 所示：

▁▁ 表1-1

血　型	A	B	O	AB
人　數	10	13	22	5

2. **分組式**：不連續資料較多時，列舉式不適宜表現時，可用之：利用列舉式次數分配表有一缺點，即當資料數量過多時，會導致表格冗長繁雜，為改善此點，可利用分組式次數分配表。例如甲公司 100 盒零件不良品件數分配表如表 1-2 所示：

▁▁ 表1-2

不良品件數 x	0～2	3～5	6～8	9～11	12～14	15 以上	合計
盒　　數 f	5	13	35	20	18	9	100

　　或可以劃記的方式表示（即每 5 個以「卌」或「正」代表），如表 1-3 所示：

表1-3

分　組	劃　　　　　記	次　數
0～2	卌	5
3～5	卌　卌　|||	13
6～8	卌　卌　卌　卌　卌　卌　卌	35
9～11	卌　卌　卌　卌	20
12～14	卌　卌　卌　|||	18
15 以上	卌　||||	9

　　間斷資料也可用圖示法的長條圖表示，例如表 1-1 的資料可以圖 1-1 表示。

（二）連續資料的次數分配表

　　由於連續資料的分組較不明確，故將其次數分配表編製之原則及步驟分述如下：

1. **求全距**(range)：資料中之最大值減資料中之最小值，即稱為全距，通常以 R 表示之。

$$R = X_{\max} - X_{\min}$$

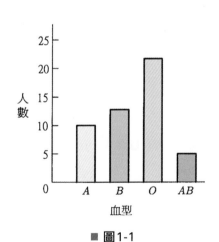

圖1-1

2. **定組數**(k)：組數為分組的數目，常以 k 表示，通常分為 4 至 20 組，但無一定標準，一般以 5～15 組為佳，可參考 H. A. Sturges 定組數之公式：

$$k = 1 + 3.322 \log N$$

式中 k 代表組數，N 代表觀測值個數即資料個數，查附錄 G 對數表。

　　一般亦可以司徒基(H. A. Sturges)於 1926 年發表的「The Choice of a Class Interval」一文中，所提出的一個近似公式來決定總次數(N)時的最適組數(k)，如表 1-4 所示，其中的 r 為正整數，使得 N 介在($2^{r-1}+1$)與 2^r 之間。

.ıl 表1-4

N	k
$2^{r-1}+1 \sim 2^r$	$r+1$

例如 N=40 時，則 r=6，故取 k=7，即分為 7 組。

3. **定組距**(class interval)：組距為每一組之距離，即同一組之組上界減組下界，通常以 h 表示。組距、組數與全距有下列關係：

$$組距 = \frac{全距}{組數} \quad , \quad h = \frac{R}{k}$$

4. **定組界**(class boudaries)：即組限(class limit)每一組之界限，比較小者稱為組下界，較大者稱為組上界，為避免觀察值落在組界上之歸屬問題，可將組界之位數取比原資料位數多一位。如原始資料取至個位數，則其最低測量單位為 1，故取其一半 0.5。現在若最小一組為 20～24，則我們取真正下限為 19.5，真正上限為 24.5。若 $X_{(1)}$，$X_{(n)}$ 各代表資料中的最小及最大值，h、k 及 R 分別代表組距、組數及全距，則我們有：

$$最小一組之下界 = X_{(1)} - (h \times k - R) \times \frac{1}{2}$$

$$最大一組之上界 = X_{(n)} + (h \times k - R) \times \frac{1}{2}$$

以圖形表示如下：

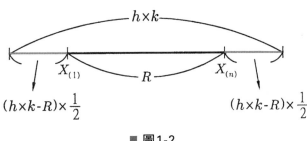

■ 圖1-2

5. **計算組中點**(class midpoint)：組中點＝（組上界＋組下界）／2，通常以 m_i 表示。其為各組的代表值。例如 20～24（或 19.5～24.5）的組中點為 22。

6. **劃記並求各組次數**(class frequency)：每組出現的次數，通常以 f 表示。每 5 個可以「卌」或「正」表示。

7. **計算累積次數及百分比**：累積次數係將各組次數依次累加，列出累加次數表即為累積次數分配(cumulative frequency distribution)表，一般而言，分為兩種：

(1) 以下累積(cumulated downward)：由上而下累加，即由低分組次數向高分組次數累加。

(2) 以上累積(cumulated upward)：由下而上累加，即由高分組次數向低分組次數累加。

例 1

表1-5為某科系100位學生每週上網之時數，試編製一次數分
配表。

表1-5

20	15	23	22	17	10	24	15	20	16	22	24	15	17	26	21	16	23	18	20
17	24	25	20	27	21	26	28	24	8	23	34	20	22	23	16	27	21	24	16
19	27	15	17	21	29	23	25	18	29	21	10	27	20	25	21	18	22	15	28
24	30	23	22	16	32	11	29	20	22	33	17	24	16	22	17	36	29	25	19
16	38	21	28	24	41	17	26	25	16	21	24	22	12	27	21	24	14	28	21

 解

(1) 求全距：$X_{(n)} = 41$，$X_{(1)} = 8 \Rightarrow R = 41 - 8 = 33$

(2) 定組數 (k)：$\because k = 1 + 3.322 \log 100$，$\therefore$ 取 $k = 8$

(3) 定組距：$h = \dfrac{R}{k} = \dfrac{33}{8} = 4.125$，取 $h = 5$

(4) 定組界：第一組組下界 $= X_{(1)} - (h \times k - R) \times \dfrac{1}{2}$
$$= 8 - (5 \times 8 - 33) \times \dfrac{1}{2} = 4.5$$

最後一組組上界 $= X_{(n)} + (h \times k - R) \times \dfrac{1}{2}$
$$= 41 + (5 \times 8 - 33) \times \dfrac{1}{2} = 44.5$$

(5) 計算組中點：組中點分別為 $7, 12, 17, \cdots, 42$。

(6) 劃記並求各組次數、累積次數及百分比：由上列資料可
得次數分配表如表1-6所示：

■■ 表1-6　每週上網時數之次數分配表

組　界	組中點	劃　記	次　數	以下累積次數	以上累積次數	以下累積百分比
4.5～ 9.5	7	一	1	1	100	0.01
9.5～14.5	12	正	5	6	99	0.06
14.5～19.5	17	正正正正正	25	31	94	0.31
19.5～24.5	22	正正正正正正正正一	41	72	69	0.72
24.5～29.5	27	正正正正一	21	93	28	0.93
29.5～34.5	32	下	4	97	7	0.97
34.5～39.5	37	丁	2	99	3	0.99
39.5～44.5	42	一	1	100	1	1.00

（三）連續資料的圖示法

　　上例亦可用圖示法的**直方圖**(histogram)、**次數多邊圖**(polygon)、**累積次數分配圖**來表示。

1. **直方圖**：直方圖中橫坐標表各組之組界或組中點，縱坐標表示各組次數，如圖 1-3 所示。

2. **次數多邊圖**(polygon)：如圖 1-4 所示，次數多邊係以各組之組中點為橫坐標，各組次數為縱坐標所繪製而成之次數分配圖；為使其成為一密閉曲線，須由第一組向前及最後一組向後各再延伸一組，組次為 0，最後將各點連接起來即得一次數多邊圖。

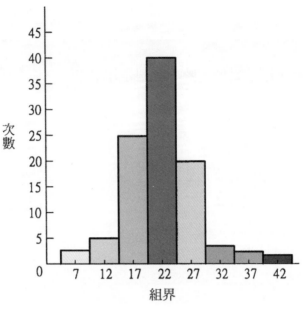

■ 圖1-3 直方圖

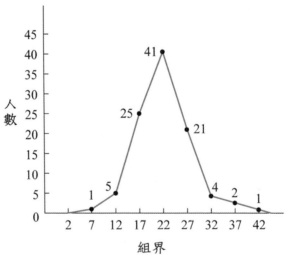

■ 圖1-4 次數多邊圖

3. **累積（加）次數分配圖（又稱肩形圖）**：累積次數分配圖又名累積次數曲線圖，或肩形圖(ogive)，曲線之連接不在各組之中點，而是在各組之上界或下界上。以下累積次數分配圖是連接各組之上界，以上累積次數分配圖則是連接各組之下界。以例 1 為範例，可得圖 1-5 所示。

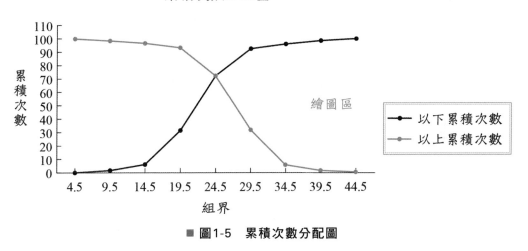

■ **圖1-5　累積次數分配圖**

（四）上機實作求次數分配

Excel 計算次數分配用 FREQUENCY 函數，格式如下：

=FREQUENCY（資料陣列，區間陣列）
*資料陣列：次數分配的原始資料範圍
*區間陣列：要把原始資料劃分若干區間的
　　　　　　區間分界點，此分界點為區間的上限。

點選 Excel 主選單中的「插入」下的「函數」可以進入「函數精靈」，或直接點選工具列上的函數按鈕 f_x，亦可進入「函數精靈」，再從中選出「FREQUENCY」。我們以例 2 作示範，逐步說明上機操作的步驟。

例 2

表1-7為50位員工的性向測驗分數，試以組距10為例找出其次數分配。

表1-7

60	70	72	62	78
72	85	72	73	91
71	61	85	82	82
82	81	74	79	90
66	88	82	86	83
89	94	86	76	75
81	79	93	76	80
68	81	64	87	80
95	75	84	90	92
88	97	86	68	67

解

步驟1： 在儲存格A1至E10中輸入表1-7中的50個數據，在儲存格F2至F6分別輸入60,70,80,90,100，其表示將原始資料分成51～60,61～70,……,91～100五個區間。

注意

輸入 60,70,80,90,100 時，必須輸入成直欄的，不可輸成橫（列），否則，後果不堪設想。如：

	F
1	
2	60
3	70
4	80
5	90
6	100

步驟2： 反白G2至G6，其表示結果顯示之處。

步驟3： 在Excel之函數精靈下找到FREQUENCY函數。按下一步。

步驟4：　在 data-arrty 中輸入 A1:E10 或將工作表中的 A1 至 E10 反白。

在 bins-arrty 中輸入 F2:F6 或將工作表中的 F2 至 F6 反白。

步驟5：　按 Ctrl + Shift + Enter 。則可在 G2:G6 得到 1,8,15,20, 6。如圖 1-6 所示其表示分數在有 51～60 有 1 人，分數在 61～70 的有 8 個人，71～80 的有 15 人，81～90 的有 20 人，91～100 的有 6 人。

	A	B	C	D	E	F	G
1	60	70	72	62	78		
2	72	85	72	73	91	60	1
3	71	61	85	82	82	70	8
4	82	81	74	79	90	80	15
5	66	88	82	86	83	90	20
6	89	94	86	76	75	100	6
7	81	79	93	76	80		
8	68	81	64	87	80		
9	95	75	84	90	92		
10	88	97	86	68	67		

■ 圖1-6

（五）上機實作畫統計圖

Excel 可以下列的方式作直方圖及百分累積圖（注意這裡的直方圖是一般所說的長條圖）。

以例 2 為範例，步驟如下：

步驟1：　選取「工具」下的「資料分析」中的「直方圖」，輸入選項如圖 1-7 所示。

■ 圖1-7

上圖中，□柏拉圖處不可以打「∨」，否則，不會得到圖 1-8 的結果！若是打「∨」會如何呢？請自己試試看！

步驟 2：按下「確定」後，將會得到圖 1-8 的結果。

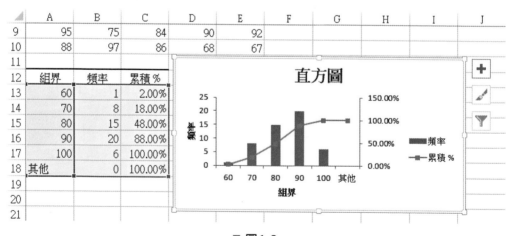

■ 圖1-8

習題一

1. 試分別寫出兩種連續變數及間斷變數。

2. 試分別寫出兩種名義、次序、等距及比率變數。

3. 試指出表 1-8 的(1)組距、(2)組中點、(3)組界及(4)累積次數表。

■■ 表1-8

體　　重	人　數
80～87	16
88～95	37
96～103	50
104～111	29
112～119	17

4. 某棟大廈 31 戶住戶，去年夏季各戶的打電話時間如下所示：

128　174　259　282　191　131　238　262　280　231

159　174　232　216　260　256　187　115　152　178

229　192　308　114　239　152　234　218　235　151

237

試建立一個有 6 組的次數分配表。

5. 試將題 4 的分配表，畫成(1)直方圖、(2)次數多邊圖及(3)累積次數多邊圖。

MEMO

Statistics

集中量數

02 Chapter

STATISTICS

　　集中趨勢量數(measures of central tendency)，簡稱集中量數，是全部資料中央位置的數值，故又名中心位置量數(measure of central location)，一般可以用它陳述一組統計資料之代表值。

　　集中量數之作用有下列三項：

1. 簡化作用－能用一數據，很清楚扼要地表示一事實現象之特性。

2. 比較作用－有了平均數就能比較一些不同的分配及不同的母體。

3. 代表作用－可以由樣本推論至母體，亦即有代表母體之作用。

　　集中量數常用的有下列幾項：

1. 算術平均數(arithmetic mean)。

2. 中位數(median)。

3. 分割量數，如：①四分位數(quartiles)、②十分位數(deciles)、③百分位數(percentiles)。

4. 眾數(mode)。

5. 幾何平均數(geometric mean)。

6. 調和平均數(harmonic mean)。

 ## 2-1　算術平均數

（一）算術平均數的意義

　　算術平均數(arithmetic mean)常簡稱平均數(mean)，是最常用的集中趨勢量數。設一群資料含 X_1、X_2、$X_3 \cdots X_N$ 等 N 個數，則可用 M 來代表此群數字資料的平均數，而一般較常用 $\bar{X}$（讀做 X bar）來表示變數 X 的平均數。

（二）算術平均數的算法

1. 未分組資料的平均數：

$$\overline{X} = M = \frac{1}{N}(X_1 + X_2 + X_3 + \cdots\cdots + X_N) = \frac{\sum X}{N}$$

例 1

某班10名學生英文成績如下所示，試求其算術平均數。

50、56、64、65、70、74、78、80、83、92

解 $M = \dfrac{50 + 56 + 64 + 65 + 70 + 74 + 78 + 80 + 83 + 92}{10} = 71.2$

Excel 計算平均數是使用 AVERAGE 函數，其格式如下：

=AVERAGE（引數1，引數2，……，引數30）

從「公式」下的「插入函數」中，按「AVERAGE」，輸入選項如圖2-1所示。

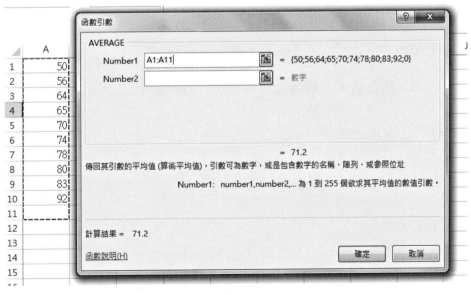

■ 圖2-1

在列 1 中，如果十個數值分別輸入至 A1 到 A5 及 B1 到 B5 中，則

$$=AVERAGE(A1:A5,B1:B5)$$

亦可得到平均數 71.2。

除了利用「函數精靈」來找出 AVERAGE 函數外，我們也可以直接在儲存格內（如 A13）輸入「=AVERAGE(A1:A10)」，再按「Enter」後，在 A13 亦可得到 71.2。

今後我們介紹的其他函數都可以利用「函數精靈」或直接輸入函數（不要忘了先輸入一個等號「=」）兩個方法之一，來達成目的。

若一開始尚未將數值輸入至儲存格（如前述的 A1 到 A10）中，則我們可將游標移至欲輸出結果的儲存格（如 B1）上，再依序輸入等號，函數與數值亦可，即

$$=AVERAGE(50,56,64,65,70,74,78,80,83,92)$$

按「Enter」後，亦可在 B1 內得到 71.2 的平均數。

2. **分組資料的平均數：**

$$\bar{X} = AM + (\frac{\sum fd}{N}) \times i$$

其中 N：總次數，i：組距，X'：組中點，f：次數

　　AM：假設值，一般選次數最多那一組的組中點

$$d = \frac{X' - AM}{i}$$

例 2

表2-1為某行業47位經理月薪之分配表（以仟元為單位），試求其平均數。

■ 表2-1

月　薪	人　數
95～99	3
90～94	6
85～89	8
80～84	12
75～79	7
70～74	6
65～69	5

 解

月　　薪	人　數(f)	組中點(X')	d	fd
95～99	3	97	3	9
90～94	6	92	2	12
85～89	8	87	1	8
80～84	12	82→AM	0	0
75～79	7	77	−1	−7
70～74	6	72	−2	−12
65～69	5	67	−3	−15
合　　計	47			$\sum fd=-5$

$\overline{X} = 82 + (\dfrac{-5}{47}) \times 5 = 81.47$，故月薪平均數為81,470元

3. 加權算數平均數：

加權算數平均數之公式為：$\overline{X}_w = \dfrac{\sum fX}{N}$

調查中部某地區，30戶居民家中養小動物個數之分配表，如表2-2所示，試求居民家中養小動物的平均數。

．．ᵢᵢ 表2-2

動物數(X)	戶　數(f)	fX
0	3	0
1	4	4
2	5	10
3	5	15
4	6	24
5	3	15
6	1	6
7	2	14
8	1	8
合　　計	30	$\sum fX=96$

 該地區居民家中養小動物的平均數為

$$\overline{X}_w = \frac{\sum fX}{N} = \frac{96}{30} = 3.2$$

（三）平均數的特性及限制

　　求平均數時，資料中的每一個數值都會被使用到，若沒有極端分數，它最能代表一組資料的集中趨勢；但相對的，它易被特大或特小的數值所影響。它適用於等距及比率變數。

　　平均數尚有下列特性，即 $\sum(X-\overline{X})=0$。

2-2　中位數

（一）中位數的意義

　　一組數字資料按大小順序排列後，位置居於中間的數值即為中位數 (median)，一般以 *Me* 或 *Md* 來表示。

（二）中位數的算法

1. 未分組資料的中位數：

(1) 若項數為奇數，則最中間項（即第 $\frac{n+1}{2}$ 項）的數值為中位數。

(2) 若項數為偶數，則以中間兩項（即第 $\frac{n}{2}$ 及第 $\frac{n}{2}+1$ 項）數值的平均數為中位數。

 例 4

抽查甲店某個週日至週六的營業額分別為：85,32,57,60,65, 65,74（仟元），求一週營業額的中位數？至於週一至週六營業額的中位數又為多少？

解

(1) 營業額大小依次為 32,57,60,65,65,74,85，

　　中間項為 $\frac{7+1}{2}=4$，故中位數為第 4 項的 65（仟元）。

(2) 32,57,60,65,65,74 六個數字，中間兩項為第三 $(\frac{6}{2})$ 及第四 $(\frac{6}{2}+1)$ 兩項，故中位數為 $\frac{60+65}{2}=62.5$（仟元）。

　　在 Excel 計算中位數是使用 MEDIAN 函數，其格式如下：

　　　　=MEDIAN（引數 1，引數 2，……，引數 30）

若將例 4 的 7 個數值輸入儲存格 A1 至 A7 中，再將游標移到其他一個輸出結果的儲存格（如 A9）上，計算中位數為

$$=MEDIAN(A1:A7)$$

確定後，在 A9 可得到結果為 65。

或直接選定一個儲存格（如 A10），輸入

$$=MEDIAN(A1:A7)$$

按「Enter」後，在 A10 亦可得 65。

或直接選定一個儲存格（如 A11），輸入

$$=MEDIAN(85,32,57,60,65,74)$$

按「Enter」後，在 A11 也可得 65。

2. **分組資料的中位數：**

(1) 先計算以下累積次數；

(2) 再求中位數 Me 的位置，即 $O(Me) = \dfrac{N}{2}$；

(3) 由累積次數分配，決定 Me 應位在何組；

(4) 由 Me 所在組，代入下列公式，即可得中位數之值。

$$Me = L_i + (\frac{N}{2} - F')\frac{h_i}{f_i}$$

其中 L_i ：中位數所在組的真正下限

$\quad N$ ：總次數

$\quad F'$ ：小於中位數所在組的各組次數和

$\quad h_i$ ：中位數所在組的組距

$\quad f_i$ ：中位數所在組的次數

習慣上用以下累積次數來求出第 $\dfrac{N}{2}$ 項所在的組，其即為中位數所在組。

例 5

表2-3為甲城市60家書局在9月份的書籍銷售金額（仟元）分配表，試求其中位數。

.ıl 表2-3

書籍銷售金額（仟元）	書局數
13～17	5
18～22	9
23～27	10
28～32	13
33～37	10
38～42	6
43～47	5
48～52	2

組　距	f	以下累積次數
13～17	5	5
18～22	9	14
23～27	10	24←F'
28～32	13	37←中位數組
33～37	10	47
38～42	6	53
43～47	5	58
48～52	2	60

由以下累積次數，可求出 $\dfrac{N}{2} = \dfrac{60}{2} = 30$，故中位數所在組為 28 ～ 33 該組。

$$Me = 27.5 + (\dfrac{60}{2} - 24) \times \dfrac{5}{13} = 29.8$$

（三）中位數的特性及限制

中位數不受極端數量存在的影響，其數值較為固定，且中位數與各量數之差數絕對值的總和最小，即 $\sum |X - Me|$ 為極小值。然而求中位數之前，必須先對所屬資料群中的數值做大小排列，如果此資料群含大量的資料，這種排列工作必然費時；並且只求中間數值，就忽略了其他數值的大小。一般中位數常用於次序變數。

2-3　其他分割量數

除了上述的中位數之外，其他常見的尚有四分位數、十分位數、百分位數，茲分別說明如後。

一、四分位數

（一）四分位數的意義

將資料由小至大排序，再分成四等分，位居第一個等分位置的數值稱為第一四分位數(first quartile)，記為 Q_1 又稱下四分位數；位居第二等分位置的數值，稱為第二四分位數(second quartile)，記為 Q_2，其實 Q_2 就是中位數 Me；而位居第三等分位置的數值，就稱為第三四分位數(third quartile)，記為 Q_3 又稱上四分位數。

（二）四分位數的算法

1. 未分組資料的四分位數：

(1) 先找出 Q_i 的位置：$O(Q_i) = i \times \dfrac{n+1}{4}$ ；$i = 1$，2 或 3。

(2) 如果 $O(Q_i)$ 是整數，則位置所對應的數值即為 Q_i；若 $O(Q_i)$ 的值不是整數，則在 $[O(Q_i)]$ 與 $[O(Q_i)] + 1$ 兩個位置所對應的數值之間，用線性插值法，來估計出 Q_i。

 註

[•] 是所謂的高斯符號，亦即 [a] 表示不大於 a 的最大整數。

 例 6

假設經過排序後的11個資料為

$5, 7, 7, 8, 10, 12, 13, 15, 15, 18, 21$

則試求 Q_1、Q_2 及 Q_3。

 解

$O(Q_1) = \dfrac{11+1}{4} = 3$ ，即 Q_1 落在第3小的位置，$\therefore Q_1 = 7$；

同理，$O(Q_2) = \dfrac{2(11+1)}{4} = 6$　$\therefore Q_2 = Me = 12$；

而 $O(Q_3) = \dfrac{3(11+1)}{4} = 9$　　$\therefore Q_3 = 15$。

 例 7

假設排序後的10個資料為

$6, 6, 9, 12, 14, 16, 16, 18, 20, 25$

試求 Q_1、Q_2 及 Q_3。

解 $O(Q_1) = \dfrac{10+1}{4} = 2.75$

即 Q_1 落在第 2 小的數值 6 與第 3 小的數值 9 兩者之間，且是在這兩數差距（即 $9-6$）的 0.75 位置，

$\therefore Q_1 = 6 + (0.75)(9-6) = 8.25$ ；同理，

$O(Q_2) = \dfrac{2(10+1)}{4} = 5.5 \quad \therefore Q_2 = Me = 14 + (0.5)(16-14) = 15$

$O(Q_3) = \dfrac{3(10+1)}{4} = 8.25 \quad \therefore Q_3 = 18 + (0.25)(20-18) = 18.5$

在 Excel 計算四分位數是使用 QUARTILE 函數，在 Excel 2013 版本中，有分成下列兩種：

QUARTILE.EXC

代表傳向資料組的四分位數（根據範圍從 0 到 1 的百分位數，不含 0 和 1）；QUARTILE.INC 則代表傳回資料組的四分位數（根據範圍從 0 到 1 的百分位數，含 0 和 1）。

其中的陣列為輸入之資料範圍，分位點可輸入 0,1,2,3 或 4，其意義分別如下：

分位點	作用與意義
0	得到最小值
1	得到計算第一四分位數
2	得到中位數
3	得到第三四分位數
4	得到最大值

若將例 6 的十一個數值輸入儲存格 A1 至 A11 中，再將游標移到其他儲存格（如 A14）上，計算最小值為：

=QUARTILE.INC(A1:A11,0)

得到結果為 5。

計算第三四分位數為

=QUARTILE.INC(A1:A11,3)

得到結果為 15

在例 6 中，若事先未將數值輸入至儲存格（如前述的 A1 到 A11）中，則選定某一儲存格後，可依序輸入等號，函數及數值，但須將所有數值放在大括號「{ }」內，即為一陣列，故計算第三四分位數為

=QUARTILE.INC({5,7,7,8,10,12,13,15,15,18,21},3)

2. 分組資料的四分位數：

(1) 先計算以下累積次數；

(2) 次求 Q_i 的位置：$O(Q_i) = i \times \dfrac{n}{4}$; $i = 1, 2, 3$;

(3) 由累積次數分配，決定 Q_i 應位在何組；

(4) 由 Q_i 所在組，代入下列公式，即可得 Q_i 之值。

$$Q_i = L_i + (i \times \frac{n}{4} - F_i) \times \frac{h_i}{f_i}$$

其中 L_i：Q_i 所在組真正下限

h_i：Q_i 所在組的組距

F_i：比 Q_i 所在組的下界還小的各組次數總和

f_i：Q_i 所在組的次數。

例 8

表2-4為某校資管科60位學生統計成績之分組資料，試求其 Q_1、Q_2 及 Q_3。

📊 表2-4

組　界	人　數	以下累積次數
55～59	3	3
60～64	4	7
65～69	9	16
70～74	14	30
75～79	17	47
80～84	7	54
85～89	4	58
90～94	2	60

解

$O(Q_1) = \dfrac{60}{4} = 15$ ，故 Q_1 位在 65～69 該組中，

$$Q_1 = 64.5 + (1 \times \dfrac{60}{4} - 7) \times \dfrac{5}{9} = 68.94$$

$O(Q_2) = 2 \times \dfrac{60}{4} = 30$ ，故 Q_2 位在 70～74 該組中，

$$Q_2 = 69.5 + (2 \times \dfrac{60}{4} - 16) \times \dfrac{5}{14} = 74.5$$

同理 $Q_3 = 74.5 + (3 \times \dfrac{60}{4} - 30) \times \dfrac{5}{17} = 78.91$

二、百分位數

（一）百分位數的意義

百分位數是將由小到大順序資料均分成一百等分的數值。第 i 個百分位數記為 P_i（其中 $i = 1, 2, 3, \cdots\cdots$ 或 99），是指至少有 $i/100$ 的觀察值小於等於該數值，至少有 $(100-i)/100$ 的觀察值大於等於該數值。

（二）百分位數的算法

1. 未分組資料的百分位數：

第 i 個百分位值 P_i，是指在一個已排列順序的資料集合中之第 $i \times \dfrac{n}{100}$ 項的值，其中 i 為百分位的號碼，n 是指樣本大小。

例9

台中地區12家家俱公司的員工個數如下：

　　16,38,18,20,20,18,22,34,7,58,31,19

試求第62個百分位數。

解　首先將資料由小到大排列，即

7,16,18,18,19,20,20,22,31,34,38,58

第62個百分位之位置為 $i \times \dfrac{n}{100} = 62 \times \dfrac{12}{100} = 7.44$ 項

即 P_{62} 落在第7項的20與第8項的22之間，且是在22與20兩數差距的0.44位置

故 $P_{62} = 20 + (22 - 20) \times 0.44 = 20.88$

在 Excel 中計算百分位數用 PERCENTILE 函數，在 Excel 2013 版本中，有分成下列兩種：

　　=PERCENTILE.EXC（陣列，k 百分位數點）

代表傳回範圍中位於第 k 個百分比的數值，k 是在 0 到 1 的範圍之內，且不含 0 及 1。

=PERCENTILE.INC

代表傳回範圍中位於第 k 個百分比的數值，k 是在 0 到 1 的範圍之內，且包含 0 及 1。

其中陣列：可為數值陣列或滑鼠拖曳出的儲存格範圍。

k 百分位數點：為計算百分位數的分割點數字，以百分比值表示，即介於 0～1 之間的純小數。

如將例 9 中的 12 個數值輸入儲存格 A1 至 A12 中，再將游標移到其他一個輸出結果的儲存格（如 A14）上，計算 P_{62} 如下：

=PERCENTILE.INC(A1:A12,0.62)

確定後，在 A14 可得結果 21.64。

在例 9 中，若事前未將十二個數值輸入至儲存格（如前述的 A1 到 A12）中，亦可用與四分位數相同的陣列法，即選定一個儲存格，輸入以下的式子（記得數值前後的大括號）：

=PERCENTILE.INC({16,38,18,20,20,18,22,34,7,58,31,19},0.62)

確定後即可得 21.64。

2. **分組資料的百分位數**：方法與求四分位數相同，即

$$P_i = L_i + (i \times \frac{n}{100} - F_i) \times \frac{h_i}{f_i} \qquad i = 1, 2, \cdots\cdots, 99$$

其中 P_i：第 i 個百分位數。

L_i：所在組之組真正下限。

f_i：P_i 所在組之次數。

h_i：P_i所在組之組距。

F_i：P_i前一組之累積次數。

 例 10

以四分位數的例題（即表2-4所示）求P_{30}。

解

組　界	次　數	以下累積次數
55～59	3	3
60～64	4	7
65～69	9	16
70～74	14	30
75～79	17	47
80～84	7	54
85～89	4	58
90～94	2	60

$30 \times \dfrac{60}{100} = 18$，故$P_{30}$位在70～74該組中，

$$P_{30} = 69.5 + (30 \times \frac{60}{100} - 16) \times \frac{5}{14} = 70.21$$

*上述的 $P_{10}, P_{20}, \cdots\cdots, P_{100}$ 各位數即是**十分位數**。

計算公式與百分位數相同。

2-4　眾　數

（一）眾數的意義

　　眾數(mode)是指一組統計資料中次數出現最多的那一個數值，一般以 Mo 來表示。

統計學
以 Microsoft Excel 為例

（二）眾數的算法

1. **未分組資料的眾數**：把資料歸類，找出出現次數最多的數值，即為眾數。

某家公司七年來，每年的員工個數為16,19,21,16,16,21,26，試求該公司員工的眾數。

解 在這組資料中，16出現3次最多，所以眾數為16。

Excel **計算眾數使用** MODE 函數，在 Excel 2013 版本中，有分成下列兩種：

=MODE.MULT，代表傳回在一陣列或範圍的資料中出現頻率最高之值的垂直陣列，若為水平陣列，則使用=TRANSPOSE（引數 1，引數 2，……，引數 30）。

=MODE.SNGN 代表傳回在一陣列或範圍的資料中出現頻率最高的值。

若將例 11 的 7 個數值輸入儲存格 A1 至 A7 中，再將游標移到其他一個輸出結果的儲存格（如 A9）上，計算眾數為

=MODE.SNGL(A1:A7)

確定後，在得到結果為 16。

2. **分組資料的眾數**：

(1) 皮爾生(K. Pearson)的經驗法：

$$Mo = M - 3(M - Me)$$

其中 Mo ：眾數

M ：算術平均數

Me ：中位數

40

(2) 金氏(W. I. King)的插補法：

$$Mo = L + \frac{f_2}{f_1 + f_2} \times i$$

其中 L ：眾數組的下限

f_1 ：組值小於眾數組之相鄰組的次數

f_2 ：組值大於眾數組之相鄰組的次數

i ：為眾數組的組距

(3) 克魯伯氏(E. Czuber)的比例法：

$$Mo = L + \frac{f_1 - f}{f_1 + f_2 - 2f} \times i$$

其中 f ：為眾數組的次數，其餘符號同以上公式。

例 12

表2-5為50家服裝業5月份的平均營業額分配，試分別採用上述三種計算方法求算眾數。

▂▃ 表2-5

營業額（萬元）	家　　數
29.5～39.5	3
39.5～49.5	7
49.5～59.5	8
59.5～69.5	13←眾數組
69.5～79.5	9
79.5～89.5	6
89.5～99.5	4

 解 利用 $M = AM + (\dfrac{\sum fd}{N}) i$，可求出 $M = 64.90$ 萬元，

$Me = L_i + (\dfrac{N}{2} - F')\dfrac{h_i}{f_i}$，可求出 $Me = 64.88$ 萬元

(1) 皮爾生經驗法

$Mo = 64.90 - 3(64.90 - 64.88) = 64.84$（萬元）

(2) 金氏插補法

$Mo = 59.5 + (\dfrac{9}{8+9}) \times 10 = 64.79$（萬元）

(3) 克魯伯氏比例法

$Mo = 59.5 + (\dfrac{8-13}{8+9-2\times13}) \times 10 = 65.06$（萬元）

（三）眾數的特性及限制

眾數是數列中出現次數最多的數值，故計算簡便，且不受極端量數的影響。但是眾數易受抽樣變動影響及組距或組限變動影響，甚不穩定，並且當資料次數不多時，眾數就缺乏代表性。

眾數是類別變數最典型的統計方式，例如台中市女性人口多於男性，則女性即為台中市人口性別的眾數。

2-5 幾何平均數

（一）幾何平均的數定義

幾何平均數(geometric mean)為 n 個數值之乘積的 n 次方根。

（二）幾何平均數的算法

1. 未分組資料的幾何平均數：

幾何平均數以 G 來表示，未分組樣本資料 $X_1, X_2, \cdots, X_n$ 之幾何平均數公式如下：

$$G = \sqrt[n]{X_1 \times X_2 \times \cdots \times X_n}$$

例 13

試求 1,3,9,27,81 五數之幾何平均數。

解 $G = \sqrt[5]{1 \times 3 \times 9 \times 27 \times 81} = 9$

Excel 計算幾何平均數使用 GEOMEAN 函數，格式如下：

=GEOMEAN（引數 1，引數 2，…，引數 30）

若將例 13 的五個數值輸入儲存格 A1 至 A5 中，再將游標移到其他儲存格（如 A7）上，計算幾何平均數為

=GEOMEAN(A1:A5)

確定後，在 A7 可得到結果為 9。

2. 已分組資料的幾何平均數：

在已分組資料中，若 $X_1, X_2, \cdots\cdots, X_k$ 為各組的組中點，且其對應次數為 $f_1, f_2, \cdots\cdots, f_k$，$\sum f_i = n$，則已分組資料之幾何平均數公式如下：

$$G = \sqrt[n]{X_1^{f_1} \times X_2^{f_2} \times \cdots\cdots \times X_k^{f_k}}$$

3. 加權幾何平均數：

已知 k 個數值 X_1，X_2，……，X_k，及其對應的權數 W_1，W_2，……，W_k，且 $\sum W_i = n$，則加權幾何平均數公式如下：

$$G_W = \sqrt[n]{X_1^{W_1} \times X_2^{W_2} \times \cdots\cdots \times X_k^{Wk}}$$

（三）幾何平均數的特性及限制

一數列的幾何平均數小於算術平均數，即 $G \leq M$，而當各數值均相同時，幾何平均數才會等於算術平均數。

未分組資料的各數值中，若有一數值為零，或已分組資料的某一組之組中點為零，則依公式所求的結果就為 0；然而 0 非各數值的代表值，故若有一數值為 0，則不宜採用幾何平均數。

 2-6　調和平均數

（一）調和平均數的定義

調和平均數(harmonic mean)亦稱為倒數平均數，乃各個數值倒數的平均數的倒數，以 H 表示之。

（二）調和平均數的求法

1. 未分組資料的調和平均數：

一樣本數列的 n 個數值 X_1，X_2，……，X_n 之調和平均數公式如下：

$$H = \frac{1}{\frac{1}{n}(\frac{1}{X_1} + \frac{1}{X_2} + \cdots\cdots + \frac{1}{X_n})} = \frac{n}{\sum_{i=1}^{n}(\frac{1}{X_i})}$$

試求樣本數列 2, 4, 5, 10 四數值之調和平均數。

解 $H = \dfrac{4}{\dfrac{1}{2} + \dfrac{1}{4} + \dfrac{1}{5} + \dfrac{1}{10}} = 3.81$

Excel 計算調和平均數使用 HARMEAN 函數，格式如下：

=HARMEAN（引數 1，引數 2，⋯引數 30）

若將例 9 的四個數值輸入儲存格 A1 至 A4 中，再將游標移到其他儲存格（如 A6）上，計算調和平均數為

=HARMEAN(A1:A4)

確定後，在 A6 可得到結果為 3.81。

2. **分組資料的調和平均數：**

若分組資料各組的組中點為 X_1，X_2，⋯⋯，X_n，且其對應次數為 f_1，f_2，⋯⋯，f_n，$\sum f_i = n$，則分組後調和平均數公式為：

$$H = \frac{n}{\dfrac{f_1}{X_1} + \dfrac{f_2}{X_2} + \cdots\cdots + \dfrac{f_n}{X_n}} = \frac{n}{\displaystyle\sum_{i=1}^{n} \left(\frac{f_i}{X_i} \right)}$$

例 15

試求表2-6所示分組資料的調和平均數。

■ 表2-6

組　　界	組中點	次　　數
10～20	15	2
20～30	25	8
30～40	35	15
40～50	45	12
50～60	55	8
60～70	65	5

解

$$H = \frac{50}{\dfrac{2}{15} + \dfrac{8}{25} + \dfrac{15}{35} + \dfrac{12}{45} + \dfrac{8}{55} + \dfrac{5}{65}} = 36.5$$

3. 加權調和平均數：

已知一數列 X_1，X_2，……，X_n，及其對應權數 W_1，W_2，……，W_n，且 $\sum W_i = n$，則加權調和平均數公式為：

$$H_w = \frac{n}{\sum_{i=1}^{n} \left(\dfrac{W_i}{X_i} \right)}$$

（三）調和平均數的特性

一數列的調和平均數小於幾何平均數，即 $H \leq G$，當各數值均相同時，調和平均數始等於幾何平均數。

2-7　各種集中量數之關係與比較

本章中已分別介紹了五個常用平均數：算術平均數 $M(\overline{X})$、中位數 M_d、眾數 Mo、幾何平均數 G、調和平均數 H，最後彙總作一重要關係或性質的比較，列述如下：

1. 一單峰對稱分配之 $\overline{X} = M_d = Mo$。

2. 單峰微偏分配之 $\overline{X} - Mo = 3(\overline{X} - M_d)$。又右偏分配之 $\overline{X} > M_d > Mo$，左偏分配之 $\overline{X} < M_d < Mo$。

3. 任何兩正數 a、b 之 $G = \sqrt{XH}$。

4. n 個不盡相同數值之 $\overline{X} > G > H$。

5. 當數列成等差級數（算術級數）時，適合求算 $\overline{X}$；成等比級數（幾何級數）時，適合求算 G；成調和級數時，適合求算 H。

6. 算術平均數、幾何平均數、調和平均數之求算都符合數學運算定理，故可由各部分之平均數求算總量的平均數。

習題二

1. 一家公司某日 10 通電話的通話時間（以分計）如下：

    4,11,2,1,15,2,13,16,6,7

    試求其平均數、中位數、眾數及第三四分位數。

2. 一家已成立五年之公司，其員工在職月數如表 2-7 所示：

    ▃▋ 表2-7

在職月數	人　數
49～60	7
37～48	10
25～36	15
13～24	5
1～12	3

    試求平均數、中位數、Q_1 及 P_{70}。

3. 本校球隊中，甲、乙兩位是打小前鋒的選手，以下為兩位選手在打完十場比賽，每場比賽的個人得分：

	一	二	三	四	五	六	七	八	九	十
選手甲：	21	21	7	19	20	22	19	18	23	6
選手乙：	17	19	19	18	20	17	18	15	20	22

    (1) 下一場比賽應先讓哪一位選手上場比賽？

    (2) 如果選手甲在第三與第十場是因為感冒之故，才使得得分降低，那麼下一場比賽應讓誰先上場？

4. 某家公司 10 位員工薪水的平均數為 35,400 元，中位數為 34,200 元，眾數為 33,000 元。若這個月每人加薪 3,000 元，試問平均數、中位數及眾數各變為多少？若只有薪水最高的總經理加薪 5,000 元，則變化又如何？

統計學
以 Microsoft Excel 為例

MEMO

Statistics

變異量數
（離勢量數）

03
Chapter

STATISTICS

　　一般調查或實驗所得到的數據，大多具有隨機變量的性質，若僅以上一章的集中趨勢量數來描述這些隨機變量是無法窺視一組數據的全貌，因為數據除了典型代表值（例如平均數）情況外，尚具有變異性的特點。例如資管甲班的統計平均 60 分，資管乙班的統計也是平均 60 分。然而我們不可認為此二班的統計成績完全一樣，因為甲班同學成績從 0 分到 100 分均有，而乙班同學成績最低是 50 分，最高是 75 分，這樣的情況表示甲班統計成績的變異較大。因此我們就須藉助變異量數來比較該兩班成績變異的情形。

　　對於數據變異性即離中趨勢進行度量的一組統計量，稱作**差異量數**或**變異量數**(measure of variablility)，或離勢量數、分散量數(measures of dispersion)及變異係數。

　　測定變異量數的方法有兩類：

1. **絕對變異量數的測定法**：以原資料之單位為離差之單位。

    (1) 全距：以 R 表示
    (2) 四分位差：以 QD 表示
         以兩數距離為計算根據

    (3) 平均差：以 MD 表示
    (4) 標準差：以 S 表示
         以中心數（$\overline{X}$ 或 Me）為計算根據

    (5) 變異數：以 S^2 表示
    (6) 均互差：以 g 表示

2. **相對變異量數的測定法**：通常以百分數表示。

    (1) 全距相對差異量數。
    (2) 四分位差相對差異量數。
    (3) 平均差相對差異量數。
    (4) 標準差相對差異量數，亦稱變異係數。
    (5) 均互差相對差異量數。

3-1　全　距

（一）全距的意義

全距（range，縮寫為 R）是一組資料中最大值減最小值的差。

（二）全距的特性及限制

全距表示一組數值的變動範圍，它是數據變異情況中最簡單、粗略的一種統計量數，因此易受極端值影響。為了改進此缺失，可以先刪除少數最大與最小的極端值，並以刪除後的資料重新計算全距，此種全距稱為裁剪全距。若將最大及最小的 25% 資料刪除後計算裁剪全距就等於是第三四分位數與第一四分位數的差，此種裁剪全距稱為內四分位距。

 3-2　四分位差

（一）四分位差的意義

之前我們已經學過四分位數，即將一組數值由小而大排列，然後分為四等分，若 N 為總數值個數，則四分位數如圖 3-1 所示：

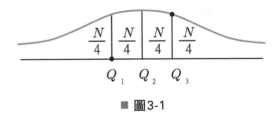

■ 圖3-1

四分差的定義即為中間 50% 之數值中最高分（即 Q_3）（第三個四分位數）與最低分（即 Q_1）之差的一半，一般以 Q_D (semi-interguartile range)(quartile deviation)表示，即

$$Q_D = \frac{Q_3 - Q_1}{2}$$

例 1

試求排序後的10個數值的四分位差。

$\{6,6,9,12,14,16,16,18,20,25\}$

解 由前一章知 $Q_1 = 8.25$，$Q_3 = 18.5$

故 $Q_D = \dfrac{18.5 - 8.25}{2} = 5.125$

（二）四分位差的特性及限制

四分位差不受極端數值所影響，但因只考慮中間的 50%，故仍是屬於一種粗略的變異量數。

3-3　平均差

（一）平均差的意義

一數列中各量數與其中位數(Me)或算術平均數（M 或 $\overline{X}$）之差數絕對值總和的平均數，稱為平均差(average deviation)，簡稱 AD，或(mean deviation)簡稱 MD 此亦能反應每個數值的變異情形。

（二）平均差的求法

1. 未分組資料的平均差：

$$AD = \frac{\sum |X - Me|}{N}$$ （以中位數為中心：稱離中差）

或　　　　$$AD = \frac{\sum |X - \overline{X}|}{N}$$ （以算術平均數為中心，稱離均差）

例 2

試分別以中位數及平均數求下列資料的平均差。

65,68,70,72,73,74,75

解

▁▃▅ 表3-1

X	$\left|X-Me\right|$ ，$Me=72$	$\left|X-\bar{X}\right|$ ，$M=71$
65	7	6
68	4	3
70	2	1
72	0	1
73	1	2
74	2	3
75	3	4
$N=7$	$\sum\left|X-Me\right|=19$	$\sum\left|X-\bar{X}\right|=20$

由表 3-1 可知

$$AD=\frac{19}{7}=2.71 \text{ , 或 } AD=\frac{20}{7}=2.86$$

Excel 計算平均差（離均差）的公式為

$$\frac{\sum\left|X-\bar{X}\right|}{N}$$

Excel 計算平均差使用 AVEDEV 函數，其格式如下：

=AVEDEV（引數 1，引數 2，…，引數 30）

以例 2 為範例。將例 2 的七個數字分別輸入 A1 到 A7 的儲存格中，再將游標移到其他儲存移（如 A9）上，計算平均差為

=AVEDEV(A1:A6)

確定後，在 A9 可得 2.857。

或直接在函數內輸入數字亦可，亦可得出 2.857，即

=AVEDEV(65,68,70,72,73,74,75)

2. **分組資料的平均差（以中位數為代表）：**

$$AD = \frac{1}{N}\sum_{i=1}^{K} f_i\left| X_i - Me \right|$$

其中 X_i：第 i 組之組中點

f_i：第 i 組之次數

例 3

試求表3-2中120位同學一週零用金之平均差。

.ıl 表3-2

零用金分組(元)	次數 f_i	組中點 X_i	$\left|X_i - Me\right|$	$f_i\left|X_i - Me\right|$
0～200	6	100	447.6	2685.6
200～400	23	300	247.6	5694.8
400～600	42	500	47.6	1999.2
600～800	31	700	152.4	4724.4
800～1000	14	900	352.4	4933.6
1000～1200	4	1100	552.4	2209.6
Me=547.6				22247.2

解 $AD = \dfrac{1}{N}\sum_{i=1}^{K} f_i \left| X_i - Me \right|$

$= \dfrac{1}{120}(22247.2)$

$= 185.39元$

3-4 誤差平方和

（一）誤差平方和的意義

數列中各個數值與其平均數($\bar{X}$)之差（即離差）的平方和，稱為誤差平方和(deviation square)或離差平方和，簡稱 DS。

（二）誤差平方和的求法

$$DS = \sum (X - \bar{X})^2$$

例 4

試求88,74,28,98,32中五個資料的誤差平方和。

解

.ıl 表3-3

X	$X - \bar{X}$	$(X - \bar{X})^2$
88	24	576
74	10	100
28	−36	1296
98	34	1156
32	−32	1024
$\bar{X} = 64$		$\sum \left| X - \bar{X} \right| = 4152$

　　由表 3-3 可知，

　　$DS = 4152$

　　Excel 計算誤差平方和使用 DEVSQ，其格式如下：

　　　　=DEVSQ（引數 1、引數 2、…引數 30）

　　以例 4 為範例。將五人個數值分別輸入至 A2 到 A6 的儲存格中，將游標移至 A8，則計算誤差平方和為

　　　　=DEVSQ(A2:A6)

確定後，在 A8 可得 4152。

或　　　　　　=AVEDEV(88,74,28,98,32)=27.2。

 ## 3-5　標準差

（一）標準差的意義

　　標準差(standard deviation)為資料中各個數值與其算術平均數之差數平方和的平均數之平方根。習慣上母群體標準差用 σ 表示，樣本標準差用 S（或 SD）表示。

（二）標準差的求法

1. 未分組資料的母體標準差：

$$\sigma = \sqrt{\frac{\sum(X-\mu)^2}{N}}$$

其中 μ 為母體平均數，N 為母體總個數。

或因

$$\sum(X-\mu)^2 = \sum X^2 - 2\mu\sum X + \sum \mu^2$$
$$= \sum X^2 - 2\frac{\sum X}{N} \times \sum X + N\mu^2$$
$$= \sum X^2 - 2\frac{(\sum X)^2}{N} + N(\frac{\sum X}{N})^2$$
$$= \sum X^2 - \frac{(\sum X)^2}{N}$$

因此

$$\sigma = \sqrt{\frac{\sum X^2 - \frac{(\sum X)^2}{N}}{N}} = \frac{\sqrt{N\sum X^2 - (\sum X)^2}}{N}$$

2. 未分組資料的樣本標準差：

$$S = \sqrt{\frac{\sum(X-\overline{X})^2}{n-1}}$$

其中 $\overline{X}$ 為樣本平均數，n 為樣本個數。

或

$$S = \sqrt{\frac{\sum X^2 - \frac{(\sum X)^2}{n}}{n-1}} = \sqrt{\frac{\sum X^2 - n\overline{X}^2}{n-1}}$$

例 5

試求 $20, 30, 40, 50$ 表 3-4 中四數的標準差。

■■ 表3-4

X	$X-\bar{X}(\bar{X}=35)$	$(X-\bar{X})^2$	X^2
20	−15	225	400
30	−5	25	900
40	5	25	1600
50	15	225	2500
$\sum X=140$		$\sum(X-\mu)^2=500$	$\sum X^2=5400$

由表 3-4 可知，

若為母體標準差，則 $\sigma=\sqrt{\dfrac{\sum(X-\mu)^2}{N}}=\sqrt{\dfrac{500}{4}}=5\sqrt{5}=11.18$

或 $\sigma=\dfrac{\sqrt{N\sum X^2-(\sum X)^2}}{N}=\dfrac{\sqrt{4\times5400-140^2}}{4}=5\sqrt{5}=11.18$

若為樣本標準差，則

$$S=\sqrt{\dfrac{\sum(X-\bar{X})^2}{n-1}}=\sqrt{\dfrac{500}{3}}=12.91$$

　　Excel 計算樣本標準差採用不偏估計式（即自由度為 $n-1$）之 STDEV 函數，在 Excel 2013 版本中有分成下列兩種：

　　= STDEVA（value 1，value 2，…，value 30），（代表）根據樣本，傳回標準差估計值，引數可包含邏輯值及文字，其內容若為文字及 FAISE 則被視為 0；TURE 視為 1

　　= STDEV.S（引數 1，引數 2，…，引數 30），（代表）根據樣本的標準差估計值（若傳入的樣本資料中含有邏輯值、文字等，則這些資料，將忽略不計）

以例 5 為範例，即

=STDEV.S(20,30,40,50)

則可得樣本標準差 12.91。

若將該 4 個數值輸入儲存格 A1 至 A4 中，則樣本標準差為

=STDEV.S(A1:A4)

結果亦為 12.91

Excel 計算母體標準差採用不偏估計式之 STDEV 函數，在 Excel 2013 中分成下列兩種：

=STDEV.P（引數 1，引數 2，…，引數 30）：標準差計算值根據提供作為引數的整個母體

=STDEVPA（value 1，value 2，…，value 30）：根據整個母體，傳回該母體的標準差，引數可包含邏輯值及文字，其內容若為文字及 FALSE 則被視為 0；TRVE 視為 1。

以例 5 為範例，即

=STDEV.P(20,30,40,50)

則母體標準差為 11.18。同理也可使用 STDEV.P（儲存格範圍）來表示。

3. **分組資料的標準差：**

$$S = \sqrt{\frac{\sum fd^2}{N} - (\frac{\sum fd}{N})^2} \times h$$

其中 N：總次數　　　　f：各組次數　　　h：組距

A：假定平均數，一般取次數最多那一組的組中點

X：各組之組中點　　　$d = \dfrac{X - A}{h}$

某位教師上學期給他授課學生的分數如表3-5所示，試求其分數標準差。

表3-5

成　績	人　數	成　績	人　數
50～54	5	75～79	60
55～59	7	80～84	40
60～64	12	85～89	20
65～69	16	90～94	12
70～74	24	95～	4

成　績	f	X	$d(A = 77)$	fd	fd^2
50～54	5	52	−5	−25	125
55～59	7	57	−4	−28	112
60～64	12	62	−3	−36	108
65～69	16	67	−2	−32	64
70～74	24	72	−1	−24	24
75～79	60	77	0	0	0
80～84	40	82	1	40	40
85～89	20	87	2	40	80
90～94	12	92	3	36	108
95～	4	97	4	16	64
總　計	200			−13	725

因此 $S = \sqrt{\dfrac{\sum fd^2}{N} - (\dfrac{\sum fd}{N})^2} \times h = \sqrt{\dfrac{725}{200} - (\dfrac{-13}{200})^2} \times 5 = 1.903 \times 5 = 9.515$

（三）標準差的特性及應用

1. 以算術平均數為根據所求得之標準差，較以任何其他數為根據所求得者為小。即

$$S = \sqrt{\dfrac{1}{N}\sum(X - \bar{X})^2} < \sqrt{\dfrac{1}{N}\sum(X - A)^2} \quad , \quad A \neq \bar{X}$$

2. 標準差恆大於零，即 $S > 0$，當 $S = 0$ 時，乃表示每一數值均相等。

3. 在一組數據中，若每一個數值均同時加一常數 C，則標準差不變；若每一個數值均同時乘一常數 C，則標準差變為原來的 C 倍。

4. 已知 k 組的項數為 N_k，平均數為 $\bar{X}_k$，標準差為 S_k，而 k 組全體總個數的平均數為 $\bar{X}$，則全體的標準差的平方為

$$S^2 = \dfrac{N_1 S_1^2 + N_2 S_2^2 + \cdots N_k S_k^2 + N_1(\bar{X}_1 - \bar{X})^2 + \cdots + N_k(\bar{X}_k - \bar{X})}{N_1 + N_2 + \cdots + N_k}$$

例 7

某班學生60人分為甲、乙兩組，甲組20人之平均成績為76分，標準差為8分，乙組40人之平均成績為70分，標準差為10分，試求全班60人的成績標準差。

解

$\bar{X} = \dfrac{N_1 \bar{X} + N_2 \bar{X}}{N_1 + N_2} = \dfrac{20 \times 76 + 40 \times 70}{20 + 40} = 72$（分）

$S^2 = \dfrac{20 \times 8^2 + 40 \times 10^2 + 20(76-72)^2 + 40(70-72)^2}{20+40} = \dfrac{5760}{60} = 96$

$S = \sqrt{96} = 9.80$（分）

5. 對於任何一組數據，根據切比雪夫定理(Chebyshev's theorem)，至少有 $1-\dfrac{1}{h^2}$ 的數據落在平均數的 h 個標準差之內，其中 h 為大於 1 的實數，例如一組數據的平均數為 60，標準差為 5，則落在(60−2×5)與(60+2×5)之間，即 50 與 70 之間的數據，至少占有 75%（即 $1-\dfrac{1}{2^2}$ ）。

6. 在常態分配中，以 $\bar{X}$ 為中心，有下列關係存在：

   (1) $\bar{X} \pm S$ 範圍內，可包括資料總次數的 68.26%；

   (2) $\bar{X} \pm 2S$ 範圍內，可包括資料總次數的 95.44%；

   (3) $\bar{X} \pm 3S$ 範圍內，可包括資料總次數的 99.74%。

   由此可知當數據呈常態分配時，數據將以更大的百分數落在平均數兩個或三個標準差內。

 3-6 變異數

（一）變異數的意義

變異數(variance)為標準差的平方。

（二）變異數的求法

令母體的平均數為 μ，變異數為 σ^2，若母體總個數為 N，則

$$\sigma^2 = \frac{\sum (X-\mu)^2}{N}$$

或

$$\sigma^2 = \frac{N\sum X^2 - (\sum X)^2}{N^2} = \frac{\sum X^2}{N} - \mu^2$$

若面對的是樣本資料，樣本個數為 n，則

$$S^2 = \frac{\sum(X - \bar{X})^2}{n-1}$$

或 $$S^2 = \frac{(n-1)\sum X^2 - \frac{(\sum X)^2}{n}}{(n-1)^2} = \frac{\sum X^2}{n-1} - \frac{n\bar{X}^2}{n-1}$$

Excel 計算樣本變異數使用 VAR 函數，在 Excel 2013 版本中分成下列兩種：

=VAR.S（引數 1，引數 2，…，引數 30）：根據樣本來估計變異數。

=VARA（value 1，value 2，…，value 30）：根據抽樣樣本，傳回變異數估計值。引數可包含邏輯值及文字。若為文字及 FALSE 則被視為 0；TRUE 視為 1。

例如：=VAR(3,5,6,4,6,7,5)=1.81。也可使用儲存格範圍來表示。

Excel 計算母體變異數使用 VAR 函數，在 Excel 2013 版本中分成下列兩種：

=VAR.P（引數 1，引數 2，…，引數 30）：根據整個母體，計算變異數

=VARPA（value 1，value 2，…，value 30）：根據整個母體，傳回變異數，引數可包含邏輯及文字，其內容若為文字及 FALSE 則被視為 0；TURE 視為 1。

例如：=VARP(3,5,6,4,6,7,5)=1.55。也可使用儲存格範圍來表示。

（三）標準差與變異數的優點及限制

標準差與變異數是表示一組數據離散程度的最佳指標。其值愈小表示數據愈集中，其值愈大，表示數據分散程度愈大。因此在本章開始，所述

有關資管甲、乙兩班的統計成績之例子中，因為甲班同學成績分散程度較大，故其標準差（或變異數）較大。

標準差與變異數是統計中最常用的差異量數，原因是它反應靈敏，計算公式牽涉到每個數據，因此每個數據的變化，都會影響該二數值。

 ## 3-7　均互差

（一）均互差的意義

一群數值中每兩個數值相差的絕對值之算術平均數稱為均互差，以符號 g 表示。

（二）均互差的計算

1. 分組資料求均互差：

(1) 普通法：假設有 N 個數值 $X_1, X_2, \cdots, X_N$ 由小而大排列，則每兩個數值的相互差數的組合為 $_NC_2 = \dfrac{N(N-1)}{2}$ 種，則 N 個數值的均互差有 $\dfrac{N(N-1)}{2}$ 個，其互差的算術平均數即為所求的均互差 g。其公式：

$$g = \frac{\Sigma(X_K - X_i)}{\dfrac{N(N-1)}{2}} = \frac{2\Sigma(X_K - X_i)}{N(N-1)}$$

例 8

求 $4, 6, 8, 12$ 的均互差？

解　此四數的相互差數

$$_4C_2 = \frac{4(4-1)}{2} = \frac{4 \times 3}{2} = 6 \ （個）$$

即　(6–4), (8–4), (12–4), (8–6), (12–6), (12–8)

$$g = \frac{(6-4)+(8-4)+(12-4)+(8-6)+(12-6)+(12-8)}{6}$$

$$= \frac{2+4+8+2+6+4}{6} = \frac{26}{6} = 4.33$$

(2) **簡捷法**：使用簡捷法求均互差應先將數值作由小而大的排列，而後代入下列公式，即可求得均互差 g。

$$g = \frac{(N+1)\Sigma X_i - 2S_a}{\dfrac{N(N-1)}{2}}$$

上列公式中 g ：表示均互差

N ：表示數值的個數

S_a ：表示 N 個數值由小而大累積數的總和

ΣX_i：表示 N 個數值的總和

例 9

就下列數值用簡捷法求均互差？

82, 85, 94, 98, 104, 113

X_i	由小而大累積
82	82
85	167
94	261
98	359
104	463
113	576

解　　如上表(1) 先由小而大的順序排列，再求由小而大累積數之
總和 S_a。

(2) 代入公式求 g。

$$則 \quad g = \frac{(N+1)\Sigma X - 2S_a}{\dfrac{N(N-1)}{2}}$$

$$= \frac{(6+1)(576) - 2(1908)}{\dfrac{6(6-1)}{2}} = \frac{4032 - 3816}{15}$$

$$= 14.4$$

2. 分組資料求均互差：分組資料求均互差的簡捷法公式為

$$g = \frac{\displaystyle\sum_{i=1}^{K} F_i(N - F_i)}{\dfrac{N(N-1)}{2}} \times h$$

上列公式中 F_i：表示第 i 組的以下累積數

N：表示總次數

h：表示組距

例 10

求下表資料的均互差？

成績（分）	人數(f)	F_i	$N-F_i$	$F_i(N-F_i)$
55～60	3	3	97	291
60～65	7	10	90	900
65～70	13	23	77	1771
70～75	19	42	58	2436
75～80	28	70	30	2100
80～85	15	85	15	1275
85～90	9	94	6	564
90～95	6	100	0	0
合　　計	100			9337

解 (1) 先求F_i以下累積數。

(2) 求$N-F_i$。

(3) 求$f_1'(N-F_i)$並求其總和為9337。

(4) 代入公式：

$$g = \frac{\sum\limits_{i=1}^{K} F_i (N-F_i)}{\frac{N(N-1)}{2}} \times h$$

$$= \frac{9337}{\frac{100(100-1)}{2}} \times 5 = \frac{9337}{4950} \times 5 = 9.43 \text{（分）}$$

（三）均互差的性質

1. 均互差的計算以互差為標準，若數列中任一數值變動，即會影響均互差的結果，故感應極為靈敏。

2. 計算繁雜，受抽樣變動影響大。

3. 應用機會很少。

3-8 相對變異量數

（一）相對變異量數的意義

前面所討論各種變異量數，如：全距、四分位差、平均差、標準差和均互差所計算的值，均和其原資料單位相同，稱為**絕對差異量數**(measure of absolute variation)。在相同的單位或相同的性質作比較時，可用絕對變異量數。但在兩種資料的單位和性質皆不相同，或是單位雖然相同，但平均數彼此相差甚大時，欲作比較便須應用相對變異量數(measure of relative variation)。

所謂相對變異量數是絕對差異量數與某種平均數或其他適當數值之比，又簡稱相對離差，常將其化成百分數，為無名數，以方便比較。

（二）相對變異量數的種類

1. 全距的相對變異量數 $= \dfrac{\text{全距}}{\text{最大值} + \text{最小值}} \times 100\%$

2. 四分位差的相對變異量數 $= \dfrac{\dfrac{Q_3 - Q_1}{2}}{\dfrac{Q_3 + Q_1}{2}} = \dfrac{Q_3 - Q_1}{Q_3 + Q_1} \times 100\%$

3. 平均差的相對變異量數 $= \dfrac{MD}{M_e} \times 100\%$

4. 標準差的相對變異量數 $= \dfrac{S}{X} \times 100\%$

   此相對變異量數，皮爾生(K. Person)稱之為變異係數，為相對變異量數中應用最廣的一種。以 CV(coefficient of variation)表示。

5. 均互差的相對變異量數 $= \dfrac{g}{X} \times 100\%$

（三）相對變異量數的功用

相對變異量數為一種百分數無名數，故其功用是適合於：

1. 單位不同的若干種資料作比較。

2. 單位相同，但平均數差異很大的若干種資料相互比較。

甲班學生45名，平均體重為60公斤，標準差5公斤，平均身高160公分，標準差為6公分，試比較45名學生的身高與體重差異大小。

解　本題係屬於性質和單位均不同的資料作比較。

體重的變異係數 $CV_1 = \dfrac{S}{\overline{X}} \times 100\% = \dfrac{5}{60} \times 100\% = 8.33\%$

身高的變異係數 $CV_2 = \dfrac{S}{\overline{X}} \times 100\% = \dfrac{6}{160} \times 100\% = 3.75\%$

$\therefore CV_1 > CV_2$

由以上的變異係數知，身高之差異較小，體重之差異較大，此表示身高較整齊。

福華企業公司52名員工平均體重為60公斤，標準差為5公斤，其等所養育之三歲兒童體重之平均數為10公斤，標準差為2公斤，試比較兩者分配之差異情形何者較參差？

解　本題係屬單位相同，但平均數差異大的資料作比較。

$CV_1 = \dfrac{S}{\overline{X}} \times 100\% = \dfrac{5}{60} \times 100\% = 8.33\%$

$CV_2 = \dfrac{S}{\overline{X}} \times 100\% = \dfrac{2}{10} \times 100\% = 20\%$

$\therefore CV_1 < CV_2$

由以上的變異係數知，三歲兒童的變異係數較大，差異性亦較大，較參差不齊。

3-9　各種變異量數之關係與比較

（一）各種變異量數之關係

1. 在單峰對稱或微偏分配中，同一資料所求之各種變異量數有下列關係：

$$MD \doteqdot 1.2QD \doteqdot 0.8S$$
$$QD \doteqdot 0.85MD \doteqdot 0.67S$$

2. 由同一資料所求得的四分位差、平均差、標準差和均互差有下列關係：

$$QD < MD < S < g$$

3. 在單峰對稱或微偏分配中，其平均數加減 3 個標準差或加減 3.75 個平均差或加減 4.5 個四分位差的範圍，占總數的 99%。

4. 在單峰對稱或微偏分配中，

$\overline{X} \pm 1S$　　約占總數的 68.27%

$\overline{X} \pm 2S$　　約占總數的 95.45%

$\overline{X} \pm 3S$　　約占總數的 99.73%

（二）優良的變異量數應具備之條件

一種優良的變異量數應具有之條件，與優良的平均數所具有條件完全相同，即：

1. 感應靈敏。
2. 嚴密確定。
3. 簡明易解。
4. 計算簡單。
5. 適合代數方法之演算。
6. 受所抽樣變動之影響甚微。

習題三

1. 隨機抽查台中某個街道路從 1 號到 30 號的人家中，每戶擁有汽車與機車的總個數如表 3-6 所示，試求該樣本的標準差及變異數。

表3-6

1 號	3	11 號	5	21 號	2
2 號	4	12 號	4	22 號	3
3 號	2	13 號	4	23 號	2
4 號	3	14 號	2	24 號	5
5 號	5	15 號	2	25 號	2
6 號	2	16 號	3	26 號	4
7 號	3	17 號	5	27 號	1
8 號	2	18 號	2	28 號	4
9 號	1	19 號	3	29 號	3
10 號	3	20 號	1	30 號	3

2. 高速公路上隨機抽查駕駛人的年齡如表 3-7 所示，試其求標準差及變異數。

表3-7

年　　齡	人　　數
10～19	38
20～29	110
30～39	122
40～49	91
50～59	71
60～69	82

3. 某家銀行 10 位信用卡樣本的帳戶餘額平均數為 157,800 元，標準差為 8,320 元。若本月份這些用戶：

(1) 均提款 10,000 元，則平均數與標準差變化如何？

(2) 若每人存款增加至原來的兩倍金額，則平均數與標準差變化如何？

間斷機率分配

04
Chapter

STATISTICS

　　任何統計上實驗的變數皆是隨機變數，而任何一個隨機變數都有各自的機率，例如我們投擲一公正硬幣兩次，以 x 表示硬幣出現正面次數的隨機變數，由於發生的事件可能有（反，反）、（正，反）、（反，正）、（正，正）四種，因此 x 可能為 0、1 或 2，而它們分別的機率為 $\frac{1}{4}$、$\frac{1}{2}$、及 $\frac{1}{4}$。由於這種數值發生的次數是可以數計算的（如 $x = 0, 1$ 或 2），因此稱為**間斷隨機變數**(discrete random variable)。

　　然而當我們測量的事件是時間或身高，例如張生跑百米的時間是 12 秒，或全班有 3 個人的身高是 160 公分；我們知道並非恰好是 12 秒或 160 公分，其可能是在某種精確度下得到的答案，比如是 11.999 秒，四捨五入為 12 秒，或 160.3 公分，四捨五入為 160 公分等。由於這種數值的產生無法用數的，只能用測量的，因此稱為**連續隨機變數**(continuous random variable)。

　　在上述間斷隨機變數的例子中，我們有下列的表 4-1：

■▮ 表4-1

x	$P(x)$
0	$\frac{1}{4}$
1	$\frac{1}{2}$
2	$\frac{1}{4}$

這種由隨機變數及其相對應機率的組成，即稱為**機率分配**，機率分配，除了以上述的列表法表示外，也可以其他的方式來表現，例如直方圖(histogram)（如圖 4-1）或利用函數式來表示，例如 $P_r(X=x)=f(x)$。

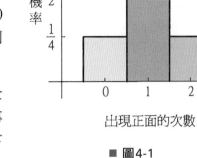

機率

出現正面的次數

■ 圖4-1

由於隨機變數的所有數值將概括全部樣本空間的所有可能事件，且這些事件皆為互斥，因此機率分配必要滿足下列兩點：

(1) $0 \le P_r(x) \le 1$。

(2) $\sum P_r(x) = 1$，對所有可能的 x 值。

在上述投擲一枚公正硬幣兩次的例子中，因對每個可能的 x，$P_r(x) = \dfrac{1}{2}$ 或 $\dfrac{1}{4}$，且 $\sum P_r(x) = P_r(0) + P_r(1) + P_r(2) = \dfrac{1}{4} + \dfrac{1}{2} + \dfrac{1}{4} = 1$，故其為一機率分配。但是在表 4-2 中，$x$ 為某班同學家中的孩子數，則其非機率分配，因

$$\sum P_r(x) = 0.34 + 0.43 + 0.21 + 0.04 \neq 1$$

▁▍ 表4-2

x	$P_r(x)$
1	0.34
2	0.43
3	0.21
4	0.04

通常若 X 為一間斷隨機變數，且對於其任何一個可能值 x 之機率定義為 $f(x)=P_r(X=x)$，則函數 $f(x)$ 稱為 X 的**機率密度函數**(probability density function)或**機率函數**。

本章將只介紹下列幾種間斷機率分配：白努力分配、二項分配、超幾何分配、波氏分配以及負二項分配等五種。

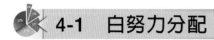

（一）白努力分配的意義

白努力分配(Bernoulli distribution)又稱為點二項分配(point binomial distribution)，其為二項實驗僅試行一次的結果，即隨機變數服從二項分配 $B(1, p)$，因此一次試驗僅有兩種結果，一為「成功」，另一為「失敗」，成功的機率為 p，失敗的機率為 $(1-p)$，白努力實驗為獨立實驗。

（二）白努力分配的公式

$$f(x) = P_r(X = x) = \binom{1}{x} p^x (1-p)^{1-x} = p^x (1-p)^{1-x}$$

其中 $x = 0$ 或 1，$0 < p < 1$，而 $f(x)$ 稱為 X 的機率密度函數。

（三）白努力分配的期望值（平均數）與變異數

期望值：$E(X)=p$

變異數：$V(X)=pq$，其中 $q=1-p$

某電腦製造商製程的CPU良品率為0.95。今隨機抽檢一個零件，試問其為良品的期望值為何？變異數及標準差又為何？

　令 X 為白努力試驗的隨機變數，因良品機率 $p=0.95$，所以 $X\sim$ Bernoulli(0.95)。

(1) 期望值 $\mu = E(X) = p = 0.95$

(2) 變異數 $\sigma^2 = p(1-p) = 0.95 \times 0.05 = 0.0475$

(3) 標準差 $\sigma = \sqrt{p(1-p)} = \sqrt{0.0475} = 0.218$

 ## 4-2　二項分配

（一）二項分配的意義

　　二項分配(binomial distribution)的隨機試驗稱為二項實驗(binomial experiment)，它具有下列六個特性：

1. 重複進行 n 次完全相同的試驗(trails)。

2. 每一次試驗之間皆互為獨立。

3. 每一次試驗皆僅有兩種可能的結果(outcome)：其一稱為「成功」，另一則為「失敗」。

4. 每一次試驗中，出現成功結果之機率固定為 p，出現失敗結果的機率固定為$(1-p)$。

5. 二項分配的隨機變數 X 是白努力隨機變數之和，二項分配是不連續機率分配的一種。

6. 若將白努力試驗重複試行 n 次，各次試驗相互獨立，此種試驗是白努力試驗的擴展，即為二項分配。

（二）二項分配公式

$$f(x) = P_r(X=x) = \binom{n}{x} p^x (1-p)^{n-x} = \frac{n!}{(n-x)!x!} p^x (1-p)^{n-x}$$

　　其中 $x = 0, 1, 2, \cdots, n$；$0 < p < 1$，而 $f(x)$ 稱為 X 的機率密度函數。

> 註
>
> $\begin{pmatrix} n \\ x \end{pmatrix} = C_x^n$ 為組合數。

（三）二項分配的期望值（平均數）與變異數

若隨機變數 X 服從二項分配 $B(n,p)$，則隨機變數 X 的期望值（平均數）及變異數如下：

期望數：$E(X)=np$

變異數：$V(X)=npq$，其中 $q=1-p$

> 註
>
> 期望值(expected value)是在探討一機率分配的集中趨勢或母體的平均數，故期望值亦可以母體平均數 μ 表示。

由上述結果看來，二項分配的中心位置不但受 n 的影響，同時受 p 的影響，p 愈大，平均數愈大。當 $p=0.5$ 時（q 亦為 0.5），二項分配的分散度最大，愈遠離 0.5，則分散度愈小。例如當 $p=0.8$，則 $q=0.2$，$V(X)=0.16n$；而當 $p=0.6$，則 $q=0.4$，$V(X)=0.24n$。

在上述投擲一枚公正硬幣兩次的例子中，其滿足 $B(2,\frac{1}{2})$，故我們有

$$E(X) = np = 2 \times \frac{1}{2} = 1$$

$$V(X) = npq = 2 \times \frac{1}{2} \times \frac{1}{2} = \frac{1}{2}$$

例 2

試求投擲一公正骰子5次，恰出現兩次點數小於3的機率。而5次中至多出現兩次點數小於3的機率又為何？

解 $n = 5$ ，$p = \dfrac{1}{3}$

(1) $P_r(X = 2) = \dbinom{5}{2}(\dfrac{1}{3})^2(\dfrac{2}{3})^3 = \dfrac{80}{243} = 0.329$

(2) $P_r(X \leq 2) = P_r(X = 0) + P_r(X = 1) + P_r(X = 2)$

$= \dbinom{5}{0}(\dfrac{1}{3})^0(\dfrac{2}{3})^5 + \dbinom{5}{1}(\dfrac{1}{3})^1(\dfrac{2}{3})^4 + \dbinom{5}{2}(\dfrac{1}{3})^2(\dfrac{2}{3})^3$

$= \dfrac{32}{243} + \dfrac{80}{243} + \dfrac{80}{243} = \dfrac{192}{243} = 0.790$

Excel 計算二項分配使用 BINOM.DIST 函數，格式如下：

=BINOM.DIST（成功次數，試行次數，成功機率，累積分配）

其中「累積分配」，若 TRUE，則為累積分配函數，若 FALSE，則為機率密度函數，TRUE 及 FALSE 亦可分別用數字 1 及 0 表示。在例 1 中的(1)$P_r(X=2)$為機率密度函數度，(2)$P_r(X \leq 2)$則為累積分配函數，因此

$$P_r(X = 2) = \text{BINOM.DIST}(2,5,\dfrac{1}{3},0)$$

可得 0.329

$$P_r(X \leq 2) = \text{BINOM.DIST}(2,5,\dfrac{1}{3},1)$$

可得 0.79

例 3

已知一隨機變數滿足 $B(13,0.3)$，試求其平均數及變異數，並求其機率直方圖及相對曲線圖。

解　$n = 13$，$p = 0.3$

(1) $E(X) = npq = 13 \times 0.3 = 3.9$

$V(X) = npq = 13 \times 0.3 \times 0.7 = 2.73$

(2) 作圖前，先分別求出 $x = 0，1，2，\cdots，13$ 的機率

步驟1：在儲存格A2至A15中各輸入 $0,1,2,\cdots,13$

步驟2：在B1輸入「機率」兩字

在B2以函數精靈或直接輸入

=BINOM.DIST(A2,13,0.3,0)

按「Enter」後，則可得 0.01，即

$P_r(X = 0) = C_0^{13}(0.3)^0(0.7)^{13} = 0.01$

步驟3：以複製的方法複製公式到B3:B15，則可得 $P_r(X=1)$，

$P_r(X=2),\cdots,P_n(X=13)$ 的答案，如圖4-2(a)所示。

■ 圖4-2(a)

註

複製公式方法之一為：

(1) 先點選儲存格 B2，再將游標移至該格右下角，當游標變為
「+」後，即表示可以開始複製公式。

(2) 滑鼠不放開，向下拉曳到 B15 才停止，此時即可得圖 4-2(a)
上 B 欄的機率。

步驟4：反白A1:B15，點選「插入」下的「插入直條圖」。

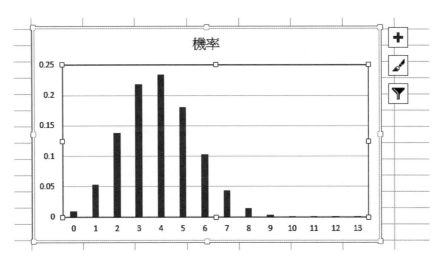

■ 圖4-2(b)

步驟5：反白 B2:B15，按「複製」，點選直方圖按「貼
上」，則會出現兩個數列的直方圖，如圖4-2(c)。

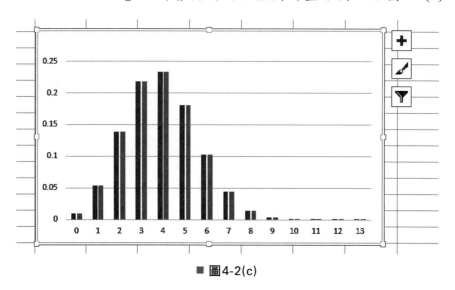

■ 圖4-2(c)

步驟6：點選「插入」下的「平面折線圖」，選「含有資料標
記的折線圖」，如圖4-2(d)所示，即可得圖4-2(e)。

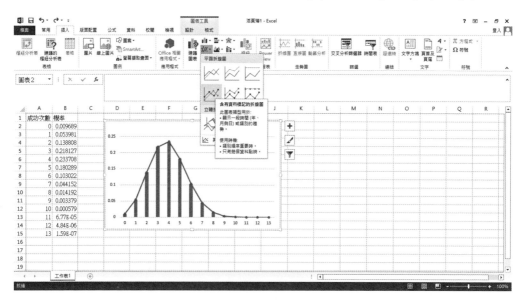

■ 圖4-2(d)

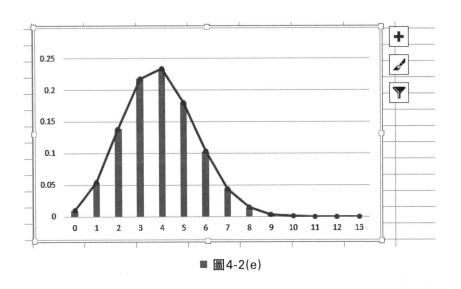

■ 圖4-2(e)

4-3　超幾何分配

(一) 超幾何分配(hypergeometric dirtribution)的意義

　　超幾何分配是考慮在有限母體的情況下，樣本抽出後不放回的隨機試驗：

　　前所述二項實驗，須滿足每次試驗之間皆為獨立，且成功的機率固定為 p 的條件，例如從一副 52 張的撲克牌中抽出 4 張，其間每抽一張牌就「放回去」，則恰中 2 張紅心牌的機率是一項二項實驗，其中 $n=4$，$p = \dfrac{13}{52} = \dfrac{1}{4}$，$x=2$。

　　但是如果在抽牌的過程中，抽出後都「不放回去」，則在每一次抽牌後，紙牌就會少一張，且抽取紅心牌的機率每一次可能會不一樣，每一次抽中紅心的機率與上一次抽出的紙牌有關係；第一次抽中紅心的機率可能為 $\dfrac{13}{52}$ 或 $\dfrac{13}{51}$ 等，第二次抽中紅心的機率可能就變為 $\dfrac{12}{51}$ 或 $\dfrac{12}{50}$ 等等。因此這類問題就不再是二項實驗的過程，我們須用一般的機率原則來解決。首先在 52 張紙牌中抽出 4 張牌的所有可能情形的總數為 C_4^{52}；接下來，考慮在抽

出 4 張紙牌中有 2 張是紅心，剩餘 2 張不是紅心的可能情形，其總數為 $C_2^{13} \times C_2^{39}$；因此後者情況個數占全體情況總數的多少，即為

$$\frac{C_2^{13} \times C_2^{39}}{C_4^{52}} = \frac{\binom{13}{2}\binom{39}{2}}{\binom{52}{4}}$$

（二）超幾何分配公式

我們將此類問題一般化，即假設從一總個數為 N 的母體中，以不放回的方式抽出 n 個樣本來，若在 N 項中有 k 個成功次數及$(N-k)$個失敗次數，則在樣本為 n 中，成功次數為 x 的機率為

$$f(x) = P_r(X = x) = \frac{\binom{k}{x}\binom{N-k}{n-x}}{\binom{N}{n}}$$

此即為超幾何分配(hypergeometric distribution)的公式，其中 $f(x)$ 稱為 X 的機率密度函數。

（三）超幾何分配的期望值（平均數）與變異數

若隨機變數 X 服從超幾何分配 $H(N : k, n)$，其中 N 為總個數，k 為成功總次數，n 為樣本數；則

$$\text{期望值（平均數）：} E(X) = n \times \frac{k}{N}$$

$$\text{變異數：} V(X) = \frac{N-n}{N-1} \times n \times \frac{k}{N} \times \frac{N-k}{N}$$

例 4

從 5 個男生，3 個女生的小組中，抽出 6 人來作實驗，試問其中 6 人中包括 4 個男生的機率為多少？平均數又為多少？

解 $X \sim H(8;5,6)$

$$P_r(X=4) = \frac{\binom{5}{4}\binom{3}{2}}{\binom{8}{6}} = \frac{15}{28} = 0.536 \; ; \; \mu = E(X) = 6 \times \frac{5}{8} = 3.75$$

在 Excel 中，計算超幾何分配的機率使用 HYPGEOM.DIST 函數，其格式如下：

=HYPGEOM.DIST（樣本成功次數，樣本大小，母體成功次數，母體大小）

在例 4 中，$P_r(X=4)$=HYPGEOM.DIST(4,5,6,8,0)，可得 0.536。

4-4 波氏分配或卜瓦松分配

(一) 波氏分配意義

波氏分配(Poisson distribution)又稱卜瓦松分配或卜松分配。為一個事件分兩類，而其中一類發生機率微小的情況下重複獨立試行無限多次的機率模型，即波氏分配為二項分配在 p 為微小的情況下，當 n 趨近於∞時的極限值，即

$$\lim_{n \to \infty} \binom{n}{x} p^x (1-p)^{n-x} = \frac{\mu^x}{x!} e^{-\mu}$$

（二）波氏分配之公式

波氏分配主要應用在一段時間內或特定區域內，發生次數的較少事件。例如銀行櫃檯在一分鐘時間內的顧客人數，某十字路口一天內發生意外事故的次數，打字員在一整頁文件內發生錯誤的字數、工廠產品不良品個數、等候進入餐館的客戶人數或空難墜機事件等都是波氏分配應用的例子。事實上，波氏機率分配的隨機變數所代表的發生次數是由波氏隨機過程(Poisson process)所產生。對波氏隨機過程特性的了解有助於波氏分配的正確應用，因此將波氏隨機過程的特性列出：

1. 在某一區段（或時段）內發生的次數與其他區段（或時段）發生的次數相互獨立。例如十字路口今天所發生的意外事故次數與明天發生事故的次數相互獨立。

2. 在任何相同長度的時段（或相同範圍的區段）內發生事件的機率都相同，因此發生事件的機率會隨著時段（或區段）的增加而增大。

3. 隨著時段（或區段）的縮減，在非常微小的時段（或區段）內發生事件的次數超過一次以上的機率會接近 0。

根據波氏隨機過程，可以定義波氏分配的隨機變數 X 的機率函數為

$$P(X = x) = \frac{\mu^x e^{-\mu}}{x!}$$

其中 $x = 0, 1, 2, 3, \cdots$ 為發生次數的變數值，

μ 為一定時段（或區段）內發生次數的平均數，

$e = 2.71828 \cdots$ 為自然數。

設一間斷隨機變數 X 代表一段時間或特定區域之成功數，則機率分配為

$$f(x) = P_r(X = x) = \frac{\mu^x}{x!} e^{-\mu} = \frac{e^{-\mu} \mu^x}{x!}$$

其中 $x = 0, 1, 2, 3, \cdots$，$e = 2.71828\cdots$，μ 為發生於一段時間內或特定區域中成功的平均數。而 $f(x)$ 稱為 X 的機率密度函數。

波氏分配於 1837 年由法國數學家 Poisson 所發現，以馬克勞霖級數 $e^x = 1 + x + \dfrac{x^2}{2!} + \dfrac{x^3}{3!} + \cdots$ 為理論而建立，故稱波氏分配，又稱卜松分配或卜瓦松分配。波氏分配一般以 $P(\mu)$ 符號表示之。

（三）波氏分配的期望值（平均數）及變異數

若隨機變數 X 服從波氏分配 $P(\mu)$，則 X 的平均數及變異數如下：

期望值（平均數）：$E(X) = \mu$
變異數：$V(X) = \mu$

由上述結果看來，波氏分配的期望值（平均數）及變異數均等於 μ，此為該分配的一大特點。故波氏分配的中心位置及分散度均隨 μ 的大小而變化。

例 5

已知某生一學期缺席的平均次數為 3 次，試問該生一學期中缺席 5 次的機率及缺席超過 1 次的機率。

解 $\mu = 3$，$X = 5$

(1) 故 $P_r(X = 5) = \dfrac{\mu^x}{x!} \times e^{-\mu} = \dfrac{3^5}{5!} \times e^{-3} = 0.101$

(2) $P_r(X \geq 2) = 1 - P_r(X = 0) - P_r(X = 1)$
$= 1 - \dfrac{3^0}{0!} \times e^{-3} - \dfrac{3^1}{1!} \times e^{-3} = 0.801$

在 Excel 中，試算波氏分配使用 POISSON.DIST 函數，其格式如下：

=POISSON.DIST（事件，平均數，累積）

其中「事件」：表示發生事件的次數。

「累積」：若為 TRUE（或 1），則為波氏累積分配函數。

若為 FALSE（或 0），則為波氏機率密度函數。

在例 5 中，

$$P_r(X=5) = \text{POISSON.DIST}(5,3,0)$$
$$= 0.101$$
$$P_r(X \geq 2) = 1 - P_r(X \leq 1)$$
$$= 1 - \text{POISSON.DIST}(1,3,1)$$
$$= 1 - 0.199$$
$$= 0.801$$

在例 5 中，其服從 $P(3)$，我們可以利用函數 POISSON，計算出當 $X=1,2,3,\cdots$ 之機率，並作出機率直方圖及其相對的曲線圖，如圖 4-3 所示（方法可參考例 3）。

步驟： 反白 A1:B10，點選「插入」下的「平面折線圖」，選「含有資料標記的折線圖」。

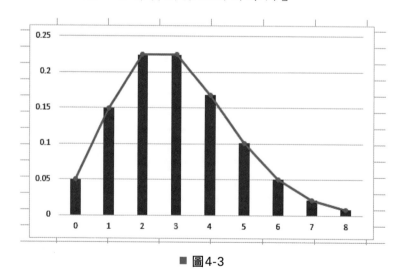

■ 圖4-3

4-5　負二項分配

（一）負二項分配(negative binomial distribution)的意義

在前述二項分配的例 1 中，試問投擲一公正骰子 5 次，恰出現兩次點數小於 3 的機率為多少？題目只要求 5 次中總共有 2 次成功的情況，但不在乎第二次成功是發生在 5 次中的哪一次，它可能是第 2,3,4 或 5 次中的那一次。然而若題目改為當第 5 次擲出，其恰為第二次點數小於 3 的機率為多少？則此類問題出現的情形只是原來題目出現情形中的其中幾種，即要求第 2 次成功一定要在第 5 次試行時發生，其作法如下：首先投擲 5 次的前 4 次，則 4 次中一定要發生一次成功，其所有可能發生情形的總數為 C_1^4；但全體仍共有 2 次的成功及 3 次的失敗，故其機率為 $C_1^4 (\frac{1}{3})^2 (\frac{2}{3})^3$，此即為負二項分配(negative binomial distribution)的類型。

負二項實驗具有與二項實驗之相同性質，然其差異為重複試行直至發生某一固定的成功次數，故在二次實驗中所求者為 n 次試行中 x 次成功的機率，而今所探討者為在試行 x 次中至第 k 次成功為止。例如一籃球員投籃之命中率為 60%，今所欲求者為第五次命中在第七投籃之機率，若投籃命中則表示成功，以 S 表示成功，F 表失敗，獲得所希望結果的可能次序為 $SFSSSFS$，其發生的機率為 $(0.6)(0.4)(0.6)(0.6)(0.6)(0.4)(0.6) = (0.6)^5(0.4)^2$，除最後一結果外可將 F 及 S 重新排列，仍含有五次成功，其可能次序的總數為將前 6 次分割為兩組，一組為含二次失敗，另一組含四次成功，其總數為 $\binom{6}{4}=15$，且各組為相互排斥，若 X 表第七投籃之結果，該次為第五次命中，則

$$P_r(X = 7) = \binom{6}{4}(0.6)^5(0.4)^2 = 0.1866$$

> 📝 **注意**
>
> 在負二項實驗中，產生 k 次成功的試行次數 X，稱負二項隨機變數。

　　負二項變數 X 的機率分配稱為負二項分配，以 $b^*(x;k,p)$ 表示，因其值決定於所希望成功的次數及在某一試行成功的機率，為求 $b^*(x;k,p)$ 的一般公式，設在第 x 次試行之前有 $k-1$ 次成功及 $x-k$ 次失敗，且按某特殊次序排列，因每次試行皆獨立，故可將各種結果的機率相乘，每次成功的機率為 p，失敗的機率為 $q=1-p$，故按一特定次序而最後一次為成功的機率為 $p^{k-1}q^{x-k}=p^kq^{x-k}$，在一項實驗中之最後一次為成功，而其餘按 $k-1$ 次成功及 $x-k$ 次失敗的任何次序的樣本點總數等於將 $x-1$ 個試行分割為兩組，$k-1$ 次成功為一組，另一組為 $x-k$ 次失敗，共有 $\binom{x-1}{k-1}$ 次，且皆為相互排斥並含有等機率 p^kq^{x-k}，故得以 $\binom{x-1}{k-1}$ 乘 p^kq^{x-k} 的一般公式。

（二）負二項分配公式

　　我們將此類問題一般化，即假設在 n 次獨立試驗中，每一次試驗皆只有兩種結果，一為成功，機率固定為 p，另一為失敗，機率固定為 $(1-p)$，則第 n 次試驗，恰為第 x 次成功的機率為

$$f(x) = P_r(X = x) = \binom{n-1}{x-1} \ p^x(1-p)^{n-x} = C_{x-1}^{n-1} \ p^x(1-p)^{n-x}$$

其中 $0 < p < 1$，$x = 1,2,3,\cdots,n$。

　　負二項分配為當 $x = k,k+1,k+2,\cdots$ 之 $b^*(x;k,p)$ 值相對應於 $p^k(1-q)^{-k}$ 的展開式各項而得名。

例 6

已知一家公司抽中女性員工的機率為0.7，試問抽出第6位
員工，其恰為第4位女性的機率。

解 $n = 6$, $x = 4$, $p = 0.7$, $(1-p) = 0.3$

$$P_r(X = 4) = C_{4-1}^{6-1} \quad 0.7^4 \times 0.3^2 = 0.216$$

在 Excel 中，計算負二項分配使用 NEGBINOMDIST 函數，其格式如
下：

‹ Chapter
04

=NEGBINOM.DIST（失敗次數，成功次數，成功機率）

在例 6 中

$$P_r(X=4) = \text{NEGBINOM.DIST}(2,4,0.7,0)$$
$$= 0.216$$

習題四

1. 甲廠牌電視零件的良品率為 70%，今隨機抽取 10 件為樣本，若 X 表示 10 件中的良品數，試求：
   (1) 其平均數及變異數。
   (2) 10 件中有 8 件是良品的機率。
   (3) 至少有 8 件是良品的機率。

2. 若晚會上摸彩中獎的機率為 1%，則張三抽中獎品的機率為多大？而他中獎的期望值及變異數為多少？

3. 已知三月份南部某經銷商 12 位的新車買主中，有 5 位為女性，現在欲從中抽出 5 位買主來作問卷，試問包括 2 位女性買主的機率為何？

4. 假設台灣地區一年中發生颱風經過的平均次數為五次，試求台灣地區一年中發生颱風經過七次的機率？

5. 若高速公路上抓到駕駛人超速的機率有 23%。試問在高速公路上，交通警察攔截第 10 部汽車，駕駛人恰是第 3 個超速的機率是多少？

6. 若一隨機分配滿足 $B(15, 0.5)$，試求其平均數及變異數，並求其機率直方圖及其相對曲線圖。

7. 試說明波氏分配為一機率分配。

常態分配

05 Chapter

STATISTICS

5-1 常態分配

（一）常態分配的意義

常態分配(normal distribution)的研究始於十八世紀。當時法國數學家棣美拂(De Moivre, 1667~1754)提出常態曲線之數學方程式；後來，德國數學家高斯(Carl Gauss, 1777~1855)研究重複測量的誤差，也導出同一方程式，故常態分配又名**高斯分配**(Gauss distribution)。

常態分配是統計學中最重要的連續機率分配，由於真實世界中有很多現象都屬於常態分配或近似常態分配，例如電視機的使用年限、考試的成績、人的身高體重等的隨機變數都是常態分配。而有些間斷機率分配與連續機率分配均以常態分配為其極限，故當樣本相當大時，可用常態近似法解決這些機率分配的問題。同時許多統計量的抽樣分配常呈常態分配，故在母數的推論與假設檢定上經常以常態分配為理論的基礎。

（二）常態分配的公式與常態曲線

一個連續隨機變數 X 若屬常態分配，則稱它為常態隨機變數(normal random variable)。常態隨機變數 X 之圖形，稱為**常態曲線**(normal curve)，它可以下式表示之：

$$Y = N(x , \mu , \sigma) = f(x) = \frac{1}{\sigma\sqrt{2\pi}} \, e^{-\frac{1}{2}(\frac{X-\mu}{\sigma})^2}$$

其中 $\pi = 3.14159\cdots$　　$e = 2.71828\cdots$

μ 為隨機變數 X 的平均數，σ 為 X 的標準差。

常態分配具有下列幾個特性：

1. 常態曲線是一個左右對稱於平均數 μ 的鐘形曲線，常態曲線的兩端會趨近正負無窮大而且不會和水平座標軸相交。且因

$$P_r[\mu - 1\sigma \le X \le (\mu + 1\sigma)] = 0.6826$$
$$P_r[\mu - 2\sigma \le X \le (\mu + 2\sigma)] = 0.9544$$
$$P_r[\mu - 3\sigma \le X \le (\mu + 3\sigma)] = 0.9974$$

由此可知 $(\mu \pm 3\sigma)$ 的範圍幾乎已完全包括了所有的 X 值，因此 $\mu \pm 3\sigma$ 以外的面積可略而不計。如圖 5-1 所示。當 $X = \mu$ 時，$Y = \dfrac{1}{\sigma\sqrt{2\pi}}$，其為曲線的極大值。

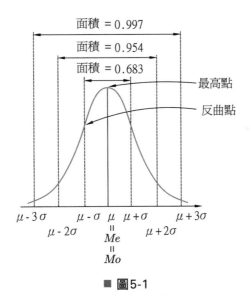

■ 圖5-1

2. 以 μ 為中心，兩邊加減一個標準差之處（即 $\mu \pm \sigma$），即是常態曲線的兩個反曲點(Inflection Point)（又稱變向點）。

3. 由於常態變數 x 的變動範圍為 $-\infty < x < \infty$，且由上式知常態曲線左右兩尾與橫軸逐漸接近，但絕不會相交（亦即對於任一 x 值而言，$f(x)$值絕不為零）。

4. 常態分配既為一對稱分配，故其平均數 μ、中位數 Me 與眾數(Mo)三者合而為一，皆位於常態曲線之中心位置或者最高點數所對應至橫軸的位置上，$\mu = Me = Mo$。

5. 以 μ 為中心，兩邊加減一個標準差的區間，即 $\mu - \sigma$ 至 $\mu + \sigma$，其機率（面積）為 0.683，而區間$[\mu - 2\sigma, \ \mu + 2\sigma]$之機率為 0.954，且區間$[\mu - 3\sigma, \ \mu + 3\sigma]$之機率為 0.997。

6. 常態分配之偏態係數 $\beta_1 = 0$，峰態係數 $\beta_2 = 3$。

7. 常態分配的平均差約等於 $\dfrac{4}{5}S$，四分位差約等於標準差的 $\dfrac{2}{3}$。

在常態分配中，平均數、中位數及眾數三者相等，此點 y 值最大，然後向兩側下降，曲線的反曲點在 $\mu \pm \sigma$ 處。常態分配的參數是平均數 μ 和標準差 σ，一旦設定此二參數之值，我們就可找出常態曲線下任意區間的面積。

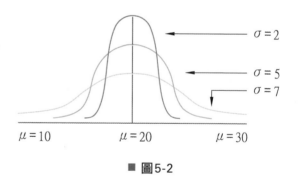

■ 圖 5-2

因為設定一組不同的 μ 和 σ 值就有一不同的常態分配，μ 值決定了常態分配曲線在水平座標軸上的中心點，而 σ 值則決定了常態分配曲線的離散程度，圖 5-2 中的三條常態分配曲線具有相同的平均數及不同的標準差。

但圖 5-3 中的三條常態分配曲線則具有不同的平均數及相同的標準差。

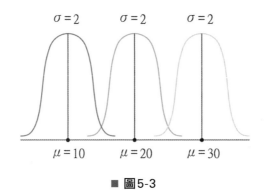

■ 圖5-3

（三）常態分配的平均數（期望值）及變異數

　　在不確定狀態下來衡量變數值散布範圍大小。

1. $E(X) = \mu$

2. $V(X) = \sigma^2$

3. 曲線下之面積為 1，故亦為機率密度函數。

例 1

已知某公司績效成績為常態分配，$\mu = 600$，$\sigma = 100$，求低於500分之百分比有多少？

解　$X \sim N(\mu, \sigma^2)$

$X \sim N(600, 100^2)$

$P_r(\dfrac{a - \mu}{\sigma} \leq \dfrac{x - \mu}{\sigma}) = P_r(\dfrac{500 - 600}{100} \leq \dfrac{x - \mu}{\sigma})$

$= P_r(-1 \leq Z)$

$= 0.5 - 0.3413$（註：查附錄A標準常態分配表）

$= 0.1587$

如圖5-4所示。

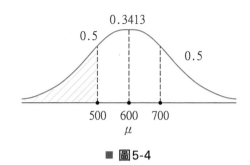

■ 圖5-4

Excel 在計算常態分配使用 NORMDIST 函數，它的意義為 $P_r(X < x)$。其格式如下：

$$=NORMDIST（變數，平均數，標準差，累積）$$

其中：變　數：為分配要計算的 X 值。

　　　平均數：分配的算術平均數。

　　　標準差：分配的標準差。

　　　累　積：若 TRUE（或 1），則為累積分配函數；若 FALSE（或 0），則為機率密度函數。

在例 1 中，

$$P_r(X < 500) = NORMDIST(500,600,100,TRUE) = 0.1586$$

表示成績低於 500 分者占總人數的 15.86%。

例 2

若隨機變數 X 滿足 $N(X, 5, 0.6)$，試作出其常態曲線。

解 因 $P_r(5 - 3 \times 0.6 \le X \le 5 + 3 \times 0.6) = 0.99$

即 $P_r(3.2 \le X \le 6.8) = 0.99$，作圖步驟如下：

步驟 1：在儲存格 A2 到 A74 中分別輸入 $3.2, 3.25, 3.3, \cdots, 6.7,$
$6.75, 6.8$ 數字（即每個數值以 0.05 增加）。

步驟2： 在B1填入「機率值」，在B2以函數精靈找出
NORM.DIST，確定後輸入的資料，如圖5-5所示，
再確定後則可得B2的0.007386（機率值）。接著利
用公式複製（也可以B2右下角的填滿控點向下
拉），則可得B2到B74的值。

步驟3： 將A1至B74反白，其中A1空白、B1填入機率值。再
點選「插入」的「群組直條圖」，即可得圖5-6的常
態曲線。

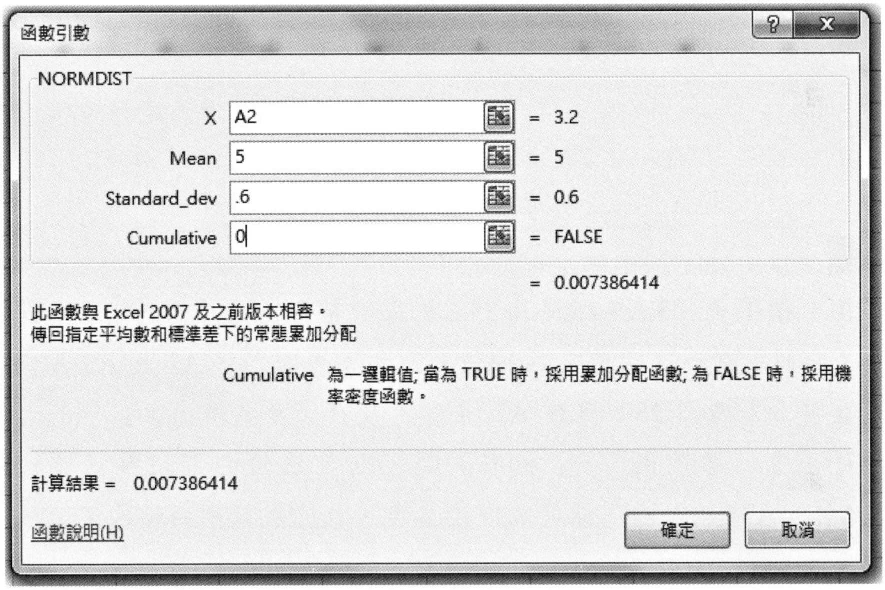

```
函數引數                                                    ? X

NORMDIST

              X  A2                        = 3.2

           Mean  5                         = 5

    Standard_dev  .6                        = 0.6

      Cumulative  0                         = FALSE

                                    = 0.007386414

此函數與 Excel 2007 及之前版本相容。
傳回指定平均數和標準差下的常態累加分配

            Cumulative  為一邏輯值; 當為 TRUE 時, 採用累加分配函數; 為 FALSE 時, 採用機
                        率密度函數。


計算結果 =  0.007386414

函數說明(H)                                        確定        取消
```

■ 圖5-5

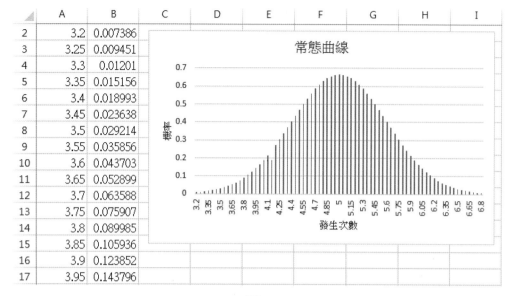

	A	B
2	3.2	0.007386
3	3.25	0.009451
4	3.3	0.01201
5	3.35	0.015156
6	3.4	0.018993
7	3.45	0.023638
8	3.5	0.029214
9	3.55	0.035856
10	3.6	0.043703
11	3.65	0.052899
12	3.7	0.063588
13	3.75	0.075907
14	3.8	0.089985
15	3.85	0.105936
16	3.9	0.123852
17	3.95	0.143796

■ 圖5-6

> **註**
>
> 在步驟 1 中，3.2,3.25,…,6.75,6.8 是一等差數列，我們可以下列方
> 法將此數列快速的填入 A 欄裡。即首先在儲存格 A2 及 A3 各輸入
> 數字 3.2 及 3.25；再將 A2 及 A3 反白，並將游標移至 A3 右下
> 角，當游標變成「＋」的形狀時，則可繼續向下拉曳，將 A4,
> A5,…,A74 均反白，此時放開滑鼠後，就完成數列的輸入了。

5-2 標準常態分配

由於常態曲線的位置及分散度會隨著 μ 及 σ 而改變，為了改善這個不便，一般我們就把常態分配轉換成 $\mu=0$，$\sigma=1$ 的標準常態分配(standardized normal distribution)，其過程如下：

若一常態隨機變數 X 之平均數為 μ，標準差為 σ；則其標準常態隨機變數 Z 為：

$$Z = \frac{X - \mu}{\sigma}$$

經此過程，原始分數 X 就轉換為平均數為 0，標準差為 1 的 Z 分數，如圖 5-7 所示，則標準常態隨機變數之機率密度函數為：

$$N(Z \; ; \; 0 \; , \; 1) = f(z) = \frac{1}{\sqrt{2\pi}} e^{\frac{-z^2}{2}}$$

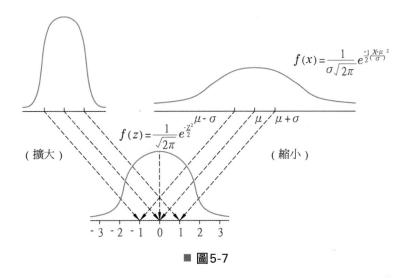

■ 圖5-7

我們已知在常態分配曲線下，平均數(μ)加減一個標準差(σ)的範圍內之面積約占全部的 68%，平均數(μ)加減兩個標準差(2σ)的範圍內之面積約占全部的 95%；但是比如在平均數$\mu=10$，標準差為 2 的常態分配中，$P_r(6.76 \leq X \leq 13.24)$之機率值是多少呢？現在我們就可以利用其相對應的 z 值，加上標準常態分配表就可以得到答案。

在上個例中，因

$$Z = \frac{X - \mu}{\sigma} = \frac{10 - 10}{2} = 0 \; , \; Z = \frac{X - \mu}{\sigma} = \frac{6.76 - 10}{2} = -1.62$$

$$及 Z = \frac{X - \mu}{\sigma} = \frac{13.24 - 10}{2} = 1.62$$

　　則在附錄 A 的標準常態分配表中，先找出最左邊一行 1.6 所在的列，再找出最上面一列 0.02 所在的行，二者交集 0.4474，即為所求，如圖 5-8 斜線所示，即

$$P_r(10 \leq X \leq 13.24) = P_r(0 \leq Z \leq 1.62) = 0.4474$$

由於該曲線為左右對稱，故

$$P_r(6.76 \leq X \leq 10) = P_r(-1.62 \leq Z \leq 0) = 0.4474$$

即　　　　$P_r(6.76 \leq X \leq 13.24) = P_r(-1.62 \leq Z \leq 1.62) = 0.4474 \times 2 = 0.8948$

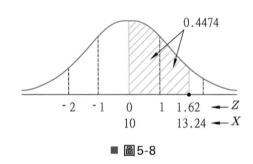

■ 圖5-8

　　同理，我們可以得到下列兩個較常用的機率：

$$P_r(-1.96 \leq Z \leq 1.96) = 0.475 \times 2 = 0.95$$
$$P_r(-2.576 \leq Z \leq 2.576) = 0.495 \times 2 = 0.99$$

　　其中 $Z = 2.576$，曲線下的面積，我們是使用內插法求得的，即首先查出 $P_r(0 \leq Z \leq 2.58) = 0.4951$ 及 $P_r(0 \leq Z \leq 2.57) = 0.4949$，然後

$$\frac{2.58 - 2.57}{0.4951 - 0.4949} = \frac{2.576 - 2.57}{p}$$

可得 $p = 0.00012$，因此 $P_r(0 \leq Z \leq 2.576) = 0.4949 + 0.0001 \fallingdotseq 0.495$。

　　Excel 計算標準化 Z 值使用 STANDARDIZE 函數，格式如下：

$$=STANDARDIZE（變數，平均數，標準差）$$

在上例中

$$X=10 \text{ 的 } Z \text{ 值為 } =STANDARDIZE(10,10,2)=0$$
$$X=13.24 \text{ 的 } Z \text{ 值為 } =STANDARDIZE(13.24,10,2)=1.62$$
$$X=6.76 \text{ 的 } Z \text{ 值為 } =STANDARDIZE(6.76,10,2)=-1.62$$

例 3

假設高速公路車輛行駛之車速是以 $\mu = 85$ 公里／小時，及 $\sigma = 16$ 公里／小時的常態分配。若警察想對開最快的前百分之一的駕駛人開罰單，則駕駛人能避免被開罰單的最高的行駛車速為多少？

解 由圖 5-9 可知斜線區域面積為 0.49，即 $Pr(0 \leq Z \leq z')=0.49$，由標準常態分配表可知當 $Z = 2.33$ 時，其相對應的面積為 0.4901，因此由 $Z = \dfrac{X-\mu}{\sigma}$，可得 $2.33 = \dfrac{X-85}{16}$

故 $x = 122.28$（公里／小時）

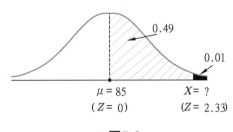

$$0.49$$
$$0.01$$
$$\mu = 85 \qquad X = ?$$
$$(Z = 0) \qquad (Z = 2.33)$$

■ 圖5-9

Excel 計算標準常態累積分配的機率值是使用 NORM.S.DIST 分配函數（注意比常態分配的函數 NORM.DIST 多一個 S 字母），它的意義為

$$Pr(Z \leq z) = 1 - Pr(Z > z)$$

其格式為

$$=NORM.S.DIST(Z)$$

其中 $z = \dfrac{x - \mu}{\sigma}$ ， $-\infty < z < \infty$ 。

我們利用此函數，可以得到附錄 A 之標準常態分配表的值，例如

$$=NORM.S.DIST(2,1)$$

得到的機率值為 0.97725

即　　　　　　$Pr(Z \le 2) = 1 - Pr(Z > 2) = 0.97725$

故　　　　　　$Pr(Z > 2) = 1 - 0.97725 = 0.02275$

可得標準常態分配表中的

$$Pr(0 \le Z \le 2) = 05 - 0.02275 \approx 0.4772$$

 5-3　偏　態

（一）偏態(skewness)的意義

指資料次數分配圖之分布的形狀是偏向中心位置的右邊，或是偏向中心位置的左邊，或是以中心位置呈對稱形狀。而偏態係數(coefficient of skewness)是用來衡量資料分布形狀的測量數，由於不帶單位，故稱為偏態係數。

（二）偏態係數的公式

測量偏態的量數為 β_1 （ β 讀作 beta），或用 SK 其為三級動差 μ_3 除以 σ^3 的無名數，即

$$母體偏態：\beta_1 = \frac{\mu_3}{\sigma^3} = \frac{\dfrac{1}{N}\sum f(X-\mu)^3}{\sigma^3}$$

$$樣本偏態：\beta_1 = \frac{\dfrac{1}{n-1}\sum f(X-\bar{X})^3}{S^3}$$

以下介紹三種偏態係數公式：

1. 包萊公式(A. L Bowley)：

$$SK_B = \frac{(Q_3 - Me) - (Me - Q_1)}{(Q_3 - Me) + (Me - Q_1)}$$

2. 皮爾生公式(K. Pearson)：

(1) 母體資料偏態：$SK_P = \dfrac{\mu - Mo}{\sigma}$

(2) 樣本資料偏態：$SK_P = \dfrac{\bar{x} - Mo}{s}$

3. 動差法：

$$\beta_1(SK) = \frac{\mu_3}{\sigma_3} = \frac{\mu_3}{\mu_2^{3/2}}$$

動差指的是觀測值與某一特定值間差異 r 次方的平均數，主要可分為概約動差和主要動差。

(1) 概約動差：以某一實數 A 為特定值，則 r 級概約動差為：

① 未分組資料：$\mu_r' = \dfrac{1}{n}\sum\limits_{i=1}^{n}(x_i - A)^r$

② 已分組資料：$\mu_r' = \dfrac{1}{n}\sum\limits_{i=1}^{k}f_i(x_i - A)^r$

$r = 1, 2, 3, \cdots$，若公式中 $A = 0$，則稱為 r 級原動差。

(2) 主要動差：以平均數為特定值，則 r 級主要動差為

① 未分組資料：$\mu_r = \frac{1}{n} \sum_{i=1}^{n} (x_i - \bar{x})^r$

② 已分組資料：$\mu_r = \frac{1}{n} \sum_{i=1}^{k} f_i (x_i - \bar{x})^r$

$r = 1, 2, 3, \cdots$

（三）偏態係數的型態

1. $\beta_1 = 0$，表示對稱分配。

2. $\beta_1 > 0$，表示右偏或正偏分配，即當高峰偏向於變量較小之一方。

3. $\beta_1 < 0$，表示左偏或負偏分配，即當高峰偏向於變量較大之一方。如圖 5-10 所示。

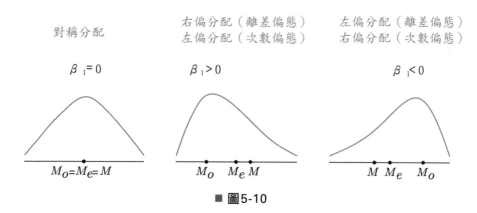

■ 圖5-10

例 4

試就表5-1資料計算偏態係數，並說明偏態之型態。

.ıl 表5-1

X	f
8	3
9	4
10	4
11	4
12	3

X	f	$X-\mu$	$(X-\mu)^3$	$f(X-\mu)^3$	$(X-\mu)^2$	$f(X-\mu)^2$
8	3	−2	−8	−24	4	12
9	4	−1	−1	−4	1	4
10	4	0	0	0	0	0
11	4	1	1	4	1	4
12	3	2	8	24	4	12
$\mu=10$	18			0		32

 解

$$\sigma = \sqrt{\frac{1}{N}\sum f(X-\mu)^2} = \sqrt{\frac{1}{18} \times 32} = \sqrt{1.78} = 1.33$$

$$\beta_1 = \frac{\frac{1}{N}\sum f(X-\mu)^3}{\sigma^3} = \frac{0}{1.33^3} = 0 \text{，故表5-1之資料為對稱分配。}$$

Excel 計算未分組資料之偏態係數(β_1)使用 SKEW 函數，它的公式為

$$\frac{n}{(n-1)(n-2)}\sum_{i=1}^{n}(\frac{X-\bar{X}}{S})^3$$

格式如下：

=SKEW（引數 1，引數 2，……引數 30）

同理亦可使用 SKEW（儲存格範圍）來表示。

因 Excel 求 SKEW 的公式與本節所述不完全一樣，故求出之值會有點不同，但在樣本數夠大時，兩者之值會趨相近。

在例 4 中

$$=SKEW(8,8,8,9,9,9,9,10,10,10,10,11,11,11,11,12,12,12)$$

的結果為 0

5-4　峰　度

（一）峰度(kurtosis)的意義

將許多不同的資料，描繪於圖上，我們可以發現這些次數分配圖，有的高峰較高狹，有的則較低闊，此種次數分配高峰的峻峭或低闊平坦之情形即稱之為峰度。而峰度係數(coefficient of kurtosis)就是用來衡量資料分布的峰度高低情形，用來測度峰度之量數亦不帶單位，稱作峰度係數。

（二）峰態係數的公式

測量峰度之量數為 β_2 係數或用 K 代表或係數 γ_2（γ 讀作 gamma）其為四級動差除以 σ^4 的無名數，即

$$母體峰度：\beta_2 = \frac{\mu_4}{\sigma^4} = \frac{\frac{1}{N}\sum f(X-\mu)^4}{\sigma^4}$$

$$\gamma_2 = \beta_2 - 3$$

$$樣本峰度：\beta_2 = \frac{\frac{1}{n-1}\sum f(X-\bar{X})^4}{S^4}$$

$$\gamma_2 = \beta_2 - 3$$

（三）峰度係數的型態

1. $\beta_2 > 3$ 或 $\gamma_2 > 0$，則次數分配之峰度為高狹峰(leptokurtic)。

2. $\beta_2 = 3$ 或 $\gamma_2 = 0$，則次數分配之峰度為常態峰(mesokurtic)。

3. $\beta_2 < 3$ 或 $\gamma_2 < 0$，則次數分配之峰度為低闊峰(platykurtic)。

   如圖 5-11 所示。

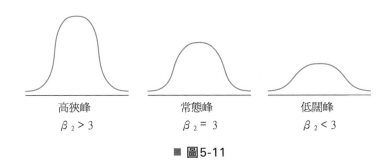

| 高狹峰 | 常態峰 | 低闊峰 |
| $\beta_2 > 3$ | $\beta_2 = 3$ | $\beta_2 < 3$ |

■ 圖5-11

例 5

試就表5-1資料計算峰度係數，並說明峰度之形態。

 解

X	f	$X-\mu$	$(X-\mu)^4$	$f(X-\mu)^4$	$(X-\mu)^2$	$f(X-\mu)^2$
8	3	-2	16	48	4	12
9	4	-1	1	4	1	4
10	4	0	0	0	0	0
11	4	1	1	4	1	4
12	3	2	16	48	4	12
$\mu=10$	18			104		32

因 $\sigma = \sqrt{\dfrac{1}{N}\sum f(X-\mu)^2} = \sqrt{\dfrac{1}{18} \times 32} = \sqrt{1.78} = 1.33$

$$\text{故 } \beta_2 = \frac{\frac{1}{N}\sum f(X-\mu)^4}{\sigma^4} = \frac{\frac{1}{18}\times 104}{(1.33)^4} = \frac{5.78}{(1.33)^4} = 1.85$$

$$\gamma_2 = \beta_2 - 3 = 1.85 = -1.15$$

因 $\beta_2 < 3$ 或 $\gamma_2 < 0$，故表 5-1 之資料為低闊峰分配。

Excel 計算未分組資料之峰度係數(γ_2)使用 KURT 函數，它的公式為

$$[\frac{n(n+1)}{(n-1)(n-2)(n-3)}\sum_{i=1}^{n}(\frac{X-\bar{X}}{S})^4] - \frac{3(n-1)^2}{(n-2)(n-3)}$$

其格式如下：

=KURT（引數 1，引數 2，…，引數 30）

也可使用 KURT（儲存格範圍）來表示。

因為 Excel 求峰度的公式與本節所述不完全一樣，故 γ_2 之值會有點不同，但當樣本的個數夠大時，兩者之值即會相近。

在例 5 中，

=KURT(8,8,8,9,9,9,9,10,10,10,10,11,11,11,11,12,12,12)

結果為−1.152。

或事先將例 5 中 18 個數值輸入儲存格 A1 至 A14 中，則

=KURT(A1:A14)

的結果亦為−1.152。

習題五

1. 假設每日光臨可口餐廳的人數為一常態隨機變數,且已知平日的平均數為 40 人,標準差為 11 人。試求某日至少會有 50 人光顧此餐廳的機率。

2. 假設北市超級市場的每日平均營業額是以 12.3 萬元為平均數,1.4 萬元為標準差的常態分配,試計算營業金額在:(1)10.9 萬和 15.1 萬之間,及(2)少於 10 萬元的機率。

3. 假設某校期末考之統計成績是平均數 64 分及標準差 7 分的常態分配。現在若規定學生成績最差的 $\frac{1}{4}$ 要參加暑期輔導,試問成績多少分以下的同學必須參加?

4. 某段時間抽查高速公路上 10 輛汽車的車速如下(以公里計):
   97,92,94,88,87,83,82,87,98,72
   試問該資料為何種峰度及偏態的分配?

相關與迴歸分析

06
Chapter

STATISTICS

　　兩個各自獨立的變數，它們之間可能有所關聯，那麼它們關聯的程度大小為何呢？若這兩變數有高程度的相關，那麼如何找出能表示該種關係的公式呢？若兩者關係的公式存在，當給定某一變數值，就能利用這公式去預測估計另一變數值，但此估計值的誤差又為何呢？以上所述的問題，就是任何相關與迴歸分析的步驟。例如打擊手的安打數與其出場打擊的次數，這兩個變數存在某種程度的關聯，我們可以藉此相關來預測每個打擊手上場的表現。

　　在統計推論中相關分析(correlation analysis)與迴歸分析(regression analysis)是重要主題之一。前者在探討各變數間關係的相關方向與強弱程度；後者則是探討研究之變數是自變數或因變數，再依樣本資料與相關理論，建立一數學模型（方程式），以供預測與估計之用。

 ## 6-1　相關分析

（一）相關分析的意義

　　統計學上稱各種變量相互關係為相關(correlation)，例如我們知道單價與總數、價格與需求量、蟋蟀叫聲的頻率與溫度等現象，兩者間均有密切的關係，這種兩變量間的相互關係，稱為簡單相關；若兩變量的關係可用直線方程式來表示的，稱為直線相關，若可用曲線方程式表示的，稱為曲線相關或非直線相關。

　　依兩種變量的變動趨向，直線相關又可分為正相關、負相關（或反相關）及零相關三種。當兩種變量同時增加或同時減少，即變動趨向一致時，稱為正相關，例如吸菸與肺癌、孩童的身高與體重等；當兩種變量一為增加另一為減少，或一為減少另一為增加，即變動趨向相反時，稱為負相關或反相關，例如短程賽跑中體重與速度，產品價格與需求量等；當兩種變量沒有特殊的關係，即其相關程度是零時，稱為零相關，例如血型與身高、體重與辦事能力等。

為了較容易看出兩個變量的相關情形，我們經常將兩個變量的變化數列描繪到座標圖中，此稱為**散布圖**(scatter diagram)，其製作步驟如下：

(1) 指定兩條相互垂直的橫、縱軸為座標平面上的 x 軸及 y 軸，讓其各代表一種變量。

(2) 每一對變量資料可看成座標平面上一點，將其描繪在座標平面上。

 例 1

研究某種昆蟲之叫聲頻率與氣溫的關係，得到的測量如表6-1所示，試求其散布圖。

■■ 表6-1

溫　　度(°F)	45	46	48	50	52	53	54	56	58	60	61
叫聲頻率（次／秒）	37	40	46	55	57	62	70	73	81	83	89

解 讓 x 軸，y 軸各表示溫度、頻率變量，然後將點(45,37)，(46,40)，(48,46)，…，(61,89)描在座標平面上，如圖6-1所示。

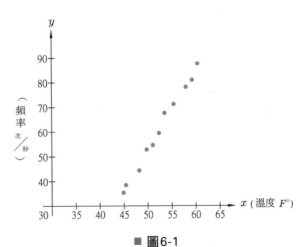

■ 圖6-1

在直線相關中，若散布圖中的各點，大概可作出一條左下到右上的直線，即斜率為正的直線，則此兩種變量為 **正相關**，若各點大概可作出一條左上到右下的直線，即斜率為負的直線，則此兩種變量為 **負相關**，因此例 1 中的某種昆蟲叫聲頻率與氣溫成正相關。至於兩變量間相關程度的高低，可由散布圖內各點散布範圍的廣狹情形來決定。

1. 完全相關：

若各點完全散布於一曲線上或非垂直非水平的一直線上，則此兩變量間的相關程度達到最高，即為完全相關，如圖 6-2 及圖 6-3 所示。

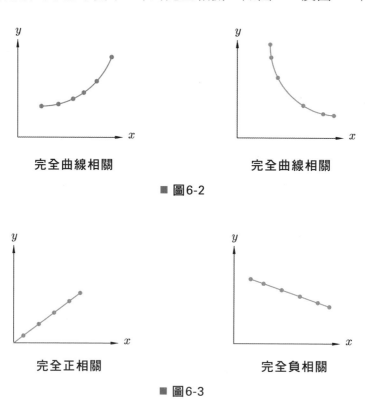

完全曲線相關 　　　　　　　完全曲線相關

■ 圖6-2

完全正相關 　　　　　　　完全負相關

■ 圖6-3

2. 中度相關或低度相關：

　　若各點的散布趨勢像一條曲線或非垂直、非水平的直線，而當大多數的點散布於線兩旁的範圍愈狹窄，則兩變量的相關程度就愈高，如圖 6-4 所示為中度相關，圖 6-5 所示為低度相關。

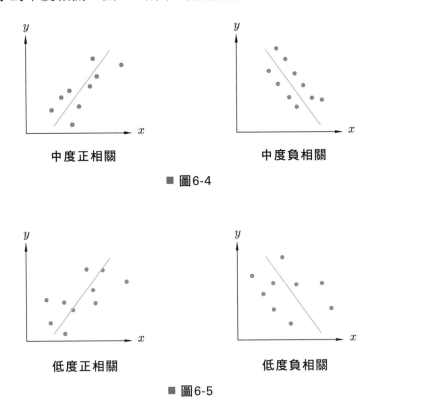

中度正相關　　　　　　　　　　中度負相關

■ 圖6-4

低度正相關　　　　　　　　　　低度負相關

■ 圖6-5

3. 零相關：

　　若各點的散布到處都有，沒有向上或向下的趨勢，則兩變量之間毫無關係，即為零相關，如圖 6-6 所示。或各點完全散布於一條平行或垂直 x 軸的直線上，即表示一變量的變化對另一變量不產生影響，所以兩變量亦為零相關，如圖 6-7 所示。

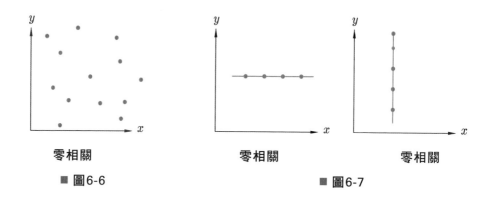

零相關　　　　　　　　零相關　　　　　　　　零相關

■ 圖6-6　　　　　　　　　　　　　　　　■ 圖6-7

（二）相關係數

相關係數(correlation coefficient)是兩組變量間相關程度的數字表現形式，作為母體間相互關係程度的母數，一般以 ρ 表示，作為樣本間的統計量數，就常用 r 表示。

> **註**
>
> 說明母體性質的量數，稱為母數(parameter)，一般用希臘字母表示，如母體平均 μ。說明樣本性質的量數，稱為統計量(statistic)，一般用英文字母表示，如樣本平均數 $\overline{X}$。

Pearson 積差相關(product moment correlation)係數，是最常用的相關係數，其為求直線相關的基本方法，由英國統計學皮爾生(Karl Pearson)於 20 世紀初所發展出來的統計方法，適用於兩個變數都是等距或比率變數的資料。設 $(X_1，Y_1)$，$(X_2，Y_2)$，……，$(X_n，Y_n)$ 為一組來自共同母體的樣本資料，則計算積差相關係數的公式如下：

$$r = \frac{\sum_{i=1}^{n}(X_i - \bar{X})(Y_i - \bar{Y})}{\sqrt{\sum_{i=1}^{n}(X_i - \bar{X})^2}\sqrt{\sum_{i=1}^{n}(Y_i - \bar{Y})^2}} = \frac{\Sigma XY}{\sqrt{\Sigma X^2 \cdot \Sigma Y^2}}$$

$$= \frac{\dfrac{1}{n}\sum_{i=1}^{n}(X_i - \bar{X})(Y_i - \bar{Y})}{S_x \times S_y}$$

$$= \frac{1}{n}\Sigma(Z_{x_i} \times Z_{y_i})$$

其中標準差

$$S_x = \sqrt{\frac{\sum_{i=1}^{n}(X_i - \bar{X})^2}{n}} \quad , \quad S_y = \sqrt{\frac{\sum_{i=1}^{n}(Y_i - \bar{Y})^2}{n}}$$

至於式中的 $\dfrac{1}{n}\sum_{i=1}^{n}(X_i - \bar{X})(Y_i - \bar{Y})$ 稱為**共變數**(covariance)。

而 $\sum_{i=1}^{n}(X_i - \bar{X})(Y_i - \bar{Y})$ 能反應兩組變量的一致性，即當 $(X_i - \bar{X}) > 0$，$(Y_i - \bar{Y}) > 0$，或 $(X_i - \bar{X}) < 0$，$(Y_i - \bar{Y}) < 0$，則 $\sum_{i=1}^{n}(X_i - \bar{X})(Y_i - \bar{Y}) > 0$；且其大小是隨著 X_i 大，Y_i 也大，或 X_i 小，Y_i 也小之一致性程度而改變。然而，$(X_i - \bar{X}) > 0$，$(Y_i - \bar{Y}) < 0$ 或 $(X_i - \bar{X}) < 0$，$(Y_i - \bar{Y}) > 0$，則 $\sum_{i=1}^{n}(X_i - \bar{X})(Y_i - \bar{Y}) < 0$，且其大小是隨著 X_i 大，Y_i 小，或 X_i 小，Y_i 大的程度而改變。因此共變數可以用來測量兩組變量的一致性程度。

故相關係數(r)實為 X、Y 兩變數各以其標準差為單位的離均差之乘積的算術平均數。

（三）相關係數 r 之性質

相關係數 r 具有下列的性質：

1. $-1 \leq r \leq 1$。

2. $r > 0$，正相關，表其中一變數增加，另一變數亦增加，且 $r \to 1$ 相關程度愈高，若 (X, Y) 的圖形為一帶狀且從左下方至右上方均落於 I、III 象限內。

3. $r < 0$，負相關，表其中一變數增加，另一變數減小，且 $r \to -1$ 負相關程度愈高，若 (X, Y) 的圖形為一帶狀且從左上方至右下方均落於 II、III 象限內。

4. $r = 1$，完全正相關，即所有點位在斜率為正的一直線上。

5. $r = -1$，完全負相關，即所有點位在斜率為負的一直線上。

6. $r = 0$，零相關，即二變數無線性關係，但也可能具有其他之曲線關係。

7. $0 < |r| < 0.3$，表示低度相關；$0.3 \leq |r| < 0.7$，表示中度相關；$0.7 \leq |r| < 1$，表示高度相關。

8. 相關係數非等距的度量值，因此不可說 $r = 1$ 是 $r = 0.5$ 相關程度的兩倍。

例 2

某縣市舉辦學科競試，本校有十位同學參加，當成績是以 10 等級計算時，其數學及英文成績如表6-2所示：

表6-2

編　號	1	2	3	4	5	6	7	8	9	10
數　學	8	9	9	8	6	8	6	10	8	8
英　文	5	7	8	9	4	8	6	7	6	10

試求：(1)數學成績與英文成績的散布圖。(2)此次競試，本校數學及英文二項成績的共變數及相關係數為何？

解 (1) 設數學成績為X變量，計算後，知其算術平均數$\overline{X}=8$，英文成績為Y變量，計算後，知其算術平均數$\overline{Y}=7$，兩者的散布圖如圖6-8所示

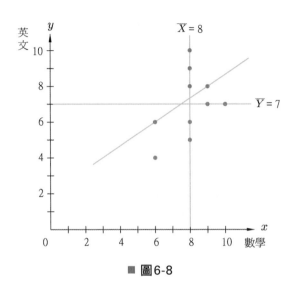

■ 圖6-8

(2) 由下表可知，其共變數為$\dfrac{1}{n}\displaystyle\sum_{i=1}^{n}(X_i-\overline{X})(Y_i-\overline{Y})=\dfrac{9}{10}$

$$r=\frac{\displaystyle\sum_{i=1}^{n}(X_i-\overline{X})(Y_i-\overline{Y})}{\sqrt{\displaystyle\sum_{i=1}^{n}(X_i-\overline{X})^2}\sqrt{\displaystyle\sum_{i=1}^{n}(Y_i-\overline{Y})^2}}=\frac{9}{\sqrt{14}\times\sqrt{30}}\approx0.439$$

其表示數學成績與英文成績為正向中度相關（偏向中低度），與散布圖吻合。

	數學(X)	英文(Y)	x $(X_i - \bar{X})$	y $(Y_i - \bar{Y})$	xy $(X_i - \bar{X})(Y_i - \bar{Y})$	x^2 $(X_i - \bar{X})^2$	y^2 $(Y_i - \bar{Y})^2$
1	8	5	0	−2	0	0	4
2	9	7	1	0	0	1	0
3	9	8	1	1	1	1	1
4	8	9	0	2	0	0	4
5	6	4	−2	−3	6	4	9
6	8	8	0	1	0	0	1
7	6	6	−2	−1	2	4	1
8	10	7	2	0	0	4	0
9	8	6	0	−1	0	0	1
10	8	10	0	3	0	0	9
	$\bar{X} = 8$	$\bar{Y} = 7$			9	14	30

Excel 計算相關係數使用 PEARSON 函數，其格式如下：

=PEARSON（陣列 1，陣列 2）

在例 2 中，我們可將數學與英文成績分別輸入儲存格 A2 到 A11 及 B2 到 B11 中，然後在 D2 輸入

=PEARSON(A2:A11,B2:B11)

確定後，在 D2 就會得到 0.439。

Excel 計算共變數使用 COVER 函數，在 Excel 2013 版本中有分成下列兩種：

=COVERIANCE.P（陣列 1，陣列 2）：傳回母體共變數

=COVERIANCE.S（陣列 1，陣列 2）：傳回樣本共變數

在例 2 中，須使用 COVERIANCE.P

=COVERIANCE.P(A2:A11,B2:B11)

結果為 0.9

在 Excel 中，可以使用相關矩陣同時計算兩個變數以上的相關係數。Excel計算相關矩陣使用「工具」「資料分析」中的「相關係數」。

例 3

在例2中，若除了數學(X)與英文(Y)二變數外，尚有國文(Z)變數，則此時共有三 C_2^3 個相關，即X與Y、X與Z、及Y與Z三個相關，試利用Excel的方法一次同時求出三個相關係數。十個同學的國文成績如表6-3所示。

.ıl 表6-3

編　號	1	2	3	4	5	6	7	8	9	10
國　文	9	7	8	8	10	6	9	5	7	9

解　步驟1： 先將數學、英文及國文三變數的成績分別輸入至A2:A11，B2:B11，C2:C11，而A1，B1，C1分別輸入「數學」、「英文」及「國文」。

步驟2： 選取「資料」「資料分析」中的「相關係數」，其中內容輸入，如圖6-9所示；確定後，如圖6-10所示。可知數學與英文，數學與國文，及英文與國文的相關係數分別為0.439，−0.748及−0.275。因此數學與國文為強負相關。

■ 圖6-9

	數學	英文	國文
數學	1		
英文	0.439155	1	
國文	-0.74757	-0.27499	1

■ 圖6-10

 ## 6-2　直線迴歸

（一）迴歸分析的意義

迴歸分析(regression analysis)分為下列兩類：

1. 簡單迴歸(simple regression)：

如果兩個變數 X、Y 有相關，且 X 的變動會影響到 Y，則我們可以透過兩個變數間的關係，找到代表此關係的方程式，再藉 X 及該方程式來預測 Y，如此方法即稱為迴歸分析。例如歌星的新歌 CD 發行量的好壞會受其打歌程度的影響，則我們可利用此二變數多次的關係，來找出一個數學方程式，再用打歌的次數來估計 CD 的發行量。簡單迴歸又分為：

(1) 直線迴歸(linear regression)：當兩個變數之間為直線關係，迴歸方程式呈線性，且僅有一個自變數。

(2) 非直線迴歸(nonlinear regression)：當兩個變數之間為曲線關係。

2. **複迴歸(multiple regression)或多元迴歸：**

　　研究多個變數間的關係，且其中之一的變數 Y（因變數）會受其他變數（自變數）的影響，例如水果的產量會受施肥量，土質、氣候等因素的影響。

　　本節將以直線迴歸為主要內容。在直線迴歸中，變數 X 稱為**自變數**(independent variable)或**預測變數**(predictor variable)，變數 Y 稱為**因變數**(dependent variable)或**反應變數**(response valiable)。

（二）迴歸直線

　　假若二變數為一直線相關，我們可以用一直線方程式 $\hat{Y} = \beta X + \alpha$ 來表示兩者的關係，其中 $\hat{Y}$ 為 Y 的預測值，α 為 Y 截距，β 為斜率。在前面數學成績(X)與英文成績(Y)的例子中，由其散布圖，我們發現，該組資料的分布具有直線的趨勢，如圖 6-11 所示。

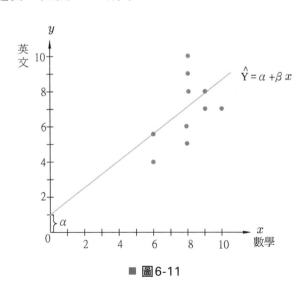

■ 圖6-11

事實上 6-11 圖中的直線不僅一條，因為當 X 取一個值時，並不一定有唯一一個 Y 值與之對應，Y 值可能有多個，因此我們須求出多個 Y 值的代表值 $\hat{Y}$（注意 $(X, \hat{Y})$ 不一定是散布圖中的一點）。而找出最適當且最能代表各點的迴歸直線，在統計上我們是採用最小平方法(least squares method)又稱最小二乘法來估計參數 α、β。所謂最小平方法須符合下列兩個條件：

(1) $\sum(Y - \hat{Y}) = 0$。即估計值($\hat{Y}$)的誤差的代數和等於零。

(2) $\sum(Y - \hat{Y})^2$ 為極小值。即估計值的誤差的平方和為最小值。

下面將以圖形及例子來作說明。

 $\hat{Y} = 2.1X + 9.5$

當設定 $X = 45$ 時，實際的 Y_{45} 值為 108，

但 $\hat{Y} = 2.1X + 9.5 = 104$

故 $Y - \hat{Y} = 108 - 104 = 4$

或當 $X = 25$ 時，實際的 Y_{25} 值為 60，但 $\hat{Y} = 2.1 \times 25 + 9.5 = 62$

故 $Y - \hat{Y} = 60 - 62 = -2$，如圖 6-12 所示。

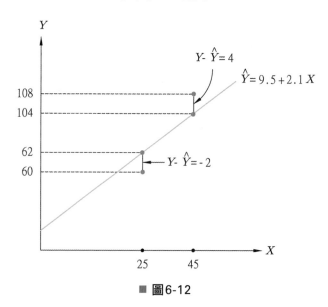

■ 圖6-12

以最小平方法為標準，再以微分的方法去求極小值，則可得到迴歸直線方程式 $\hat{Y} = \beta X + \alpha$，其中

$$\beta = \frac{\sum\limits_{i=1}^{n}(X_i - \overline{X})(Y_i - \overline{Y})}{\sum\limits_{i=1}^{n}(X_i - \overline{X})^2} = \frac{\sum\limits_{i=1}^{n}X_iY_i - n\overline{X}\overline{Y}}{\sum\limits_{i=1}^{n}X_i^2 - n\overline{X}^2},$$

$$\alpha = \overline{Y} - \beta\,\overline{X}$$

其中 $\overline{X}$，$\overline{Y}$ 分別為變數 X，Y 的平均數，且 $(\overline{X}, \overline{Y})$ 會位在迴歸直線 $\hat{Y} = \beta X + \alpha$ 上。而且

$$\beta = \frac{\sum(X_i - \overline{X})(Y_i - \overline{Y})}{\sum(X_i - \overline{X})^2}$$

$$= \frac{\sum\limits_{i=1}^{n}(X_i - \overline{X})(Y_i - \overline{Y})}{\sqrt{\sum\limits_{i=1}^{n}(X_i - \overline{X})^2}\ \sqrt{\sum\limits_{i=1}^{n}(Y_i - \overline{Y})^2}} \times \frac{\sqrt{\dfrac{\sum\limits_{i=1}^{n}(Y_i - \overline{Y})^2}{n}}}{\sqrt{\dfrac{\sum\limits_{i=1}^{n}(X_i - \overline{X})^2}{n}}}$$

$$= r \times \frac{S_Y}{S_X}$$

因此 $\beta = \beta_{YX}$ 亦稱為 Y 對 X 的迴歸係數，同理 X 對 Y 的迴歸係數

$$\beta_{XY} = r \times \frac{S_X}{S_Y}$$

現在,由於迴歸直線的斜率為 $\beta = r \times \dfrac{S_X}{S_Y}$,又過點 $(\overline{X}, \overline{Y})$,故由點斜式

我們可將迴歸直線方程式改寫成

$$\hat{Y} - \overline{Y} = r \times \frac{S_Y}{S_X}(X - \overline{X})$$

因此我們可以由自變數(X)的值來預測或估計因變數($\hat{Y}$)的值了。

例 4

求例2中數學成績對英文成績的迴歸直線方程式。當 $X = 7$ 或 $X = 9$ 時,預測的 Y 值為多少?

(1) 由例2可得

$$\beta = \frac{\displaystyle\sum_{i=1}^{n}(X_i - \overline{X})(Y_i - \overline{Y})}{\displaystyle\sum_{i=1}^{n}(X_i - \overline{X})^2} = \frac{9}{14}$$

$$\alpha = \overline{Y} - \beta \overline{X} = 7 - \frac{9}{14} \times 8 = \frac{13}{7}$$

因此迴歸直線方程式 $\hat{Y} = \beta X + \alpha$ 為

$$\hat{Y} = \frac{9}{14}X + \frac{13}{7}$$

(2) 當 $X = 7$, $\hat{Y} = \dfrac{9}{14} \times 7 + \dfrac{13}{7} = 6.36$

當 $X = 9$, $\hat{Y} = \dfrac{9}{14} \times 9 + \dfrac{13}{7} = 7.64$

例 5

已知甲班學生智商與統計成績平均分數各為100與72，標準差各為8與5，智商與統計成績的相關係數為0.65，試求統計成績對智商的直線迴歸方程式。若張生的智商為105，試預測他的統計成績。

解

(1) 設智商變數為 X，統計成績變數為 Y，則由

$$\hat{Y} - \bar{Y} = r \frac{S_Y}{S_X}(X - \bar{X})$$

及　$\bar{X} = 100$，$\bar{Y} = 72$，$S_X = 8$，$S_Y = 5$，$r = 0.65$

可得 $\hat{Y} - 72 = 0.65 \times \dfrac{5}{8}(X - 100)$

化簡後可得 $\hat{Y} = 0.41X + 31$

(2) 若 $X = 105$，則 $\hat{Y} = 0.41 \times 105 + 31 = 74.05$

6-3　估計標準誤

由上一節知，設定一個 X 值，得到的預測（或估計）值 $\hat{Y}$，不見得等於實驗值 Y，如在例 4 中，當 $X = 9$ 時，$\hat{Y} = 7.64$，但實際的 $Y = 8$；而 Y 與 $\hat{Y}$ 的差即為**估計誤差**(error of estimate)，或**殘差**(residual)，即 $8 - 7.64 = 0.36$ 之值。而定義 Y 對 X 的**估計標準誤**(standard error of estimate)為

$$S_{YX} = \sqrt{\frac{\sum_{i=1}^{n}(Y_i - \hat{Y}_i)^2}{n}}$$

由 S_{YX} 的定義，首先必須先求出所有估計值 $\hat{Y}_i$，才能算出 S_{YX}，頗為不便，因此我們將導出 Y 對 X 的估計標準誤 S_{YX} 之另一個公式（證明在下一節），即

$$S_{YX} = \sqrt{1 - r^2}\, S_Y$$

由此公式可知，相關係數 r 值愈大，估計標準誤 S_{YX} 愈小，則所估計的值就愈準確；相反地，r 值愈小，S_{YX} 就愈大，則估計值準確性就降低。

例 6

試求例 2 資料中 Y 對 X 的估計標準誤。

 解　由例 2 的解，可知 $S_Y^2 = \dfrac{\sum (Y_i - \overline{Y})^2}{n} = \dfrac{30}{10} = 3$ ，$r = 0.439$

故 $S_{YX} = \sqrt{1 - r^2}\, S_Y = \sqrt{1 - 0.439^2} \times \sqrt{3} = 1.556$

我們已知，若為常態分配，則有 68.26% 的機率介在 $\mu \pm \sigma$ 之間，有 95.44% 的機率介在 $\mu \pm 2\sigma$ 之間，有 99.74% 的機率介於 $\mu \pm 3\sigma$ 之間，因此若我們假設誤差為常態分配，則 Y 值有 68.26% 會介在 $Y \pm S_{YX}$ 之間，依此類推，如圖 6-13 所示，因此在例 5 中，若張生的智商為 105，預測的統計分數為 74.05，則表示張生的統計分數有 68.26% 的機率會落在 72 ± 1.556 之間，即張生的統計成績在 70.444 到 73.556 之間的可能性有 68.26%。

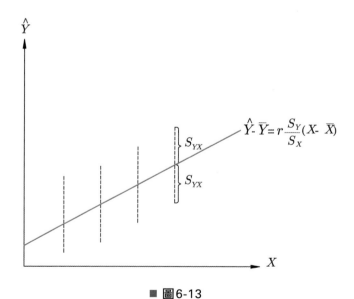

■ 圖 6-13

在 Excel 中預測 Y 值的標準誤公式為

$$S_{YX} = \sqrt{\frac{1}{n(n-2)}[n\sum Y^2 - (\sum Y)^2] - \frac{[n\sum XY - \sum X \sum Y]^2}{n\sum X^2 - (\sum X)^2}}$$

而計算估計標準誤使用 STEYX 函數，其格式如下：

　　　=STEYX（已知 Y 值陣列，已知 X 值陣列）

在上述數學成績(X)與英文成績(Y)例子中，我們將數學成績與英文成績分別輸入儲存格 A2 到 A11 與 B2 到 B11 後，則在 D1 中輸入

　　　=STEYX(B2:B11,A2:A11)

執行後在 D2 可得 1.188。

（因 Excel 中 S_{YX} 的計算公式與本章所述 S_{YX} 公式不完全一樣，故答案會不相同）

 6-4　決定係數

（一）決定係數的意義

從例 4 可知當 $X=9$ 時，$\hat{Y} = 7.64$（估計值），$Y = 8$（實際值），而 $\bar{Y} = 7$（平均數），如圖 6-14 局部放大圖所示：

因　　$Y - \bar{Y} = (Y - \hat{Y}) + (\hat{Y} - \bar{Y})$

故　　$\sum(Y-\bar{Y})^2 = \sum(Y-\hat{Y})^2 + \sum(\hat{Y}-\bar{Y})^2$

　　　　　↑　　　　　　↑　　　　　↑

即　　總平方和　＝誤差平方和＋迴歸平方和

　　　（SST）　　　（SSE）　　　（SSR）

$$\frac{\sum(Y-\bar{Y})^2}{n} = \frac{\sum(Y-\hat{Y})^2}{n} + \frac{\sum(\hat{Y}-\bar{Y})^2}{n} \quad\text{...........................(1)}$$

因　　$\hat{Y} - \bar{Y} = r \dfrac{S_Y}{S_X}(X - \bar{X})$

故　　$\dfrac{\sum(\hat{Y} - \bar{Y})^2}{n} = \dfrac{\sum[r\dfrac{S_Y}{S_X}(X - \bar{X})]^2}{n} = \sum r^2 S_Y^2$

因此(1)式可寫成 $S_Y^2 = S_{YX}^2 + r^2 S_Y^2$　　　或　　　$S_{YX} = \sqrt{1 - r^2}\, S_Y$

　　因此在散布圖中任意一點的 Y 值到 $\bar{Y}$ 之距離 $(Y - \bar{Y})$ 可以分成兩部分，一部分為該點到迴歸直線的距離（即 $Y - \hat{Y}$），另一部分為迴歸直線到 $\bar{Y}$ 的距離（即 $\hat{Y} - \bar{Y}$）。若各點都很靠近迴歸直線，則 $(Y - \hat{Y})$ 很小，$(\hat{Y} - \bar{Y})$ 就占了 $(Y - \bar{Y})$ 的大部分，此表示誤差小，該迴歸方程式頗為適合。在討論 X 與 Y 變數之關係程度時，我們可以用下節所謂的決定係數 R^2 來作為評判標準，若 X 與 Y 關係愈密切，則如上所言，SSR 在 SST 上所占比例應愈大。

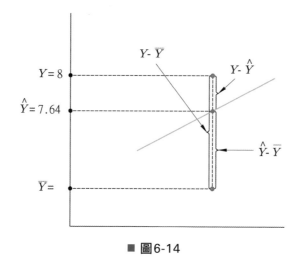

■ 圖6-14

（二）決定係數的定義

　　我們定義決定係數(coefficient of determination)為迴歸平方和與總平方和的比值，即

$$R^2 = \frac{\text{SSR}}{\text{SST}} = 1 - \frac{\text{SSE}}{\text{SST}}$$

因 $0 \le \text{SSR} \le \text{SST}$，故 $0 \le R^2 \le 1$

決定係數 R^2 表示 Y 變數的變異能由 X 變數決定或解釋為可以正確預測的部分，事實上由

$$S_Y^2 = S_{YX}^2 + h^2 S_Y^2$$

可得　　$n \times S_Y^2 = \text{SST}$，$n \times S_{YX}^2 = \text{SSE}$，$n \times r^2 \times S_Y^2 = \text{SSR}$

因此　　$R^2 = \dfrac{\text{SSR}}{\text{SST}} = \dfrac{nr^2 S_Y^2}{nS_Y^2} = r^2$

即決定係數為相關係數的平方。在上述例 5 之智商與統計成績的例子中，$r = 0.65$，故決定係數 $R^2 = 0.4225$，其表示 Y 變數（統計成績）的變異有 42.25% 可由 X 變數（智商）所決定，而其餘部分，即 $1 - 0.4225 = 0.5775$ 為誤差部分，其無法由 X 變數所決定。由此可知，若 R^2 愈接近 1，表示 X 與 Y 的關係程度愈高。

在 Excel 中計算決定係數 R^2 使用 RSQ 函數，其格式如下：

　　　　=RSQ（Y 陣列，X 陣列）

在前述例 2 之數學與英文成績的例子中，我們數學成績與英文成績已分別輸入至儲存格 A2 到 A11 與 B2 到 B11 中，則在 D3 中輸入

　　　　=RSQ(B2:B11,A2:A11)

執行後在 D3 可得 0.193。（其恰為相關係數 r 的平方值，即 $0.439^2 = 0.193$）。

在 Excel 中可利用「工具」「資料分析」的中「迴歸」來求兩變數的散布圖、估計標準誤、決定係數、SST、SSE、SSR、標準誤及迴歸直線方

程式的斜率及截距,預測值$\hat{Y}$等。以例 2 為範例,數學(X)及英文(Y)二變數的數值已分別輸入至 A2:A11 及 B2:B11 中。

步驟:選取「資料」下的「資料分析」中的「迴歸」,輸入選項如圖 6-15所示,即可得圖 6-16、圖 6-17 及圖 6-18。

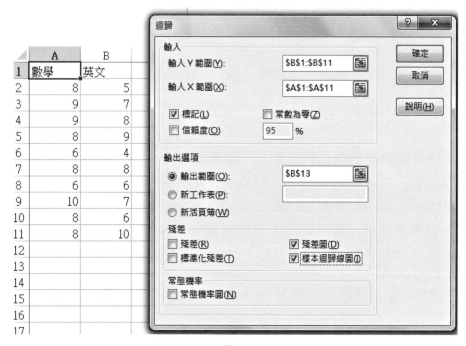

■ 圖6-15

	A	B	C	D	E	F	G
13		摘要輸出					
14							
15		迴歸統計					
16		R 的倍數	0.439155033				
17		R 平方	0.192857143				
18		調整的 R	0.091964286				
19		標準誤	1.739765994				
20		觀察值個數	10				
21							
22		ANOVA					
23			自由度	SS	MS	F	顯著值
24		迴歸	1	5.7857143	5.7857143	1.9115044	0.2041631
25		殘差	8	24.214286	3.0267857		
26		總和	9	30			

■ 圖6-16

	A	B	C	D	E	F	G		
27									
28			係數	標準誤	t 統計	P-值	下限 95%	上限 95%	下限 95.0%	上限 95.0%
29		截距	1.857142857	3.7602411	0.4938893	0.6346578	-6.813989	10.528274	-6.813989	10.5282744
30		數學	0.642857143	0.464972	1.3825717	0.2041631	-0.42937	1.7150845	-0.42937	1.71508454
31									
32		殘差輸出							
33									
34		觀察值	預測為 英文	殘差					
35		1	7	-2					
36		2	7.642857143	-0.642857					
37		3	7.642857143	0.3571429					
38		4	7	2					
39		5	5.714285714	-1.714286					
40		6	7	1					
41		7	5.714285714	0.2857143					
42		8	8.285714286	-1.285714					
43		9	7	-1					
44		10	7	3					
45									

■ 圖6-17

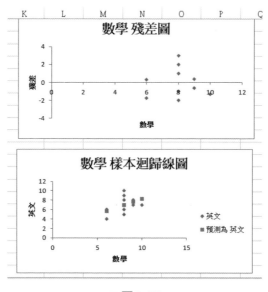

■ 圖6-18

例 7

兩位保險業的員工，在四個月裡，成功拉保險對象的人數(X)
與其保險金額(Y)如表6-4所示，其中Y以萬元計。試問甲、
乙員工，哪一位業績較穩定？

■ 表6-4

甲	X	10	10	20	20	乙	X	10	10	20	20
	Y	10	40	25	65		Y	28	22	43	47

 解 (1) 甲

X_i	Y_i	$X_i - \bar{X}$	$Y_i - \bar{Y}$	$(X_i - \bar{X})(Y_i - \bar{Y})$	$(X_i - \bar{X})^2$	$(Y_i - \bar{Y})^2$
10	10	−5	−25	125	25	625
10	40	−5	5	−25	25	25
20	25	5	−10	−50	25	100
20	65	5	30	150	25	900
$\bar{X} = 15$	$\bar{Y} = 35$			200	100	1650

由上可知，$\beta = \dfrac{200}{100} = 2$，$\alpha = 35 - 2 \times 15 = 5$

因此，甲：$\hat{Y} = 2X + 5$

又 $S_Y^2 = \dfrac{1650}{4}$，$r = \dfrac{200}{\sqrt{100}\sqrt{1650}}$

故 SST $= 1650$，SSR $= nr^2 S_Y^2 = 400$，SSE $= 1250$

因此 $R_{甲}^2 = \dfrac{400}{1650} = 0.24$

(2) 乙

X_i	Y_i	$X_i - \bar{X}$	$Y_i - \bar{Y}$	$(X_i - \bar{X})(Y_i - \bar{Y})$	$(X_i - \bar{X})^2$	$(Y_i - \bar{Y})^2$
10	28	−5	−7	35	25	49
10	22	−5	−13	65	25	169
20	43	5	8	40	25	64
20	47	5	12	60	25	144
$\bar{X} = 15$	$\bar{Y} = 35$			200	100	426

故 $\beta = \dfrac{200}{100} = 2$，$\alpha = 35 - 2 \times 15 = 5$

乙：$\hat{Y} = 2X + 5$，與甲的相同

故 SST $= 426$，SSR $= nr^2 S_Y^2 = 400$，SSE $= 26$

因此 $R_{乙}^2 = \dfrac{400}{426} = 0.94$

因 $R_{甲}^2 < R_{乙}^2$，因此乙的業績較穩定。

　　而且因 $R_{乙}^2 = 0.94$ 接近 1，其表示 $\hat{Y} = 2X + 5$ 是一配適優良的迴歸直線，即乙樣本點極靠近迴歸線，反之因 $R_{甲}^2 = 0.24$ 較接近 0，其表示迴歸直線 $\hat{Y} = 2X + 5$ 與甲樣本資料配適不佳，我們可以從表6-5看出殘差的情形。

■■ 表6-5

X	甲 Y	乙 Y	$\hat{Y}$	甲殘差	乙殘差
10	10	28	25	−15	3
10	40	22	25	15	−3
20	25	43	45	−20	−2
20	65	47	45	20	2

習題六

1. 表 6-6 為小新分別用不同重量的保齡球各打 5 局所得的分數，試問保齡球的重量和分數會有相關性嗎？

表6-6

	第 1 局	第 2 局	第 3 局	第 4 局	第 5 局
12 磅	234	212	226	228	215
15 磅	183	167	180	171	169

2. 表 6-7 為櫻木花道在 5 局籃球比賽中所獲得的個人分數(X)和全隊得分(Y)，試問當他在某一局內拿了 25 分時，全場大約可拿多少總分？

表6-7

	1	2	3	4	5
X	23	20	27	18	22
Y	94	88	107	105	96

3. 試以上一題檢驗 $\beta = \beta_{XY} = r \times \dfrac{S_Y}{S_X}$ 的關係。

4. 一家公司各電器品廣告費用(X)及其相對銷售額(Y)如表 6-8 所示，其中 X 以百萬元計，Y 以百台計。

表6-8

X	2	3	4	7	6	2
Y	5	4	6	8	4	3

試求 S_{XY}、SST、SSE、SSR 及 R^2。

統計學
以 Microsoft Excel 為例

MEMO

Statistics

抽　樣

07
Chapter

STATISTICS

7-1　抽樣的方法

　　統計的主要目的即由所欲研究的母體抽出少數樣本，再藉該樣本所包含的訊息來推論該母體的特徵值，這也是所謂的推論統計 (inferential statistics)，而前面我們所學的敘述統計與機率，就是推論統計的基礎。然而藉由少數樣本推論母體母數，兩者之間的誤差究竟有多大？信賴程度又如何？想解決上述問題就必須先討論抽樣(sampling)。

　　一般統計調查的方法，依照調查的對象，可分為普查及抽查兩種。

　　若調查的對象為研究對象的全體，此種方法稱之為普查，例如：人口普查、工商普查等。一般除了重要特殊之統計資料或統計範圍較小的調查外，其他的就只須採用抽查的方式。

　　抽查是指調查的對象僅為研究對象的一部分，那些被抽出來研究的對象，稱為樣本(sample)，而這個抽出樣本的過程，稱為抽樣(sampling)，抽樣調查對象的全體稱之為母群體或母體(population)。與普查比較，當然利用抽查方式來蒐集資料，既經濟又方便，因此絕大多數原始資料的蒐集多採用此法，但是必須應用得當並且注意抽樣的合適性與否。一般我們考慮抽樣的合適性，即指是否抽取出來的樣本能夠代表全體；一般而言，抽選樣本的各種方法，均期望能滿足：(1)所抽得的樣本能代表母體；(2)由樣本推估母體之特性，要正確且能計算可靠度；(3)抽樣費用最低。而依母群體性質的不同，常用的抽樣有下列四種方法：(1)簡單隨機抽樣法；(2)系統抽樣法；(3)分層隨機抽樣法；(4)部落抽樣法。以下將逐項討論之。

1. **簡單隨機抽樣法**(simple random sampling)：

　　又稱單純隨機抽樣法。此抽樣不受人為因素的影響，讓母群體中每一個個體都有均等被抽中的機會。例如欲調查本校 1500 名同學的心理狀況，基於人力、時間的考量，打算只抽出 15 名同學作調查，至於要如何執行簡單隨機抽樣呢？有兩種方法：

(1) **替代母群體（又稱籤條法）**：將全部 1500 名同學，從 1 到 1500 編號（或用其學號），再將這 1500 個數字分別寫在完全相同的紙片

上，然後將這些紙片丟入一個箱中，將它們徹底攪亂，最後再從箱中隨機抽出 15 張紙片，這 15 張紙片上所寫的號碼，其代表的 15 位同學即為樣本。

(2) **隨機號碼表（又稱隨機數字法，random number method）**：該表是由機率法則編製而成的，即 0 到 9 十個數字出現的機率都相等，因此表上的號碼適合隨機抽樣的特性，現在我們來考慮上面的例子。同樣將全部 1500 名同學編號，編號的次序與方法可以隨意而不受任何限制，可是同一號碼不得重複使用，譬如從 0001 到 1500 止，每一位同學有一個四位數字的號碼，然後從隨機號碼表（如附錄 B 所示）中抽出 15 個號碼，假設我們選用附錄 B 第一頁的第一、第二、第三及第四行，總共四行的號碼，自上而下而得到下面一系列的號碼，而當表中的號碼大於 1500，則捨棄不用，因此我們有 0549，1018，1499，0092；因為不夠 15 個號碼，所以繼續選用第五行～第八行，共四行的號碼，於是我們有 1489，0708，0367，0123；接著繼續選用第九行～第十二行，共四行的號碼，於是我們有 0478，1231，0280；繼續選用下四行的號碼，直到總共選取 15 個號碼為止，於是我們有 0515，0651，0431，0990。以上 15 個號碼所代表的 15 位同學即為樣本。

　　以上依隨機原理所得到的樣本，稱之為**隨機樣本**(random sample)。

2. **系統抽樣法**(systematic sampling)：

　　假設某家有線電視者想調查其 10 萬安裝戶對其播放節目的滿意度，但其只考慮從 10 萬戶中選取 1 千戶作為隨機樣本來作調查，除了可以採用上面所述的簡單隨機抽樣的方式外，另外一種所謂的系統抽樣，對這個調查是比較簡便，其方法如下：首先將這 10 萬安裝戶編號，因為 $100,000 \div 1,000 = 100$，然後每 100 戶隨機抽樣選取 1 戶當樣本，所以依此系統抽樣，我們就可以組成 1000 個隨機樣本。假設第 1～第 100 戶所選出的樣本，其編號為 15，則第 101～第 200 戶，所選出的

Chapter
07

樣本編號為 115，依此類推，則此 1000 個樣本編號依次為 15，115，215，315，…，99915。

　　注意上面所抽出相鄰二戶，其號碼都相差 100，此數值稱為**抽樣區間長度**，因此假設母群體總數為 N，抽樣個數為 n，則抽樣區間長度 $k = \left[\dfrac{N}{n} \right]$，「[　]」為高斯符號，然後從隨機號碼表中選取一隨機號碼 r，$1 \leq r \leq k$（如上，$r = 15$，$k = 100$），則 r，$k+r$，$2k+r$，$3k+r$，……，$(n-1)k+r$，即為所求的 n 個樣本。例如 $N = 50{,}031$，$n = 200$，則 $k = \left[\dfrac{50031}{200} \right] = [250.155] = 250$，再從每 250 個中隨機抽出一個（如 180）。

　　尚有另一種情形，例如 $N = 34528$，$n = 70$，考慮 $k = 500$，現在若從隨機號碼表中取 1758，則 1758，1758 + 500，1758 + 2 × 500，……，1758 + 69 × 500，則 1758，2258，2758，……，36258，其所對應的個體就是我們所求的 70 個樣本，然而第 67～70 個號碼分別為 34758，35258，35758 與 36258，此四數均分別大於總數字 34528 有 230，730，1230，1730，所以事實上最後四個數是編號 230，730，1230，1730 的四個。

　　然而如果母群體具有「循環性」變異的特性，就不適合使用系統抽樣法，例如我們想調查某市場每天的平均交易量，因為經常週日的交易量大於平日的交易量，所以此市場每天的交易量所組成的母群體有週期性，所以如果我們抽中每個週日的交易量作為樣本，則高估了真正的平均交易量了。

3. **分層隨機抽樣法**(stratified random sampling)：

　　假使我們想調查台中市生鮮超市的平均營業額，如果採用上面所述的簡單隨機抽樣或系統抽樣很可能抽中好幾個較大型的超市，如此就高估了超市的營業額，也可能抽中好幾個最小型的超市，如此就低估了超市的營業額，所以這些樣本無法適當地代表母群體，那麼究竟要以怎樣的方式來抽樣才較合理呢？首先將全台中市的生鮮超市（即母群體）依其營業額的多寡（即某一個衡量標準）分成大、中、小三組生鮮超市

（即分成數個不重疊的子母群體，一般稱其為層），再從三組中的每一組隨機選取某些樣本，最後將這些簡單隨機樣本混合成單一樣本，來估計平均銷售量，如此的方法，稱之為**分層隨機抽樣**。

　　分層以後，再按各層「大小」比例，來決定各層抽出的樣本大小。在上例中，假設台中市共有 250 家生鮮超市，而大、中、小三組生鮮超市，各有 40、90、120 家，欲從其中抽出 25 家為樣本，則按比例來抽取，大、中、小三組，分別應抽出 4、9、12 家超市。除此法之外，為了需要，有時也以「標準差」為分層抽樣標準，若一層內標準差小，表個體同質性高，則樣本數應取較小；一層內標準差大，表個體同質性低，則樣本數應取較大。

4. **部落或集體或叢式抽樣法**(cluster sampling)：

　　假設我們想估計自己所居住城市每戶的平均年收入，則該採用何種抽樣方式，既省時省力又容易得到樣本呢？如果使用上面所述的三種抽樣方法，則必須先要有此市全體住戶的姓名，才能抽樣，如果我們沒有足夠的時間及金錢去得到該市的戶籍名冊，則可考慮另一種調查方式，即將此城市依照某種標準（比如區域）分成差異甚小的若干組，每組稱之為**部落**(cluster)，並以這些部落組成一母群體，然後從此母群體中隨機抽取若干部落，再對這些被抽出的部落做全面性的調查，如此我們只需要有被抽區域內的住戶姓名就可以了，不僅花費較小，也比較容易取得，最後再調查被抽出部落內每一戶或部分住戶的收入情形，這種調查方式就稱為**部落抽樣或集體（叢式）（集群）抽樣**。值得注意的是部落抽樣與分層抽樣兩者的分類標準是完全相反，分層抽樣的分層標準是使各層間的差異變大，而部落抽樣標準卻是使各部落的差異甚小。

　　理論上，當然使用部落抽樣所得的估計值是比使用簡單隨機抽樣來得差，除非部落間的差異是十分微小，而能視部落為母群體的縮影，但是能找一個分類標準，而使得部落間的差異甚小，卻不是一件容易的事。

Excel 在抽樣上使用「工具」「資料分析」的「抽樣」。

試從下列20個數值中，分別以隨機抽樣及週期抽樣找出四個
數值。

23,33,32,27,

34,41,25,42,

25,26,34,38,

43,23,50,46,

21,30,45,35

 步驟1： 將20筆數值輸入儲存格A2至D6中。

步驟2： 選取「資料」「資料分析」中的「抽樣」；確定
後，輸入資料如圖7-1所示，先考慮「周期」，每間
隔5個選一個數值，確定後，在B8:B11則可得21，
30，45，35四個數值。

	A	B	C	D	E	F	G	H	I	J
1										
2	23	33	32	27						
3	34	41	25	42						
4	25	26	34	38						
5	43	23	50	46						
6	21	30	45	35						
7	抽樣方法									
8	周期		隨機							

抽樣

輸入
輸入範圍(I): $A$2:$D$6
□ 標記(L)

抽樣方法
⊙ 周期(P)
　間隔： 5
○ 隨機(R)
　樣本數：

輸出選項
⊙ 輸出範圍(O)： $B$8
○ 新工作表(P)：
○ 新活頁簿(W)

確定
取消
說明(H)

■ 圖7-1

步驟3：同樣步驟，這次考慮「隨機」，取樣本數4個，輸出範圍改在D8，確定後，在D8:D11則可得27，50，45，34四個數值，如圖7-2所示（注意因為數值是隨機出現，故每次的結果經常是不同的）。

	A	B	C	D
1				
2	23	33	32	27
3	34	41	25	42
4	25	26	34	38
5	43	23	50	46
6	21	30	45	35
7	抽樣方法			
8	周期	21	隨機	27
9		30		50
10		45		45
11		35		34
12				

■ 圖7-2

7-2　抽樣分配

（一）平均數抽樣分配

在介紹抽樣分配之前，我們先認識兩個名詞，即母數或參數(parameter)與統計量(statistic)。母數乃用於表明母體的性質與特徵，如母體平均數 μ，母體變異數 σ^2；而由樣本計算而得的數值稱為統計量，其為隨機變數，隨抽出樣本的不同而有不同的值，如樣本平均數 $\bar{X}$，樣本變異數 S^2 等。

抽樣分配(sampling distribution)或樣本統計量分配就是某一統計量的機率分配。由母體中每次抽出一組大小固定的樣本，由此樣本就可求出一特定之統計量，則所有可能樣本所求得的該統計量所構成的次數分配，即為該特定樣本統計量的機率分配。例如從一個有 10 個個體的母體中，每次抽出 3 個個體，則共有 $C_3^{10} = 120$ 種可能的方法，即每一種的機率為 $\frac{1}{120}$，這 120 種不同樣本的平均數 $(\bar{X})$ 所建立的新母體，一般即稱為平均數抽樣分配 (distribution of sample means)。而這個新母體也有自己的平均數及標準差，這個平均數就是不同樣本（例如 120 種）平均數 $\bar{X}$ 的平均值，而不同的 $\bar{X}$ 值所構成的資料是屬於那種分配，即它的形狀為何？統計量是樣本的表徵數，也是一種隨機變數，統計量的機率分配稱為抽樣分配(sampling

distribution)或樣本統計量分配，其亦為機率模型，是多次抽樣結果的機率模型，具有兩個功用：①可測量統計推論之不確定性程度的大小或誤差的大小；②可說明推論結果之可靠性的大小。抽樣分配的類別很多，最主要的有：常態分配、卡方分配（χ^2 分配，Chi-square 分配）、F 分配、t 分配（Student 分配），分述如下。這些都可由下列的中央極限定理(central limit theorem)來說明。

（二）中央極限定理

在一個平均數為 μ，標準差為 σ 的母體中，隨機抽取樣本大小為 n 的不同樣本組，計算每組的平均數 $\bar{X}$，我們可以得到平均數為 $\mu_{\bar{X}}$，標準差為 $\sigma_{\bar{X}}$ 的平均數抽樣分配，即使母體不是常態分配，但當樣本數 n 增加時（一般 $n \geq 30$），則平均數抽樣機率分配越會接近（近似）常態分配。且其平均數 $\mu_{\bar{X}} = \mu$，標準差 $\sigma_{\bar{X}} = \dfrac{\sigma}{\sqrt{n}}$，此即著名的中央極限定理(central limit theorem, CLT)。

綜合言之：所謂中央極限定理即：

(1) 當樣本足夠大($n \geq 30$)時，不論母體之機率分配如何，$\bar{X}$ 的抽樣分配近似常態分配。此時若將常態變數 $\bar{X}$ 標準化，則可得出：

$$Z = \frac{\bar{X} - \mu}{\dfrac{\sigma}{\sqrt{n}}}$$

(2) 若樣本大小 n 足夠大($n \geq 30$)，則

$$Z = \frac{\sum_{i=1}^{n} X_i - n \cdot \mu}{\sigma \cdot \sqrt{n}}$$

近似標準常態分配；或者說，$\sum X_i$ 近似常態分配，其平均數為 $n\mu$，標準差為 $\sigma\sqrt{n}$。

假如投擲一公正骰子兩次（即 $n=2$），則所有可能出現的情形有以下 36 種，若以兩次點數總和來分類，則有下列情形：

$$2：(1,1)$$
$$3：(1,2),(2,1)$$
$$4：(1,3),(3,1),(2,2)$$
$$5：(1,4),(4,1),(2,3),(3,2)$$
$$6：(1,5),(5,1),(2,4),(4,2),(3,3)$$
$$7：(1,6),(6,1),(2,5),(5,2),(3,4),(4,3)$$
$$8：(2,6),(6,2),(3,5),(5,3),(4,4)$$
$$9：(3,6),(6,3),(4,5),(5,4)$$
$$10：(4,6),(6,4),(5,5)$$
$$11：(5,6),(6,5)$$
$$12：(6,6)$$

若求兩次點數和的平均數，則 $\overline{X}$ 的機率分配為

$\overline{X}$	1	1.5	2	2.5	3	3.5	4	4.5	5	5.5	6
機率 $p(\overline{X})$	$\dfrac{1}{36}$	$\dfrac{2}{36}$	$\dfrac{3}{36}$	$\dfrac{4}{36}$	$\dfrac{5}{36}$	$\dfrac{6}{36}$	$\dfrac{5}{36}$	$\dfrac{4}{36}$	$\dfrac{3}{36}$	$\dfrac{2}{36}$	$\dfrac{1}{36}$

骰子的機率分配原非常態，但其平均數抽樣分配，在 $n=2$ 時，接近常態分配，其平均數 $\mu_{\overline{X}}$ 與骰子原平均數 μ 一樣，且抽樣分配圖形較原來母體之分配集中，故標準差 $\sigma_{\overline{X}}$ 較 σ 小。母體的平均數 μ、標準差 σ 與抽樣分配的平均數 $\mu_{\overline{X}}$、標準差 $\sigma_{\overline{X}}$ 分別計算如下：

$$\mu=\frac{\sum X}{6}=3.5 \text{，} \quad \sigma=\sqrt{\frac{\sum(X-3.5)^2}{6}}=1.71$$

$$\mu_{\overline{X}}=\sum[\overline{X}\times P(\overline{X})]=3.5 \text{，} \quad \sigma_{\overline{X}}=\sqrt{\frac{\sum f(\overline{X}-3.5)^2}{36}}=1.21$$

如圖 7-3 所示。

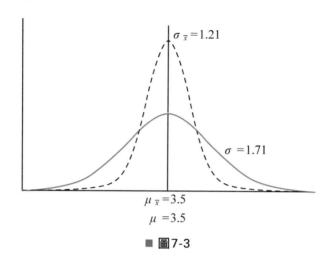

σ_{\bar{x}} = 1.21

σ = 1.71

μ_{\bar{x}} = 3.5
μ = 3.5

■ 圖7-3

例 2

某家廠牌電池的壽命是以平均數為100小時，標準差為8小時的常態分配。若每120個電池組成一箱，試問：
(1) 隨意抽取一個電池，其壽命少於98小時的機率。
(2) 一箱120個電池的平均壽命少於98小時的機率。

解 (1) 因 $z = \dfrac{x - \mu}{\sigma} = \dfrac{98 - 100}{8} = -0.25$

故 $P_r(X < 98) = P_r(Z < -0.25)$

又由附錄A知 $P_r(0 \leq Z \leq 0.25) = 0.0987$

故 $P_r(Z < -0.25) = 0.5 - 0.0987 = 0.4013$，如圖 7-4所示。

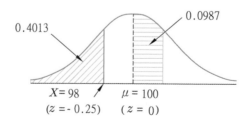

0.4013

0.0987

$X = 98$ $\mu = 100$
$(z = -0.25)$ $(z = 0)$

■ 圖7-4

(2) 因 $z = \dfrac{\overline{X} - \mu_{\overline{X}}}{\sigma_{\overline{X}}} = \dfrac{\overline{X} - \mu}{\dfrac{\sigma}{\sqrt{n}}} = \dfrac{98 - 100}{\dfrac{8}{\sqrt{120}}} = -2.74$

故 $P_r(\overline{X} < 98) = P_r(Z < -2.74)$

又由附錄 A 知 $P_r(0 \le Z \le 2.74) = 0.4969$

故 $P_r(Z < 2.74) = 0.0031$，如圖 7-5 所示。

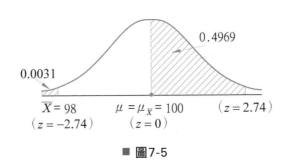

■ 圖7-5

在介紹下面分配之前，我們先認識所謂的**自由度**(degree of freedom)，即指樣本中能夠自由變動的數值個數，常以 *d.f.* 或 ν 表示。亦即可以自由決定的數值。

 ## 7-3　*t* 分配

（一）*t* 分配的意義

t 分配是在 1908 年由英格蘭的化學家 W. S. Gossett (1876~1939) 探討：當母體為常態分配，但所抽出的樣本數很少，且僅知樣本的標準差時，所檢定樣本平均數與母體平均數是否有顯著差異問題的報告，因他以筆名 Student 發表，故今我們把此種方法稱之為「Student *t* 分配(Student-*t* distribution)」。因此 *t* 分配的條件是：

1. 當母體成常態分配 $N(\mu, \sigma)$ 或接近常態分配。

2. 母體標準差「σ」未知,並以樣本標準差 S 來估計母體標準差。

3. 樣本數 n 很小(通常 $n<30$)。

(二)t 分配的公式

若 X_1,X_2,$\cdots$,X_n 為取自常態母體(μ, σ)的隨機樣本,且 $\bar{X} = \frac{1}{n}\sum X_i$ 與 $S^2 = \frac{\sum(X_i - \bar{X})^2}{n-1}$。當 σ 為未知時,統計量

$$t = \frac{\bar{X} - \mu}{\frac{S}{\sqrt{n}}}$$

的抽樣分配為自由度 $n-1$ 的 t 分配。

(三)t 分配的形狀及性質

若隨機變數 $T \sim t(d.f.)$,則

(1) 平均數:$E(T)=0$。

(2) 變異數:$V(T) = \frac{d.f.}{d.f.-2}$,其中 $d.f.$ 為自由度,$d.f.>2$。

(3) 偏態係數:$\beta_1=0$。

(4) 峰度係數:$\beta_2 = \frac{3(d.f.-2)}{d.f.-4}$,其中 $d.f.>4$。

(5) t 分配曲線下的面積為 1,故 t 分配為機率分配。

由上列結果可看出:

t 分配與 z 分配相似,兩者皆是以 0 為中心的鐘形(對稱)分配。但是因 $V(t)>1$,故 t 分配之散布程度較 $N(0,1)$ 為大,即 t 分配的曲線其尾端遠較

標準常態曲線分散。因 $\beta_2>3$，故其為高狹峰，然而隨著 $d.f.$增大，t 分配的變異數逐漸減小，當 $d.f.\to\infty$時，t 分配非常近似 $N(0,1)$的常態分配，換句話說，$t(\infty)\sim N(0,1)$。

　　t 分配的自由度乃與統計量 S 的分母 $n-1$ 一致。例如在圖 7-6 中 $d.f.=5$ 的 t 曲線乃表示自一常態母體中，重複地取大小為 $n=6$ 的隨機樣本，而後由這些樣本所求得之所有 t 值的分配曲線；同理可得 $d.f.=2$ 的分配曲線。因此每一個 $d.f.$就有一條 t 分配曲線。

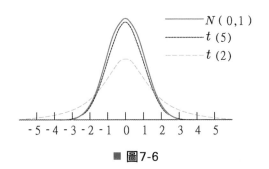

　　　　　　　　　　　■ 圖7-6

 例 3

設 X 代表某班級統計學成績，已知 $X\sim N(70,\sigma)$，即平均數 $\mu=70$，而標準差 σ 未知。今自該班級抽出 16 位學生，算出其標準差 $S=4$，則 16 位學生之平均成績在 72.13 以上的機率為多少？

 解

依題意知，此 16 位學生的樣本係抽自常態母體，且為小樣本及母體標準差未知，故

$$\frac{\overline{X}-\mu}{\frac{S}{\sqrt{n}}}\sim t(15)$$

今欲知 $P_r(\overline{X}>72.13)$

將之轉換成 t 分配的形式，即

$$P_r(\frac{\overline{X}-70}{\frac{4}{\sqrt{16}}} > \frac{72.13-70}{\frac{4}{\sqrt{16}}}) = P_r(T > 2.13)$$

查書後附錄C的 t 分配表，可知機率為 0.025，其表示此16位學生之平均成績大於 72.13，占全班的 0.025，如圖7-7所示。

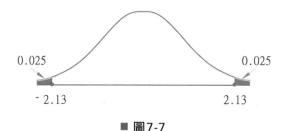

■ 圖7-7

在 t 分配表中，有單尾及雙尾檢定兩種，上述例 2，當 $d.f.=15$ 時，$P_r(T>2.13)=0.025$，其為單尾檢定，至於

$$P_r(T<-2.13 \text{ 或 } T>2.13)=0.05，則為雙尾檢定$$

而 $P_r(T>2.13)=0.025$ 之意可解釋在自由度 15 時，大於 2.13 的 t 值之機率有 0.025，或小於 2.13 的 t 值之機率有 0.975，即 $P_r(T<2.13)=0.975$。

（四） t 分配的用途

1. 當小樣本且母體變異數未知時，可用做母體平均數的檢定與估計。

2. 當兩常態母體平均數做比較時，且母體變異數未知時可用之。

在 Excel 中計算 t 分配的查表值（機率）用 TDIST 函數，在 Excel 2013 版本中，有分成下列三種：

=T.DIST（變數，自由度，尾數）：傳回左尾 Student's 式 T 分配值

=T.DIST.2T（變數，自由度，尾數）：傳回雙尾 Student's 式

T 分配值

=T.DIST.RT（變數，自由度，尾數）：傳回右尾 Student's 式
T 分配值

其中，變　數：t 值。

　　自由度：樣本數減 1，即$(n-1)$。

　　尾　數：若為 1，表示分配為單尾，若為 2，則分配為雙尾。

在例 3 中，須使用 T.DIST.RT 函數

　　　　=T.DIST.RT

　　　　(2.13,15,1)

即可得機率為 0.025。

　　　　=T.DIST.2T

　　　　(2.13,15,2)

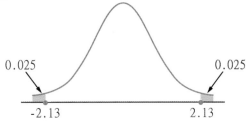

0.025　　　　　　　　　0.025

-2.13　　　　　　　2.13

■ 圖7-8

則可得機率為 0.05（即單尾機率的 2 倍），如圖 7-8 所示。

Excel 使用 TINV 函數作為 t 分配的反函數（即得到的是 t 的值），在
Excel 2013 中，有分成下列兩種：

　　　　=T.INV（機率值，自由度）：傳回 Student's 式 T 分配的左尾
　　　　反值

　　　　=T.INV.2T（機率值，自由度）：傳回 Student's 式 T 分配的
　　　　雙尾反值

注意其中的機率是指 t 分配的「雙尾」檢定下的機率值。

在例 3 中，須使用 T.INV.2T 函數

=T.INV.2T(0.05,15)

可得到 t 值為 2.13。

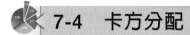
7-4　卡方分配

（一）卡方分配的定義

從一個服從常態分配的母體中，即 $N(X ; \mu , \sigma)$，每次隨機抽取 n 個樣本 $X_1 , X_2 , \cdots X_n$，然後每組樣本求算一個卡方統計量，其式如下：

$$\chi^2 = \sum_{i=1}^{n}(\frac{X_i - \mu}{\sigma})^2 = \chi^2(n) ， 即$$

$$\chi^2 = \sum_{i=1}^{n} Z_i^2$$

而就將 $\sum_{i=1}^{n} Z_i^2$ 命名為卡方（χ^2，讀做 chi [kaɪ] square）。

將以上的抽樣及 Z 轉換進行無限多次，可得到無限多個 χ^2，這些 χ^2 形成的分配就稱為卡方分配。

（二）卡方分配的公式

若 $n=1$ 時，則

$$\chi^2 = (\frac{X - \mu}{\sigma})^2 = Z^2$$

自由度($d.f.$)為卡方統計量所含變量互相獨立的個數，卡方統計量中每含有一個條件式，即失去一個自由度。例如下列卡方統計量，

$$\chi^2 = \sum_{i=1}^{n} (\frac{X_i - \mu}{\sigma})^2 \sim \chi^2(n)$$

由 n 個變數所組成，其中不含任何條件式，故其自由度為 n。

但若常態母體的平均數(μ)未知，而用樣本平均數($\bar{X}$)作為μ的估計值時，則其中就包含了一個條件式，即$(\sum_{i=1}^{n} X_i) / n = \bar{X}$，故下列卡方統計量

$$\chi^2 = \sum_{i=1}^{n} (\frac{X_i - \bar{X}}{\sigma})^2 = \frac{(n-1)S^2}{\sigma^2} \sim \chi^2(n-1) ，$$

其中 $S^2 = \frac{1}{n-1} \sum_{i=1}^{n} (X_i - \bar{X})^2$，而其自由度為 $n-1$。

因此在母體變異數為σ^2之常態母體中，隨機抽出 n 個獨立樣本，得其變異數為 S^2，則隨機變數 $\frac{(n-1)S^2}{\sigma^2}$ 即稱為卡方分配(chi-square distribution)，即

$$\chi^2 = \frac{(n-1)S^2}{\sigma^2}$$

（三）卡方分配的形狀及性質

若隨機變數服從$\chi^2(d.f.)$，則

1. 期望值（平均數）：$E(\chi^2) = d.f.$。

2. 變　異　數：$V(\chi^2) = 2d.f.$。

3. 偏態係數：$\beta_1 = \sqrt{\frac{8}{d.f.}}$。

4. 峰態係數：$\beta_2 = 3 + \frac{12}{d.f.}$。

5. 卡方分配曲線下的面積為 1，故卡方分配為一機率分配。

由上列結果可看出，卡方分配的平均數即為其自由度，故知當自由度增加時，分配的中心位置右移。變異數為自由度的兩倍，故知當自由度增加時，分配的分散度會隨之擴大。偏態係數為正，故知卡方分配為右偏分態；同時當自由度增加時，分配漸趨對稱。峰度係數大於 3，分配的高峰高於常態峰，但當自由度增加時，峰度則趨近於常態峰。如圖 7-9 所示，可知每一個 $d.f.$就有一條卡方分配曲線。

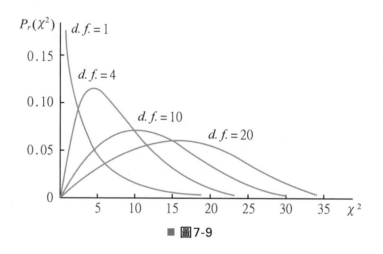

■ 圖7-9

例 4

自 $\sigma^2 = 9$ 的常態母體中，隨機抽取 12 個個體為一組樣本，試問其變異數 S^2 大於 16.10 的機率？

解

$$P_r(S^2 > 16.10) = P_r(\frac{(n-1)S^2}{\sigma^2} > \frac{(n-1) \times 16.10}{\sigma^2})$$

$$= P_r(\chi^2 > \frac{11 \times 16.10}{9}) = P_r(\chi^2 > 19.68)$$

查 χ^2 機率表（附錄 D），知當 $d.f. = 11$ 時，$P_r(\chi^2 > 19.68) = 0.05$ 故其機率為 5%，如圖 7-10 所示。

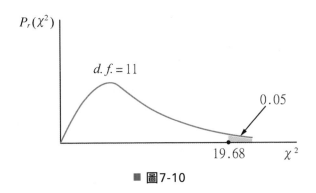

■ 圖7-10

在例 4 中，$P_r(\chi^2 > 19.68) = 0.05$，其意為在自由度 11 時，大於 19.68 的卡方值之機率有 0.05，或小於 19.68 的卡方值之機率有 0.95，即 $P_r(\chi^2 < 19.68) = 0.95$。

在 Excel 中，使用 CHISQ.DIST 跟 CHISQ.DIST.RT 函數作為得到 χ^2 分配的單尾機率，其公式為

$$\chi^2 = \frac{(n-1)S^2}{\sigma^2}$$

其為自由度為$(n-1)$的卡方分配。在 Excel 2013 版本中，有下列兩種：

=CHISQ.DIST（數值，自由度）：傳回左尾卡方分配的機率值

=CHISQ.DIST.RT（數值，自由度）：傳回右尾卡方分配的機率值

其中的數值為卡方(χ^2)值。

故在例 4 中，可用

=CHISQ.DIST.RT(19.68,11)

得到的機率值為 0.05

Excel 使用 CHISQ.INV 跟 CHISQ.INV.RT 函數作為卡方分配的反函數（即得到的是卡方值），在 Excel 2013 版本中，有下列兩種：

=CHISQ.INV（機率值，自由度）：傳回卡方分配之左尾機率的反傳值

=CHISQ.INV.RT（機率值，自由度）：傳回卡方分配之右尾機率的反傳值

在例 4 中，

=CHISQ.INV.RT (0.05,11)

得到的卡方值為 19.675。

當自由度$(d.f.)$趨近於無窮大時，卡方分配$\chi^2(d.f.)$是以常態分配 $N(\chi^2;d.f.,2d.f.)$為其極限；而 $\sqrt{2\chi^2} - \sqrt{2d.f.-1}$ 則以標準常態分配 $N(0,1)$為其極限。

因此在附錄 D 的 χ^2 分配機率表中，$1 < d.f. < 30$；當 $d.f. > 30$ 時，可將 χ^2 轉換成 $\sqrt{2\chi^2} - \sqrt{2df-1}$ 之 Z 值，再利用標準常態分配表來查之。

例 5

已知$d.f. = 100$，試求χ^2大於120的機率。

解　$d.f. = 100 > 30$，

故讓 $Z = \sqrt{2\chi^2} - \sqrt{2d.f.-1}$

$\approx \sqrt{2\times120} - \sqrt{2\times100-1} \approx 15.49 - 14.11$

$= 1.38$

查附錄A知 $P_r(0 \le Z \le 1.38) = 0.4162$

故 $P_r(Z > 1.38) = 0.5 - 0.4162 = 0.0838$

即當$d.f. = 100$，χ^2大於120的機率為8.38%。

（四）卡方分配的用途

1. 常態母體變異數的估計與檢定。

2. 適合度檢定、獨立性檢定等常用到。

3. 卡方分配是無母數統計方法中最重要的機率模型之一，應用極廣。

 7-5　F 分配

（一）F 分配的定義

F 分配(F-distribution)是在 1924 年由英國統計學家 R. A. Fisher (1890~1962)所提出，它在統計學上適用於兩種情況，其一為用於推論兩個母體變異數的是否相等場合，另一為用於變異數分析。

假設兩個常態分配的母體，其平均數與變異數分別為 μ_1、μ_2 與 σ_1^2、σ_2^2，自此二母體中分別抽出 n_1，n_2 大小的樣本，這些樣本都可計算 χ^2 值，因此我們可得到許多個 χ_1^2 與 χ_2^2；然後每個 χ_1^2 及 χ_2^2 隨機變數各除以其對應的自由度 $d.f._1$ 及 $d.f._2$（$d.f._1$ 可能為 n_1 或 n_1-1，$d.f._2$ 可能為 n_2 或 n_2-1），由此得到之比值，就稱 F 比率，而這些 F 的分配機率即構成 F 分配，因此

$$F = \frac{\dfrac{\chi_1^2}{d.f._1}}{\dfrac{\chi_2^2}{d.f._2}} \sim F(d.f._1 \ , \ d.f._2)$$

其自由度為分子與分母的自由度 $d.f._1$ 與 $d.f._2$。

（二）F 分配的公式

由 F 的定義，進一步可得

$$F = \frac{\dfrac{\chi_1^2}{d.f._{\cdot 1}}}{\dfrac{\chi_2^2}{d.f._{\cdot 2}}} = \frac{\dfrac{(n_1-1)S_1^2}{\sigma_1^2} \times \dfrac{1}{n_1-1}}{\dfrac{(n_2-1)S_2^2}{\sigma_2^2} \times \dfrac{1}{n_2-1}}$$

即　　　　$$F = \frac{\dfrac{S_1^2}{\sigma_1^2}}{\dfrac{S_2^2}{\sigma_2^2}}$$

由上式可知 F 比率乃為樣本變異數各除以其母體變異數的比率。若是從同一個母體中抽樣，即 $\sigma_1^2 = \sigma_2^2$，則

$$F = \frac{S_1^2}{S_2^2}$$

（三）F 分配的形狀與性質

若隨機變數 $F \sim F(d.f._{\cdot 1}, d.f._{\cdot 2})$，則

1. 期望值（平均數）：$E(F) = \dfrac{d.f._{\cdot 2}}{d.f._{\cdot 2} - 2}$，$d.f._{\cdot 2} > 2$。

2. 變異數：$V(F) = \dfrac{2d.f._{\cdot 2}^2(d.f._{\cdot 1} + d.f._{\cdot 2} - 2)}{d.f._{\cdot 1}(d.f._{\cdot 2} - 2)^2(d.f._{\cdot 2} - 4)}$，$d.f._{\cdot 2} > 4$。

3. F 分配曲線下的面積為 1，故 F 分配為一機率分配。

F 分配曲線的形狀隨自由度 $d.f._{\cdot 1}$ 與 $d.f._{\cdot 2}$ 的不同而不同，一般而言，F 分配為右偏分配，其隨著二自由度的增加而漸趨常態分配，如圖 7-11 所示。

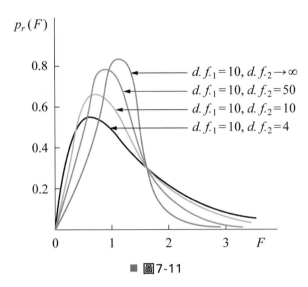

■ 圖7-11

　　例如已知 $d.f._1 = 10$，$d.f._2 = 4$，則查附錄 E 的 F 分配表，最上一列找分子的自由度 10 所在的那一行；在最左或最右一行找分母的自由度 4 所在的那一列；當 $\alpha = 0.05$ 時，行列的交集為 5.96；當 $\alpha = 0.01$ 時，行列的交集為 14.55；其表示

$$P_r(F > 5.96) = 0.05 \quad , \quad P_r(F > 14.54) = 0.01$$

$$即 F_{0.05}(10 , 4) = 5.96 \quad , \quad F_{0.01}(10 , 4) = 14.55$$

如圖 7-12 所示。

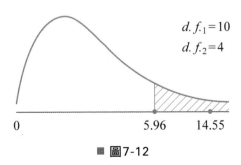

■ 圖7-12

F 分配尚有以下性質：

(1) $F_{1-\alpha}(d.f._{.1}, d.f._{.2}) = \dfrac{1}{F_\alpha(d.f._{.2}, d.f._{.1})}$ 。

例如 $F_{0.99}(4,10) = \dfrac{1}{F_{0.01}(10,4)} = \dfrac{1}{14.54} = 0.069$ 。

(2) $F_\alpha(1, d.f._{.2}) = [t_\alpha(d.f._{.2})]^2$ 。

例如 $F_{0.05}(1，20) = 4.35$，$t_{0.05}(20) = 2.086$

而 $[t_{0.05}(20)]^2 = 2.086^2 = 4.35 = F_{0.05}(1，20)$

（四）F 分配的用途

1. 變異數分析。

2. 母體比例的估計與檢定。

3. 檢定兩母體變異數是否相等。

由以上所述，對於 t 分配、卡方分配、F 分配，均具有以下共同性特性：(1)皆為重要之分配；(2)皆為小樣本分配；(3)皆為連續分配；(4)皆來自常態分配；(5)均具有自由度。

在 Excel 中之 F 分配公式為

$$= F = \frac{S_1^2 / \sigma_1^2}{S_2^2 / \sigma_2^2} = \frac{\sigma_2^2 \times S_1^2}{\sigma_1^2 \times S_2^2}$$

Excel 計算 F 分配的值（機率值）採用 FDIST 函數，在 Excel 2013 版本中，有分成下列兩種：

=F.DIST（變數，自由度 1，自由度 2）：傳回兩組資料的（左尾）F 機率分配（散布程度）

=F.DIST.RT（變數，自由度 1，自由度 2）：傳回兩組資料的（右尾）F 機率分配（散布程度）

其中：變　數：F 值。

　　自由度 1：代表 $d.f._1$

　　自由度 2：代表 $d.f._2$

　　在上例中 $d.f._1 = 10$，$d.f._2 = 4$，欲求 $P_r(F > 5.96)$，及 $P_r(F > 14.55)$，則分別輸入

　　　　　　　=F.DIST.RT（右尾）(5.96,10,4)

可得到機率值 0.05。

　　　　　　　=F.DIST.RT(14.55,10,4)

可得到機率值 0.01。

　　Excel 計算 F 分配的反函數採用 FINV 函數，其得到的是 F 值，在 Excel 2013 版本中，分成下列兩種：

　　　　　　　=F.INV（機率，自由度 1，自由度 2）：傳回（左尾）F 機率分配之反函數值

　　　　　　　=F.INV.RT（機率，自由度 1，自由度 2）：傳回（右尾）F 機率分配之反函數值

　　在上例中，在某一儲存格輸入

　　　　　　　F.INV.RT(0.05,10,4)

則可得 F 之值為 5.96。

習題七

1. 假設某量販店顧客排隊等候結帳之時間為平均數 9.2 分，標準差 2.1 分的常態分配。若隨機抽取顧客 49 位，則他們平均等候時間大於 10 分的機率是多少？

2. 若某家連鎖超市的日營業額為一常態分配，其平均數為 10.8 萬元，標準差為 3.8 萬元。試問：
   (1) 從這些連鎖超市中隨機抽一家，其日營業額少於 5 萬元的機率為多少？
   (2) 若隨機抽取 30 家為樣本，則這些樣本的日營業額平均數介在 8 萬及 12 萬之間的機率為多少？

3. 當自由度為 41 時，求卡方值大於 50 的機率。

4. 假設食品業及美容業員工的薪資是常態分配，且兩者的變異數各為 1.5 萬及 2 萬元。現在隨機抽取食品業員工 20 人，美容業員工 18 人，計算他們薪資變異數，試問食品業的變異數是美容業變異數兩倍以上的機率是否小於 0.01？

5. 若 A 廠牌汽車的使用年限為平均數 10.5 年的常態分配，但標準差未知。現在隨機抽出該產牌 25 輛汽車，計算其標準差為 3.5 年，則這些車輛的使用年限不足 8.75 年的機率有多少？

統計估計

08
Chapter

統計推論可以分假設檢定（hypothesis testing 或 tests of hypothesis）及估計(estimation)兩方面來討論。其中以樣本的資料來決定母體的特性，即屬於假設檢定，例如：是否大多數男生喜歡上網？或：是否較高的焦慮症會降低數學成就？我們是以「是」或「否」來回答。至於母體的估計則是以多少或範圍來回答問題，例如：有多少百分比的男生喜歡上網？或：較高的數學焦慮症會減低多少的數學成就？

本章則先討論統計估計，假設檢定則留至下一章再討論。估計就是以樣本的統計量來推估母體的母數；進一步解釋即為利用機率原理，來決定母體中未知的母數該以何種樣本的統計量來推測的最適統計法。在實際生活中，我們常用到樣本的資訊來推估整體真相，例如以學生在學校模擬考成績去預測他們聯考的成績。一般統計估計分為兩類，一為點估計(point estimation)，另一為區間估計(interval estimation)，分述如下：

1. **點估計**(point estimation)：

依據樣本資料求一估計值，用來表示未知參數的方法，該估計值稱為依母體參數的點估計值(point estimate)；亦即將樣本資料，代入某一統計量，然後根據其結果，用以估計該未知參數，因為此法是估計未知參數的一個數值，即估計一點，故稱為點估計。

2. **區間估計**(interval estimation)：

點估計僅是根據樣本資料估計出參數的一特殊數值，但樣本只是母體的一部分，且係隨機出現的，故根據樣本求得的點估計值與參數之間常有誤差，若欲了解誤差的大小如何？則須根據估計量及抽樣分配，到尋求該參數可能所在的範圍。

根據樣本資料得到點估計值及其抽樣分配與機率原理，提供母群體未知參數一個可能所在範圍的方法，稱為區間估計，其範圍稱之為信賴區間(confidence interval)。通常區間估計是根據母群體未知參數的優良估計量與其抽樣分配來建立的，所以區間估計是為點估計的延伸。因為在點估計中並不期望能百分之百準確地估計母體參數，但也不希望估計量與母體參數

有很大的落差，故在區間估計中，先以樣本資料求得一點估計量，接著再以點估計量為中心，用樣本資料變異的程度導出一個估計區間，進一步決定該區間包含母體參數的可靠程度，區間估計則以上限與下限數值表示。

8-1　母體平均數的區間估計

（一）意　義

樣本的平均數 $(\bar{X})$ 為母體平均數(μ)的最佳點估計數。由於樣本是隨機抽自母體中，故點估計量的代表性之精確度較為粗略，因此必須進一步依據估計量及其抽樣分配來尋求母數可能所在的範圍；而區間估計即是估計母數在某一區間或範圍的機率有多少，此機率就稱為**信賴係數**(confidence coefficient)或**信賴水準**(level of confidence)，或信賴度(confidence degree)此一區間則稱為**信賴區間**(confidence interval)。

信賴係數是預先選定的，我們用它來決定加、減多少單位來產生信賴區間。信賴係數一般用 0.95 或 0.99，以 β 代表之。

若以常態分配下的平均數為例，則μ在 $\bar{X}$ 加減一個標準差範圍內的機率是 0.68，μ 在 $\bar{X}$ 加減 1.96 個標準差範圍內的機率是 0.95，μ 在 $\bar{X}$ 加減 2.576 個標準差範圍內的機率則是 0.99。

當母體的標準差σ已知時，則根據中央極限定律 $\bar{X}$ 的抽樣分配之標準差為 $\dfrac{\sigma}{\sqrt{n}}$，因此我們有下列的公式。

（二）公　式

母體平均數(μ)的區間估計分為(1)母體標準差(σ)已知，及(2)母體標準差(σ)未知兩種情形。

1. σ 已知：

在 0.95 信賴係數下，95% 的信賴區間為

$$[\bar{X} - 1.96\frac{\sigma}{\sqrt{n}} \quad , \bar{X} + 1.96\frac{\sigma}{\sqrt{n}}]$$

或 $\qquad \bar{X} - 1.96\frac{\sigma}{\sqrt{n}} \le \mu \le \bar{X} + 1.96\frac{\sigma}{\sqrt{n}}$

在 0.99 信賴係數下，99% 的信賴區間為

$$[\bar{X} - 2.576\frac{\sigma}{\sqrt{n}} \quad , \bar{X} + 2.576\frac{\sigma}{\sqrt{n}}]$$

或 $\qquad \bar{X} - 2.576\frac{\sigma}{\sqrt{n}} \le \mu \le \bar{X} + 2.576\frac{\sigma}{\sqrt{n}}$

由此可知 0.99 的信賴區間包含 0.95 的信賴區間，從圖 8-1 可看出這個特性。

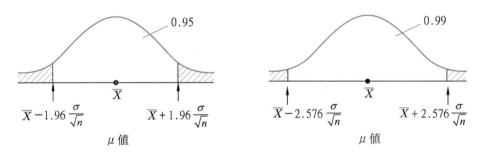

■ 圖8-1

例 1

自資管科系學生中，隨機抽出 100 名測量身高 ($\sigma = 15$)，而得其平均身高為 162 公分。試求該科系學生身高平均數的 95% 信賴區間。

解　$\overline{X}=162$ ，$\sigma=15$ ，$n=100$ ，代入

$$[\overline{X}-1.96\frac{\sigma}{\sqrt{n}} \ ， \ \overline{X}+1.96\frac{\sigma}{\sqrt{n}}] \text{ 中}$$

可得 $[162-1.96\frac{15}{\sqrt{100}} \ ， \ 162+1.96\frac{15}{\sqrt{100}}]$

即　$[159.06，164.94]$為95%的信賴區間，

其表示該科系學生有95%的身高大約介在159到165公分之間。

2. σ 未知且 $n<120$：

然而當σ未知時，我們改採用 t 統計量。則在信賴係數為 $1-\alpha$ 下，$1-\alpha$ 的信賴區間為

$$[\overline{X}-t\frac{S}{\sqrt{n}} \ ， \ \overline{X}+t\frac{S}{\sqrt{n}}]$$

其中 S 為 n 個樣本的標準差 S，自由度為 $n-1$，故須借助 t 分配表，查出 $t_\alpha(n-1)$ 之機率值。

Chapter
08

例 2

自甲班同學中，隨機抽出25位調查他們每週上網時數，得出其平均數為12小時，標準差為3小時。試求該班學生上網平均時數的95%信賴區間。

 解　$\overline{X}=12$ ，$S=3$ ，$n=25$ ，$d.f.=24$

查t分配表，當$d.f.=24$，雙尾機率$=0.05$，所對的t值為2.064，因此代入

$$[\overline{X}-t\frac{S}{\sqrt{n}} \ ， \ \overline{X}+t\frac{S}{\sqrt{n}}] \text{ 中}$$

可得 $[12-2.064\frac{3}{\sqrt{25}} \ ， \ 12+2.064\frac{3}{\sqrt{25}}]$

即　[10.7616，13.2484]為 95% 的信賴區間，其表示該班有 95% 的同學每週上網時數約在 10.8 至 13.2 小時之間。

3. σ 未知且 $n>120$：

然而在 σ 未知，但樣本數 n 很大時，t 就逐漸接近 z，我們發現在 t 分配表中，當 $d.f.=\infty$ 時，t 值與 z 值就完全一致，如當 $\alpha=0.05$ 時，$t=1.96=z$，當 $\alpha=0.01$ 時，$t=2.576=z$ 等等。故，當 $d.f.>120$，表上查不到 t 值時，我們可用 z 值替代 t 值，因此

95% 的信賴區間為

$$[\bar{X}-1.96\frac{S}{\sqrt{n}}\ ,\bar{X}+1.96\frac{S}{\sqrt{n}}]$$

99% 的信賴區間為

$$[\bar{X}-2.576\frac{S}{\sqrt{n}}\ ,\bar{X}+2.576\frac{S}{\sqrt{n}}]$$

從以上公式我們得知，可藉著樣本數(n)的增加而使得母體的平均數 μ 值可能的範圍變小而愈加精確。

以下我們將利用 Excel，以統計公式法來求出信賴區間。

例 3

假設一調查員在中山高速公路上隨機抽取經過某一處的 20 輛汽車，他們的時速如下（以公里計）：

| 80 | 85 | 100 | 110 | 85 | 98 | 80 | 95 | 95 | 105 |
| 108 | 93 | 102 | 105 | 85 | 87 | 93 | 102 | 105 | 100 |

試求高速公路上汽車平均速度的 99% 信賴區間。

解　步驟1：在儲存格 B2 到 K3 分別輸入上述 20 個的時速。

步驟2： 在儲存格D5輸入平均數公式

=AVERAGE(B2:K3)，可得95.65；

在儲存格D6輸入標準差公式

=STDEV.S(B2:K3)，可得9.36；

在儲存格D7輸入樣本數20。

步驟3： 因小樣本且不知母群體的標準差，故用t統計量，$d.f.$ = 19，$\alpha = 0.01$，查附錄C的t分配表可得$t = 2.861$，在儲存格D8輸入2.861。或利用Excel的函數，即直接可在D8輸入

=TINV.2T(0.01,19)

即可得t值2.861。

步驟4： 因信賴區間為$[\bar{X} - t\dfrac{S}{\sqrt{n}}, \bar{X} + t\dfrac{S}{\sqrt{n}}]$，故在儲存格D9輸入信賴區間下限公式

=D5-D8*D6/SQRT(D7)

可得89.66

在儲存格D10輸入信賴區間上限公式

=D5+D8*D6/SQRT(D7)

可得101.64

如圖8-2所示。

註

SQRT(X)表求數字 X 的平方根。

「*」表示「×」號。

「/」表示「÷」號。

	A	B	C	D	E	F	G	H	I	J	K
1											
2		80	85	100	110	85	98	80	95	95	105
3		108	93	102	105	85	87	93	102	105	100
4											
5		平均數		95.65							
6		標準差		9.359909							
7		樣本數		20							
8		t值		2.860935							
9		信賴區間下限		89.66224							
10		信賴區間上限		101.6378							
11											

■ 圖8-2

Excel 除了用統計公式（如例 3 所示的 D8*D6/SQRT(D7)，即 $t\dfrac{S}{\sqrt{n}}$）來求信賴區間外，Excel 求信賴區間的 $t\dfrac{S}{\sqrt{n}}$ 也可用 CONFIDENCE 函數，在 Excel 2013 版本中，可分成下列兩種：

=CONFIDENCE.T（顯著水準 α，標準差，樣本數）：傳回使用 Student's 式 T 分配－母體平均數的信賴區間

=CONFIDENCE.NORM（顯著水準 α，標準差，樣本數）：傳回使用常態分配－母體平均數的信賴區間

步驟1：在例3中，先在H5輸入 α 為「0.01」。

步驟2：在H8輸入公式

=CONFIDENCE.NORM(H5,D6,D7)

確定後可得5.39。

步驟3：在H9輸入，公式=D5-H8

則可得信賴區間下限90.26。

步驟4：在H10輸入

=D5+H8

則可得信賴區間上限 101.04，如圖 8-3 所示。

	A	B	C	D	E	F	G	H	I	J	K
1											
2		80	85	100	110	85	98	80	95	95	105
3		108	93	102	105	85	87	93	102	105	100
4											
5			平均數	95.65			顯著水平	0.01			
6			標準差	9.35990891							
7			樣本數	20							
8			t值	2.86093461			CONFIDENCE	5.39105427			
9			信賴區間下限	89.6622376			信賴區間下限	90.2589457			
10			信賴區間上限	101.637762			信賴區間上限	101.041054			
11											

■ 圖8-3

8-2 母體比率的區間估計

（一）意　義

　　母體的另一區間估計為**比率**或稱**百分比**，一般以 p 表示，例如甲生競選班長，在全班 45 人中得 15 票，則其得票率 $p = \dfrac{15}{45} = \dfrac{1}{3}$。假設投甲生一票為 1，不投甲生一票為 0，則甲生得票平均數為 $\bar{X} = \dfrac{\sum X}{N} = \dfrac{15}{45} = \dfrac{1}{3}$，由此可知比率之性質與平均數相同，即可視 p 為 $\bar{X}$。

　　若以 p 代表某事件的成功率，以 q 代表該事件的失敗率，

　　則 $q = 1 - p$，而其變異數

$$S^2 = \frac{\sum(X - \bar{X})^2}{N} = \frac{\sum X^2 - 2\bar{X}\sum X + N\bar{X}^2}{N}$$

$$= \frac{\sum X^2}{N} - 2\bar{X}^2 + \bar{X}^2 = \frac{\sum X^2}{N} - \bar{X}^2$$

對 0 與 1 而言，$\dfrac{\sum X^2}{N} = \dfrac{\sum X}{N} = \bar{X} = p$，因此

$$S^2 = p - p^2 = p(1-p) = pq$$

即對比率而言，平均數為 p，標準差為 $\sqrt{pq}$。

（二）公　式

因此母體比率之區間估計，在大樣本時，可採用母體平均數（σ 已知）之區間估計的 Z 分配，即

95% 的信賴區間為

$$[p - 1.96\dfrac{\sqrt{pq}}{\sqrt{n}} \;,\; p + 1.96\dfrac{\sqrt{pq}}{\sqrt{n}}] = [p - 1.96\sqrt{\dfrac{pq}{n}} \;,\; p + 1.96\sqrt{\dfrac{pq}{n}}]$$

99% 的信賴區間為

$$[p - 2.576\dfrac{\sqrt{pq}}{\sqrt{n}} \;,\; p + 2.576\dfrac{\sqrt{pq}}{\sqrt{n}}] = [p - 2.576\sqrt{\dfrac{pq}{n}} \;,\; p + 2.576\sqrt{\dfrac{pq}{n}}]$$

例 4

某家知名眼鏡公司為促銷其新產品，於是請工讀生按地區分發免費禮券 200,000 份，請顧客攜禮券上門免費驗光。結果發現 A 地區分配禮券量為 3,000 份，而實際回收量為 1,800 件。若該禮券回收量的信賴區間為 95%，則實際上分發的禮券回收量之最多及最少量各是多少？

解　$p = 1,800/3,000 = 0.6$

$q = 1 - 0.6 = 0.4$

由 $[p - 1.96 \times \sqrt{pq/n} \;,\; p + 1.96 \times \sqrt{pq/n}]$

$[0.6 - 1.96 \times \sqrt{0.6 \times 0.4/3,000} \;,\; 0.6 + 1.96 \times \sqrt{0.6 \times 0.4/3,000}]$

$[0.58，0.62]$，其表示信賴區間為 0.58 到 0.62。

故 $200,000 \times 0.58 = 116,000$ 為最少回收量，

$200,000 \times 0.62 = 124,000$ 為最多回收量。

8-3 母體變異數的區間估計

（一）意 義

在產品的製造上，我們除了要求要有一定的平均水準外，產品品質的穩定性及一致性也是一項重要的考量；而品質的管制又可藉估計母體的變異數或標準差來掌握。前面我們是利用常態分配或 t 分配來估計母體平均數，本節將採用卡方分配來估計母體變異數。

（二）公 式

在第七章我們已經學過 $\chi^2 = \dfrac{(n-1)S^2}{\sigma^2}$，因此母體變異數 σ^2 的信賴區間（或估計區間）為

$$\frac{(n-1)S^2}{\chi^2_{\frac{\alpha}{2}}} < \sigma < \frac{(n-1)S^2}{\chi^2_{1-\frac{\alpha}{2}}}$$

其中 α 為顯著水準，$\alpha = 1-\beta$（β 為信賴係數），雙尾平均分配，則左右尾面積各為 $\dfrac{\alpha}{2}$，如圖 8-4 所示，則右尾右側的面積為 $\dfrac{\alpha}{2}$，其關鍵值則為 $\chi^2_{\frac{\alpha}{2}}$，而左尾左側的面積為 $\dfrac{\alpha}{2}$，故右側總共面積為 $1-\dfrac{\alpha}{2}$，其關鍵值則為 $\chi^2_{1-\frac{\alpha}{2}}$。

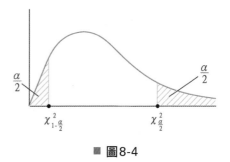

■ 圖8-4

 例 5

某家大醫院電話語音掛號服務宣稱：電話預約者，接通電話之前等候的時間大約70秒。在週一上班時間隨機抽取13個樣本，並記錄他們接通電話之前等候的時間如下（以秒計）：

104, 95, 125, 62, 38, 168, 74, 47, 31, 23, 88, 59, 19

若想了解其等候時間的差異程度以得知其服務品質，試求母體標準差 σ 之99% 信賴區間。

 解

根據13個樣本資料可得=71.77，接近宣稱的70，故平均水準夠；為進一步探究一致性，因而須找出 σ 的99% 信賴區間。

$n = 13$，故 $d.f. = 13 - 1 = 12$，因 $\alpha = 1 - 0.99 = 0.01$，雙尾平均分配，故各尾面積為 0.005。

查附錄D的卡方分配表，可得，

$$\chi^2_{\frac{\alpha}{2}} = \chi^2_{0.005} = 28.299 \qquad \chi^2_{1-\frac{\alpha}{2}} = \chi^2_{0.995} = 3.074$$

由於附錄D上沒有 $\chi^2_{0.995}$ 之卡方值，則我們可利用Excel的函數

=CHISQ.INV.RT(0.995,12)

來求得3.074之值。

如圖8-5所示。

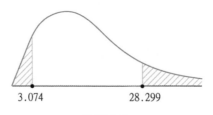

■ 圖8-5

又求得$S=43.57$，因此母體變異數的信賴區間為

$$\frac{(13-1)(43.57)^2}{28.299} < \sigma^2 < \frac{(13-1)(43.57)^2}{3.074}$$

即$804.98 < \sigma^2 < 7410.59$ 或$28.4 < \sigma < 86.1$

由此可見，該信賴區間範圍太大，亦即標準差之差異太大，因此電話預約者等候時間差距過大，該家醫院須尋求改進辦法。

習題八

1. 隨機抽樣 50 位公立圖書館的常客，發現他們每月借書的平均數目為 3.5 本($\sigma=2$)。試求該圖書館常客借書數目的 95% 信賴區間。

2. 隨機抽取其行業員工 25 名，發現他們每天中午在外的伙食費平均為 140 元，標準差 30 元。試求該行業員工每日中午在外伙食費 99% 的信賴區間。

3. 某大公司有員工 300 人，今隨機抽取 100 人為樣本，發現曾經出國旅遊的有 68 人，試據此推論該公司員工曾經出國旅遊的 95% 信賴區間。

4. 抽取某家公司的三合一麥片包裝 10 包，其內淨重（以公克計）如下：

   300,292,278,275,274,280,290,293,297,276

   若該包裝標示的淨重為 280 公克，試利用此資料，求母體標準差σ的 95% 信賴區間。

假設檢定：
平均數之檢定

09
Chapter

STATISTICS

前一章我們提到統計估計，即用樣本去估計母群體的特性。例如有多少？多大？比例是多少等。

本章則對打算用這些估計去對母群體的特性問題作「是」或「否」的回答，在研究上，我們一般先提出一個假設，然後再檢定或考驗該假設是「是」或「否」。例如高速公路車速設限每小時 90 公里，今隨機在高速公路某處抽樣 30 輛汽車，求它們的平均時速；再與 90 公里時速比較，假若樣本平均數「遠大於」90 公里，則我們相信母體的平均數大於 90 公里，但是若樣本平均數小於 90 公里或稍大於 90 公里，則我們就不能認為母群體的平均數大於 90。因此，我們需要一個標準來決定，樣本的平均數是否足夠大到宣稱母體平均數是大於 90 公里／時，而假設檢定就是作此種決策的一種統計方法。

9-1　假設檢定的基本概念

在研究上，我們先提出的一個假設，即稱為**虛無假設** (null hypothesis)，以 H_0 表示，例如之前的母群體平均數是 90 公里／時，其有被推翻或拒絕的可能。而另一種情況是母群體的平均數是大於 90 公里／時，則稱之為**對立假設**(alternative hypothesis)，以 H_1 或 H_a 表示。H_0 與 H_1 對立，推翻 H_0，就接受或支持 H_1；接受或支持 H_0，即推翻 H_1。

在什麼樣的標準下，我們可推翻或接受虛無假設 H_0，此所依據的標準即稱為檢定的**顯著水準**(significance level)，以上例之 $H_0 : \mu = 90$，$H_1 : \mu > 90$ 而論，它規定樣本平均數要在 90 之上多遠處（即多大的數），才能宣稱母體的平均數也大於 90。此數字即稱為**關鍵值**、**顯著值**或**臨界值**(critical value)。

一般常用的顯著水準有 0.05 及 0.01，習慣上用 $\alpha = 0.01$ 及 $\alpha = 0.05$ 表示。所謂 0.05 或 0.01 顯著水準，就是當虛無假設是正確時，而我們卻推翻它，此所犯錯的機率小於 0.05 或 0.01；因此使用 $\alpha = 0.01$ 比 $\alpha = 0.05$ 能減少

錯誤結論的機率。在第八章我們學過信賴係數，其常用 $1-\alpha$ 表示，所以 $\alpha=$ 0.05，即表示有 0.95 的信賴係數，或犯錯的機率為 5%；$\alpha=0.01$，即表示有 0.99 的信賴係數，或犯錯的機率為 1%。由此可知，區間估計採用信賴係數 $(1-\alpha)$，而假設檢定採用顯著水準 (α)，事實上兩者是採用相同的原則。

以上例而言，我們抽樣得到的 $\overline{X}$ 要與 90 有相當的差異，才能達到 0.05 的顯著水準；易言之，即 $\overline{X}$ 要與 90 有相當的差異，推翻 H_0 犯錯的機率才會小於 5%。假若差異已達到 0.05 顯著水準，就以 *$p<0.05$ 表示。當然若差異要達到 0.01 的顯著水準（以 **$p<0.01$ 表示），則 $\overline{X}$ 與 90 的差異就要更大。因此若達 0.01 顯著水準，就必會達到 0.05 的顯著水準。

以前例而言，我們提出虛無假設 $H_0：\mu=90$，對立假設 $H_1：\mu>90$，事實上根據特殊的情況，就可能有其他的對立假設。當我們相信真實的平均數 μ 比宣稱的值要大，則對立假設是表示成 $H_1：\mu>90$。但我們若認為真實的平均數 μ 比宣稱的值要小，則對立假設就要表示成 $H_1：\mu<90$。甚至我們僅認為真實的 μ 值與宣稱的 μ 值不同，而不管是太大或太小，這時對立假設就要表示成 $H_1：\mu\neq90$。

前兩種的對立假設 $H_1：\mu>90$ 及 $H_1：\mu<90$，稱為**單尾檢定**(one-tailed tests)，最後一種 $H_1：\mu\neq90$，則稱為**雙尾檢定**(two-tailed tests)。

$H_1：\mu>90$ 為右尾檢定(right-tailed test)，它的推翻區在 $\overline{X}$ 抽樣分配的右側，若 $\overline{X}$ 大於關鍵值，即 $\overline{X}$ 落入推翻區，此時就要推翻虛無假設，如圖 9-1 所示。$H_1：\mu<90$ 為左尾檢定(left-tailed test)，它的推翻區在 $\overline{X}$ 抽樣分配的左側，若 $\overline{X}$ 小於關鍵值，即 $\overline{X}$ 落入推翻區，此時就要推翻 H_0，如圖 9-2 所示。至於 $H_1：\mu\neq90$ 的推翻區則在 $\overline{X}$ 抽樣分配的左、右兩側，當 $\overline{X}$ 大於右尾的關鍵值，或小於左尾的關鍵值時，此時就要推翻 H_0，如圖 9-3 所示。

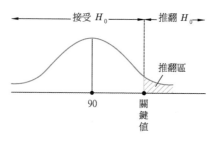

Chapter 09

右尾檢定

■ 圖9-1

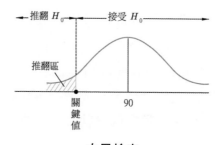

左尾檢定

■ 圖9-2

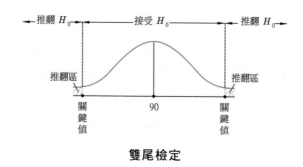

雙尾檢定

■ 圖9-3

　　虛無假設代表一個沒有效應的敘述，相反地，對立假設則代表一個有效的敘述；而假設檢定是一種方法，以樣本的統計量，對 H_0 或 H_1 所代表之母體的母數作出抉擇。若以 μ_0 為假定之母體平均數（如前例之 90），由前例可知，虛無假設及對立假設有下列三種寫法：

(1) 右尾檢定：$\begin{cases} H_0 : \mu = \mu_0 \\ H_1 : \mu > \mu_0 \end{cases}$

(2) 左尾檢定：$\begin{cases} H_0 : \mu = \mu_0 \\ H_1 : \mu < \mu_0 \end{cases}$

(3) 雙尾檢定：$\begin{cases} H_0 : \mu = \mu_0 \\ H_1 : \mu \neq \mu_0 \end{cases}$

之前提過在 α 的顯著水準下，若推翻 H_0，即達到顯著差異，至於是否推翻 H_0 與關鍵值有關，而關鍵值與所定的顯著水準(α)有關。在此以標準常態分配的關鍵值來說明「達 0.01 顯著水準就必達 0.05 顯著水準」，如圖 9-4 所示。

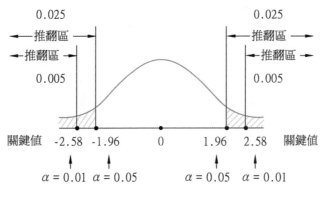

■ 圖9-4

一般假設檢定的步驟如下：

(1) 提出虛無假設 H_0 及對立假設 H_1。

(2) 選用適當統計量的抽樣分配，例如：Z 分配，t 分配，χ^2 分配或 F 分配。

(3) 根據選定的分配，以觀測樣本的資料去計算檢定的統計量。

(4) 依據顯著水準(α)，查表找出關鍵值。

(5) 將(3)的檢定統計量與(4)的關鍵值比較，判斷推翻或接受 H_0。

 ## 9-2　一個平均數的檢定

一個平均數的檢定是依據樣本的平均數 $(\overline{X})$ 以檢定虛無假設之母體平均數 $(H_0：\mu=\mu_0)$ 是否能被接受或推翻。分下列兩種情況：

(1) 若母群體的標準差 (σ) 已知，則用 Z 檢定：

$$Z = \frac{\overline{X} - \mu}{\frac{\sigma}{\sqrt{n}}}$$

(2) 若母群體的標準差 (σ) 未知，故只能從觀測樣本求知樣本標準差 S，則用 t 檢定：

$$t = \frac{\overline{X} - \mu}{\frac{S}{\sqrt{n}}}，自由度為 n-1$$

在(2)情況下，當樣本數很大時，則採用 Z 檢定。

某校報導孩童每天平均消耗320 c.c.的飲料，且其標準差為50 c.c.。今在一個隨機選取該校的100位孩童樣本調查中發現他們平均飲用量為312 c.c.。試問在0.05顯著水準下能否推翻 $\mu=320$ 的虛無假設。

　(1) $H_0：\mu=320$

　　　　$H_1：\mu \neq 320$

(2) 已知母體 σ，故選用 Z 檢定。

(3) 已知 $\mu=320$，$\sigma=50$，$\overline{X}=312$，$n=100$

故 $\dfrac{\overline{X}-\mu}{\dfrac{\sigma}{\sqrt{n}}}=\dfrac{312-320}{\dfrac{50}{\sqrt{100}}}=-1.6$

(4) $\alpha=0.05$，兩尾檢定，Z分配表的關鍵值為±1.96。

(5) 因$Z=-1.6>-1.96$，故未能推翻虛無假設，如圖9-5所示。

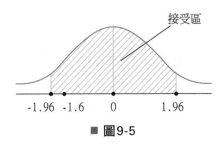

接受區

-1.96 -1.6   0   1.96

■ 圖9-5

 例 2

甲公司宣稱A款進口車售價為新台幣120萬元，今隨機抽取25位擁有此款車型的車主調查，得知其平均所付價格為121萬元，標準差為1.2萬元，試在0.05顯著水準下檢定該公司的宣稱是否太低？

 解

(1) $H_0 : \mu<1,200,000$

　　$H_1 : \mu>1,200,000$

(2) 未知母體σ，只知樣本$S=12,000$，故選用自由度為

　　$25-1=24$的t檢定。

(3) 已知$\overline{X}=1,210,000$，$\mu=1,200,000$，$S=12,000$，$n=25$，

　　故 $t=\dfrac{\overline{X}-\mu}{\dfrac{S}{\sqrt{n}}}=\dfrac{1,210,000-1,200,000}{\dfrac{12,000}{\sqrt{25}}}=4.16$

(4) $\alpha=0.05$，右尾檢定，$d.f.=24$時，查附錄表C的t分配表，

　　得其關鍵值為1.711。

(5) 因$t=4.16>1.711$，故推翻H_0，如圖9-6所示，即該公司的

　　宣稱太低。

Chapter

09

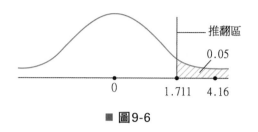

■ 圖9-6

 9-3　兩個平均數差異顯著性的檢定

在研究上，我們常須比較兩個母體的平均數是否有差異，例如兩性的平均收入是否有差異？工科、商科學生每週上網平均時數是否有差異？因此我們須由兩個母體來抽樣。然而值得注意的是，雖然兩樣本平均數之間有差異，但卻不保證兩個母體平均數之間就有差異，因為可能是抽樣誤差所造成的。

如同上一節一個平均數的檢定，要比較兩個平均數所用的方法，也決定於母體的標準差(σ)是已知或未知；而當兩個平均數要比較時，我們在意的是($\mu_1-\mu_2$)及($\bar{X}_1-\bar{X}_2$)的差，反而不太注意μ或$\bar{X}$的個別值。並且我們經常是假設兩母體的平均數是一樣，即 $H_0：\mu_1=\mu_2$。如果 $\bar{X}_1$ 與 $\bar{X}_2$ 之差異頗大，就可能推翻 H_0。

兩個平均數差異顯著性檢定分為：獨立樣本(independent samples)及關聯樣本(correlated samples)。獨立樣本是指兩組樣本是隨機抽樣而來，不是相同的人或物，彼此獨立，例如從甲工專、乙商專兩校中各隨機抽出 200 位同學，形成兩組樣本。至於關聯樣本是指兩組樣本之間有關聯存在，例如同一受試者在補救教學前後所作的兩次測驗成績，兩次測驗成績之間就有相關性。

（一）獨立樣本兩個平均數差異顯著性檢定

獨立樣本可分 1. σ_1 與 σ_2 已知，2. σ_1 與 σ_2 未知兩種情況：

1. 若兩母體的標準差 σ_1 與 σ_2 已知時，採用 Z 檢定：

$$Z = \frac{(\overline{X}_1 - \overline{X}_2) - (\mu_1 - \mu_2)}{\sqrt{\dfrac{\sigma_1^2}{n_1} + \dfrac{\sigma_2^2}{n_2}}}$$

即 $(\overline{X}_1 - \overline{X}_2)$ 抽樣分配是以 $(\mu_1 - \mu_2)$ 為平均數，以 $\sqrt{\dfrac{\sigma_1^2}{n_1} + \dfrac{\sigma_2^2}{n_2}}$ 為標準差的

常態分配。若我們假設 $H_0 : \mu_1 = \mu_2$，則上列公式可變為

$$Z = \frac{\overline{X}_1 - \overline{X}_2}{\sqrt{\dfrac{\sigma_1^2}{n_1} + \dfrac{\sigma_2^2}{n_2}}}$$

例 3

今隨機抽取某一公司中的男性職員36名與女性職員25名，調查兩性的月平均薪資（已知 $\sigma = 3,000$ 元），發現男、女兩性平均薪資各為42,000元、40,000元。試問在 $\alpha = 0.05$ 顯著水準下是否與該公司宣稱兩性薪資平等相抵觸。

解

(1) $H_0 : \mu_1 = \mu_2$

$H_1 : \mu_1 \neq \mu_2$（其中1代表男性，2代表女性）

(2) 已知 σ，故採用 Z 檢定。

(3) 已知 $\overline{X}_1 = 42,000$，$\overline{X}_2 = 40,000$，

$\sigma_1 = \sigma_2 = \sigma = 3,000$，$n_1 = 36$，$n_2 = 25$

故 $Z = \dfrac{\overline{X}_1 - \overline{X}_2}{\sqrt{\dfrac{\sigma_1^2}{n_1} + \dfrac{\sigma_2^2}{n_2}}} = \dfrac{42,000 - 40,000}{\sqrt{\dfrac{3,000^2}{36} + \dfrac{3,000^2}{25}}} = 2.56$

(4) $\alpha = 0.05$，兩尾檢定，Z 分配表的關鍵值為 ± 1.96。

(5) 因 $Z = 2.56 > 1.96$，故推翻 H_0，即該公司兩性薪資不平等。

　　Excel 中計算獨立樣本兩個平均數差異性檢定，採用「工具」「資料分析」中的「z－檢定：兩個母體平均數差異檢定」。

例 4

　　已知工商專畢業生的起薪變異數各為0.5萬元及0.4萬元，今隨機抽取該二樣本10人及12人，得知起薪如表9-1所示。試檢定工商專畢業生的起薪是否有顯著差異（$\alpha=0.05$）。

■ 表9-1

工專	2.1	3	2.4	3.4	2.3	2.6	2.8	3.1	2.7	3.2	
商專	1.9	3.2	2.4	2.5	2.9	3.2	1.8	2.6	2.7	2.2	1.8	2.8

解

步驟1：在A2:A11輸入變數1（工專）的數值，在B2:B13輸入變數2（商專）的數值。

步驟2：選取「資料」「資料分析」中的「z－檢定；兩個母體平均數差異檢定」；確定後，輸入資料內容如圖9-7所示；再確定後，可得圖9-8的資料。

　　因 Z=0.987 < 1.96（關鍵值），故接受 H_0，即工商專畢業生的起薪沒有顯著差異。

■ 圖9-7

	A	B	C	D	E	F
1	工專	商專		z 檢定：兩個母體平均數差異檢定		
2	2.1	1.6				
3	3	3.2			工專	商專
4	2.4	2.4		平均數	2.76	2.475
5	3.4	2.5		已知的變異數	0.5	0.4
6	2.3	2.9		觀察值個數	10	12
7	2.6	3.2		假設的均數差	0	
8	2.8	1.8		z	0.987269	
9	3.1	2.6		P(Z<=z) 單尾	0.1617554	
10	2.7	2.7		臨界值：單尾	1.6448536	
11	3.2	2.2		P(Z<=z) 雙尾	0.3235108	
12		1.8		臨界值：雙尾	1.959964	
13		2.8				
14						

■ 圖9-8

2. 若母體的標準差 σ_1 與 σ_2 未知時，又可分為：

(1) 假定 $\sigma_1 = \sigma_2 = \sigma$，(2) 假定 $\sigma_1 \neq \sigma_2$。

假定 $\sigma_1 = \sigma_2 = \sigma$，則用 t 檢定

$$t = \frac{\overline{X}_1 - \overline{X}_2}{\sqrt{\dfrac{(n_1-1)S_1^2 + (n_2-1)S_2^2}{n_1+n_2-2}\left(\dfrac{1}{n_1}+\dfrac{1}{n_2}\right)}}$$

上式 $\dfrac{(n_1-1)S_1^2 + (n_2-1)S_2^2}{n_1+n_2-2}$ 稱為聚合（或混合或共同）變異數(pooled variance)，而聚合自由度為 $(n_1-1)+(n_2-1) = n_1+n_2-2$。

例 5

甲、乙兩家公司均宣稱他們的員工年紀較輕。今隨機抽取甲公司10位員工，發現其平均年齡45歲，標準差11歲，抽取乙公司12位員工，發現其平均年齡43歲，標準差9歲。假設母群體近似常態且具有相同變異數，試在顯著水準0.01下檢定二家員工的平均年齡是否有差異。

Chapter
09

解 (1) $H_0 : \mu_1 = \mu_2$

$H_1 : \mu_1 \neq \mu_2$

(2) σ_1，σ_2 未知，但假定 $\sigma_1 = \sigma_2 = \sigma$，故採用 t 檢定。

(3) 已知 $\bar{X}_1 = 45$，$\bar{X}_2 = 43$，$S_1 = 11$，$S_2 = 9$，$n_1 = 10$，$n_2 = 12$，

故 $t = \dfrac{\bar{X}_1 - \bar{X}_2}{\sqrt{\dfrac{(n_1-1)S_1^2 + (n_2-1)S_2^2}{n_1 + n_2 - 2}\left(\dfrac{1}{n_1} + \dfrac{1}{n_2}\right)}}$

$= \dfrac{45 - 43}{\sqrt{\dfrac{(10-1)(11)^2 + (12-1)(9)^2}{10+12-2}\left(\dfrac{1}{10} + \dfrac{1}{12}\right)}}$

$= \dfrac{2}{\sqrt{99 \times 0.183}} = \dfrac{2}{4.256} = 0.47$

(4) $\alpha = 0.01$，雙尾檢定（$\dfrac{\alpha}{2} = 0.005$），$d.f. = 10+12-2 = 20$，由附錄 C，可知關鍵值為 $t = \pm 2.845$。

(5) 因 $t = 0.47 < 2.845$，故接受虛無假設，即該兩家公司員工的年齡沒有顯著差異。

在 Excel 中，用「資料」「資料分析」中的「$t-$檢定：兩個母體平均數差的檢定，假設變異數相等」來檢定。

例 6

欲調查 A、B 兩家減肥中心塑身一個月的價錢。今隨機抽取參加 A、B 兩家塑身中心的顧客各 10 名，其塑身價錢（以元計）如表9-2所示，試檢定 A、B 兩家塑身中心的價錢是否有顯著差異（$\alpha = 0.05$）。

▪▫▫ 表9-2

A 中心	16,000、15,600、17,600、17,600、19,000、20,000、14,500、15,700、17,600、13,300
B 中心	21,000、15,400、15,700、18,000、19,200、17,800、14,500、13,900、15,100、16,800

步驟1： 在A2:A11輸入變數1（A中心）的數值，在B2:B11輸入變數2（B中心）的數值。

步驟2： 選取「資料分析」圖示中的「t－檢定：兩個母體平均數差的檢定，假設變異數相等」；確定後，輸入資料內容如圖9-9所示；再確定後，可得圖9-10資料。

我們發現X_1及X_2兩組的變異數差不多。又$t=-0.05>-2.101$（關鍵值），故接受H_0，即A、B兩家減肥中心塑身的價錢未達0.05顯著差異。

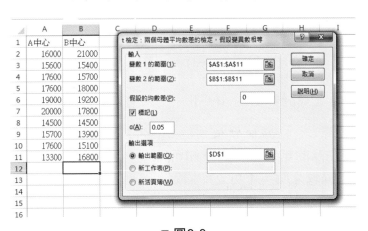

■ 圖9-9

	A	B	C	D	E	F	G
1	A中心	B中心		t 檢定：兩個母體平均數差的檢定，假設變異數相等			
2	16000	21000					
3	15600	15400			A中心	B中心	
4	17600	15700		平均數	16690	16740	
5	17600	18000		變異數	4189888.889	5062666.667	
6	19000	19200		觀察值個數	10	10	
7	20000	17800		Pooled 變異數	4626277.778		
8	14500	14500		假設的均數差	0		
9	15700	13900		自由度	18		
10	17600	15100		t 統計	-0.05198034		
11	13300	16800		P(T<=t) 單尾	0.479558439		
12				臨界值：單尾	1.734063607		
13				P(T<=t) 雙尾	0.959116878		
14				臨界值：雙尾	2.10092204		
15							

■ 圖9-10

(2) **假定 $\sigma_1 \neq \sigma_2$ 時**，又分下列兩種情形，即

① n_1，$n_2 \geq 30$ 的大樣本，則用 z 檢定，（以 S_1、S_2 代替 σ_1、σ_2）

$$z = \frac{\bar{X}_1 - \bar{X}_2}{\sqrt{\dfrac{S_1^2}{n_1} + \dfrac{S_2^2}{n_2}}} \text{，自由度為 } n_1 + n_2 - 2$$

② 小樣本 n_1、$n_2 < 30$ 時，亦用①情況的 t 檢定公式，但自由度卻為

$$d.f. = \frac{(\dfrac{S_1^2}{n_1} + \dfrac{S_2^2}{n_2})^2}{\dfrac{(\dfrac{S_1^2}{n_1})^2}{(n_1 - 1)} + \dfrac{(\dfrac{S_2^2}{n_2})^2}{(n_2 - 1)}}$$

由上式計算出的 $d.f.$ 不一定為整數，則以四捨五入的方式表示。

然而值得注意的是，當我們不知 σ_1 及 σ_2，且發現觀測的兩組樣本之變異數 S_1^2 與 S_2^2 差異較大時，不可立即假定 $\sigma_1 \neq \sigma_2$，必須先用 F 檢定去檢定兩母體的變異數是否真正達到顯著的差異；若是達到顯著差異，才可假定 $\sigma_1 \neq \sigma_2$。F 檢定公式如下：

$$F = \frac{S_1^2}{S_2^2}$$

其中 $S_1^2 > S_2^2$，自由度為 $(n_1 - 1$，$n_2 - 1)$，而 $n_1 - 1$ 為 S_1^2 的自由度，$n_2 - 1$ 為 S_2^2 的自由度。

兩種教學法之平均成績如表9-3所示：

表9-3

傳統教學法	多媒體教學法
$\overline{X}_1 = 70.2$	$\overline{X}_2 = 71.3$
$S_1^2 = 18$	$S_2^2 = 4$
$n_1 = 10$	$n_2 = 12$

在0.05顯著水準下，試檢定兩種教學法之平均成績是否達顯著差異。

(1) 發現兩組樣本的變異數差異頗大，故首先用F檢定以檢驗 σ_1^2 與 σ_2^2 是否相同？即

$$F = \frac{18}{4} = 4.5 > F_{0.05(9,11)} = 2.90$$

因此兩組變異數已達顯著差異($*p<0.05$)，故假定 $\sigma_1 \neq \sigma_2$

(2) H_0：$\mu_1 = \mu_2$

H_1：$\mu_1 \neq \mu_2$

因 $\sigma_1 \neq \sigma_2$ 且 n_1，$n_2 < 30$，小樣本，故用t檢定

$$t = \frac{\overline{X}_1 - \overline{X}_2}{\sqrt{\dfrac{S_1^2}{n_1} + \dfrac{S_2^2}{n_2}}} = \frac{70.2 - 71.3}{\sqrt{\dfrac{18}{10} + \dfrac{4}{12}}} = -0.75$$

$$d.f. = \frac{(\frac{S_1^2}{n_1} + \frac{S_1^2}{n_2})^2}{\frac{(\frac{S_1^2}{n_1})^2}{(n_1 - 1)} + \frac{(\frac{S_2^2}{n_2})^2}{(n_2 - 1)}}$$

$$= \frac{(\frac{18}{10} + \frac{4}{12})^2}{\frac{(\frac{18}{10})^2}{9} + \frac{(\frac{4}{12})^2}{11}} = \frac{4.54}{0.36 + 0.01}$$

$$= 12.2 \approx 12$$

$\alpha = 0.05$，雙尾檢定，$d.f.=12$，由附錄C，可得關鍵值為 ±2.179。

因 $t = -0.75 > -2.179$，因此保留 H_0，即兩種教學法未達顯著差異。

在 Excel 中，可用「資料」、「資料分析……」中「F－檢定：兩個常態母體變異數的檢定」來檢定 σ_1^2 與 σ_2^2 是否相等。若 $\sigma_1 \neq \sigma_2$，則繼續可用「工具」、「資料分析」中的「t－檢定：兩個母體平均數差的檢定，假設變異數不相等」來檢定。

例 8

調查甲、乙兩家貿易公司，員工每個月加班的時數，今隨機抽樣甲、乙兩家公司各9人及8人，得知月加班時數如表9-4所示。試檢定兩家公司員工月加班時數是否達0.05顯著差異。

📊 表9-4

甲公司	$14, 32, 17, 25, 24, 8, 26, 15, 12$
乙公司	$24, 27, 19, 21, 24, 15, 27, 22$

解 步驟1：在A2:A10輸入變數1（甲公司）的數值，在B2:B9輸入變數2（乙公司）的數值。

步驟2： 先決定甲、乙兩家公司（母體）的變異數是否有顯著差異，故選取「工具」「資料分析」中的「$F-$檢定：兩個常態母體變異數的檢定」；確定後，輸入資料內容如圖9-11所示。再確定後，可得圖9-12的資料。因 $F=3.727>3.726$（關鍵值），故拒絕 $H_0(H_0: \sigma_1 = \sigma_2)$，即甲、乙兩家公司月加班時數的變異數不同。

步驟3： 選取「資料」「資料分析」中的「$t-$檢定：兩個母體平均數差的檢定，假設變異數不相等」；確定後，資料內容如圖9-13所示。再確定後，可得圖9-14的資料。因 $t=-1.055>-2.179$（關鍵值），故接受 $H_0(H_0: \mu_1 = \mu_2)$，即甲、乙兩家公司員工月加班時數未達0.05顯著差異。

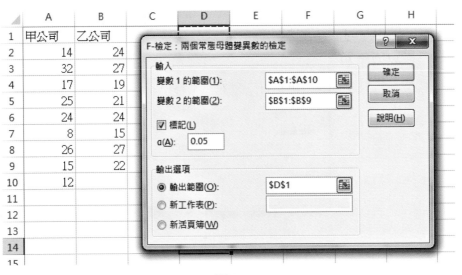

■ 圖9-11

	A	B	C	D	E	F
1	甲公司	乙公司		F 檢定：兩個常態母體變異數的檢定		
2	14	24				
3	32	27			甲公司	乙公司
4	17	19		平均數	19.22222222	22.375
5	25	21		變異數	61.69444444	16.55357143
6	24	24		觀察值個數	9	8
7	8	15		自由度	8	7
8	26	27		F	3.72695673	
9	15	22		P(F<=f) 單尾	0.049960001	
10	12			臨界值：單尾	3.725725317	
11						
12						

■ 圖9-12

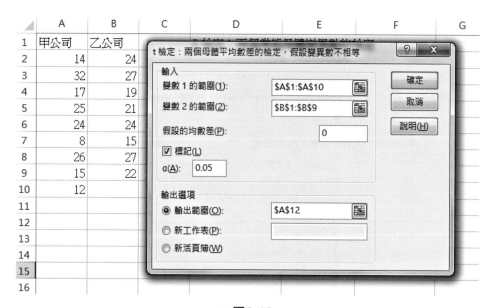

■ 圖9-13

◢	A	B	C	D
11				
12	t 檢定：兩個母體平均數差的檢定，假設變異數不相等			
13				
14		甲公司	乙公司	
15	平均數	19.222	22.375	
16	變異數	61.694	16.55357	
17	觀察值個數	9	8	
18	假設的均數差	0		
19	自由度	12		
20	t 統計	-1.0554		
21	P(T<=t) 單尾	0.156		
22	臨界值：單尾	1.7823		
23	P(T<=t) 雙尾	0.312		
24	臨界值：雙尾	2.1788		
25				
26				

■ 圖9-14

（二）關聯樣本兩個平均數差異($\mu_1-\mu_2$)顯著性檢定

一般對於教學的前後，實驗的前後或計畫的前後之假設檢定均屬於關聯樣本（又稱成對樣本）之檢定，而該類平均數差異檢定為

$$t = \frac{\overline{X}_1 - \overline{X}_2}{\sqrt{\dfrac{\sum(X_1-X_2)^2 - \{[\sum(X_1-X_2)]^2 \diagup n\}}{n(n-1)}}} \text{，自由度為 } n-1$$

以上的分母為 $(\overline{X}_1 - \overline{X}_2)$ 的標準差，且

$$\overline{X}_1 - \overline{X}_2 = \frac{\sum X_1}{n} - \frac{\sum X_2}{n} = \frac{1}{n}\sum(X_1 - X_2)$$

例 9

8位學生補救教學前的統計成績（X_1）與補救教學後的統計成績（X_2），如表9-5所示。試以 $\alpha = 0.05$ 檢定補救教學後的成績是否有顯著的進步。

表9-5

X_1	58	42	36	46	31	40	51	45
X_2	65	41	49	60	38	43	59	62

表9-6

X_1	X_2	X_1-X_2	$(X_1-X_2)^2$
58	65	−7	49
42	41	1	1
36	49	−13	169
46	60	−14	196
31	38	−7	49
40	43	−3	9
51	59	−8	64
45	62	−17	289
		−68	826

(1) $H_0 : \mu_1 = \mu_2$

　　$H_1 : \mu_1 < \mu_2$（其中1為補救教學前，2為補救教學後）

(2) 因為關聯樣本，故用t檢定。

(3) 由表9-6資料，可得 $\sum(X_1-X_2)=-68$，故 $\overline{X}_1-\overline{X}_2=\dfrac{-68}{8}$

$$t=\frac{-68/8}{\sqrt{\dfrac{826-(-68)^2/8}{8(8-1)}}}=-4.04$$

(4) $\alpha=0.05$，$d.f.=8-1=7$，單尾檢定，查附錄C，可得關鍵值為-1.895。

(5) 因 $t=-4.04<-1.895$，故拒絕H_0，即補救教學後統計成績有顯著進步。

在 Excel 中，可用「資料」、「資料分析……」中「$t-$檢定：成對母體平均數差異檢定」來檢定。

以例 9 為範例：

步驟 1：將 X_1 的八個數值輸入至 A2:A9，將 X_2 的八個數值輸入至 B2:B9。

步驟 2：選取「資料」「資料分析」中的「$t-$檢定：成對母體平均數差異檢定」來檢定；確定後，輸入資料內容如圖 9-15 所示；再確定後，可得圖 9-16 的資料。

因 $t=-4.04<-1.895$（單尾檢定），故拒絕 H_0。

■ 圖9-15

	A	B	C	D	E	F
1	X1	X2		t 檢定：成對母體平均數差異檢定		
2	58	65				
3	42	41			X1	X2
4	36	49		平均數	43.625	52.125
5	46	60		變異數	71.69643	112.6964
6	31	38		觀察值個數	8	8
7	40	43		皮耳森相關係數	0.828606	
8	51	59		假設的均數差	0	
9	45	62		自由度	7	
10				t 統計	-4.03912	
11				P(T<=t) 單尾	0.002469	
12				臨界值：單尾	1.894579	
13				P(T<=t) 雙尾	0.004938	
14				臨界值：雙尾	2.364624	
15						
16						

■ 圖9-16

習題九

1. 某學院宣稱其每班平均只有 40 位學生，標準差 5 位。現在隨機抽取 50 班，發現平均有 42 位學生，試在顯著水準 0.05 下，檢定其宣稱的人數是否過低。

2. 隨機抽樣某公司標示 500 c.c.容量牛奶 16 瓶，發現其平均容量為 497c.c.，標準差為 6 c.c.。在顯著水準 0.01 下，檢定這些牛奶瓶是否未裝滿。

3. 從某校隨機抽取男生 81 名，女生 100 名，實施智力測驗（已知 $\sigma = 14$），結果男生平均智商 105，女生平均智商 107。在 $\alpha = 0.05$ 之下，試問男、女生智商是否有顯著差異。

4. A、B 兩家公司皆宣稱他們製造的電池壽命較長。今自 A、B 兩家隨機各抽取 16 個電池，測試後發現其平均壽命各為 37 個月、39 個月，標準差各為 2、2.5 個月，假設母群體近似常態且具有相同變異數。在 $\alpha = 0.05$ 下，檢定 A、B 兩家公司製造的電池平均壽命是否有顯著差異。

5. 調查工、商科學生平均每週上網時數，隨機抽樣資料如表 9-7 所示。

📊 表9-7

工　　科	商　　科
$\bar{X}_1 = 10.8$	$\bar{X}_2 = 9.3$
$S_1^2 = 10$	$S_2^2 = 40$
$n_1 = 10$	$n_2 = 15$

試檢定在 0.05 顯著水準下：

(1)兩科變異數是否達到顯著差異？

(2)兩科上網時數是否達顯著差異？

6. 欲了解兩種教學法對 10 位學生實驗後的結果，若實驗後，測得成績如表 9-8 所示，則兩種教學法在 $\alpha = 0.01$ 下是否有顯著差異？

📶 表9-8

方法1	19	25	14	23	19	18	15	25	22	21
方法2	17	19	15	21	12	15	16	19	20	18

假設檢定：
百分比、相關係數之檢定

10
Chapter

STATISTICS

在上一章我們是針對樣本的平均數作檢定，而本章則是以樣本的百分比及相關係數來作檢定。與上一章一樣，亦分成一個與兩個樣本之百分比檢定及一個與兩個樣本之相關係數的檢定，而兩個樣本也進一步分為獨立樣本及關聯樣本兩類的檢定。

 ## 10-1　一個百分比的檢定

一個百分比的檢定，依據樣本百分比（即比率）$\hat{p} = \dfrac{f}{n}$，以檢定假設的母體百分比$(H_0 : p = \mu_p)$「可」或「不可」被接受，其中 p 為母體百分比，n 為樣本數，f 為具有某種特性的人數。

一般當 $np \geq 5$ 及 $n(1-p) \geq 5$ 時，此樣本的比例抽樣分配近似常態。百分比的檢定亦分為母體百分比(p)已知與未知兩種情況：

(1) 若母體百分比(p)已知，用 Z 檢定：

$$Z = \frac{\hat{p} - p}{\sqrt{\dfrac{p(1-p)}{n}}}$$

(2) 若母體百分比(p)未知，故用觀測樣本的百分比 $\hat{p}$，則用 t 檢定：

$$t = \frac{\hat{p} - p}{\sqrt{\dfrac{p(1-p)}{n}}}，自由度 n-1。$$

例 1

A牌宣稱 $\dfrac{3}{5}$ 的民眾比較喜愛他們泡麵的口味，而比較不喜愛B牌的口味。現今抽樣100位民眾，發現其中有57位比較喜愛A牌的泡麵口味。在 $\alpha = 0.05$ 下，檢定A牌公司的宣稱是否誇大。

解

(1) $H_0 : p = 0.6$

　　$H_1 : p < 0.6$

(2) 一個百分比的檢定，已知母體 p，故用 Z 檢定。

(3) 已知 $p = 0.6$，$n = 100$，$f = 57$，故 $\hat{p} = \dfrac{f}{n} = \dfrac{57}{100} = 0.57$

　　而 $np = 100 \times 0.6 = 60 > 5$

　　$n(1-p) = 100 \times 0.4 = 40 > 5$

　　故樣本比例近似於常態。

$$Z = \frac{\hat{p} - p}{\sqrt{\dfrac{p(1-p)}{n}}} = \frac{0.57 - 0.6}{\sqrt{\dfrac{0.6 \times (1 - 0.6)}{100}}} = \frac{-0.03}{0.049} = -0.612$$

(4) $\alpha = 0.05$ 下，單尾 Z 檢定，由附錄A，可知關鍵值為 -1.64
（如圖10-1所示）

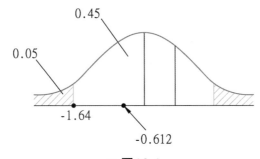

■ 圖10-1

(5) 因 $Z = -0.612 > -1.64$，故接受 H_0，即沒有證據指出A牌誇大其實。

 10-2 兩個百分比的差異顯著性檢定

兩個百分比的差異顯著性檢定分(1)獨立樣本及(2)關聯樣本兩類討論。

（一）獨立樣本兩個百分比的差異顯著性檢定

兩個獨立樣本的百分比（比率）差異顯著性檢定，用 Z 檢定，公式如下：

$$Z = \frac{\hat{p}_1 - \hat{p}_2}{\sqrt{\hat{p}(1-\hat{p})(\frac{1}{n_1} + \frac{1}{n_2})}}$$

其中 $\hat{p}_1$ 及 $\hat{p}_2$ 為第一及第二樣本中的某種特性比率，而 $\hat{p}$ 為兩樣本合起來所具有該種特性的比率，若 n_1 與 n_2 分別為兩樣本的人數，f_1 與 f_2 分別為具有該種特性的人數，則

$$\hat{p}_1 = \frac{f_1}{n_1} \ , \ \ \hat{p}_2 = \frac{f_2}{n_2} \ , \ \ \hat{p} = \frac{f_1 + f_2}{n_1 + n_2}$$

 例 2

隨機抽查某院校男、女生家中擁有電腦的比率，結果如下：200名男學生中擁有電腦的有130名，180名女學生中擁有電腦的有108名。試問在0.05的顯著水準下，男、女生家中擁有電腦的比率是否有差異。

 解

(1) $H_0 : p_1 = p_2$

$H_1 : p_1 \neq p_2$（其中1代表男生，2代表女生）

(2) 兩獨立樣本比率之檢定，用Z檢定。

(3) 已知 $n_1 = 200$，$f_1 = 130$，$n_2 = 180$，$f_2 = 108$

故 $\hat{p}_1 = \frac{130}{200} = 0.65$，$\hat{p}_2 = \frac{108}{180} = 0.6$，且 $\hat{p} = \frac{130 + 108}{200 + 180} = 0.63$

$$故\ Z = \frac{\hat{p}_1 - \hat{p}_2}{\sqrt{\hat{p}(1-\hat{p})(\frac{1}{n_1} + \frac{1}{n_2})}}$$

$$= \frac{0.65 - 0.6}{\sqrt{0.63(1-0.63)(\frac{1}{200} + \frac{1}{180})}}$$

$$= \frac{0.05}{\sqrt{0.003}} = \frac{0.05}{0.051} = 0.98$$

(4) $\alpha = 0.05$，雙尾檢定 Z 的關鍵值為 ± 1.96。

(5) 因 $0.98 < 1.96$，故接受 H_0，即男、女學生擁有電腦的比率未達 0.05 顯著差異。

（二）關聯樣本兩個百分比的差異顯著性檢定

如果樣本有關聯性，例如在實驗前與實驗後同一組樣本所產生的兩種不同反應的人數，如表 10-1 所示：

.ıl 表10-1

		（實驗後）	
		反應一	反應二
（實驗前）	反應一	a	b
	反應二	c	d

即實驗前及實驗後均反應一的人有 a 位；實驗前反應為一，但實驗後反應改為二的人數有 b 位等等，則用以下公式的 Z 檢定：

$$Z = \frac{a-d}{\sqrt{a+d}}$$

其中 a 與 d 分別為實驗前及實驗後均為反應一與反應二的人數，即 a、d 為在實驗前、後均不改變反應的人數值。

例 3

隨機抽取300人，檢驗他們對某一品牌商品的信賴與否。若依據使用該品牌商品之前、後作調查，得知信賴與否人數如表10-2所示。試分析使用前、後信賴之比率是否有差異。($\alpha = 0.01$)

▂▃▄ 表10-2

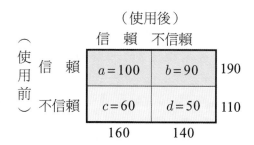

（使用後）

		信　賴	不信賴	
（使用前）	信　賴	$a=100$	$b=90$	190
	不信賴	$c=60$	$d=50$	110
		160	140	

(1) $H_0：p_1 = p_2$（即使用前與使用後的信賴比率相等）

　　$H_1：p_1 \neq p_2$

(2) 關聯樣本之比率差異檢定，用 Z 檢定。

(3) $a = 100$，$d = 50$，故

$$Z = \frac{a-d}{\sqrt{a+d}} = \frac{100-50}{\sqrt{100+50}} = \frac{50}{\sqrt{150}} = 4.08$$

(4) $\alpha = 0.01$，雙尾檢定，關鍵值為 ± 2.58

(5) 因 $Z = 4.08 > 2.58$，故拒絕 H_0，即使用前後信賴之比率已達顯著差異($**p < 0.01$)。

10-3　一個相關係數的檢定

　　相關係數顯著性的檢定一般是檢驗母體的相關係數(ρ)是否為 0。但值得注意的是，由於抽樣誤差可能導致樣本相關係數(r)不為 0，即使是 ρ 有可能為 0；因此我們就須檢定 r 是否與 0 有顯著之差異，在虛無假設 $H_0：\rho = 0$ 情況下，使用下列公式的 t 檢定來檢驗 r：

$$t = \frac{r}{\sqrt{\frac{(1-r^2)}{(n-2)}}}，自由度為 n-2$$

隨機抽取某廠牌一進口汽車25位使用者，測得其汽車的售價
與使用者的滿意度之相關係數為0.45。在顯著水準0.05下，
試問汽車售價與汽車使用者滿意度是否有相關？

(1) $H_0 : \rho = 0$

　　$H_1 : \rho \neq 0$

(2) 相關係數顯著性 t 檢定。

(3) $n = 25$，$r = 0.45$，故

$$t = \frac{r}{\sqrt{\frac{(1-r^2)}{(n-2)}}} = \frac{0.45}{\sqrt{\frac{(1-0.45^2)}{(25-2)}}} = 2.42$$

(4) $\alpha = 0.05$，自由度為 $n - 2 = 23$，雙尾檢定的 t 關鍵值為
± 2.069。

(5) 因 $t = 2.42 > 2.069$，故推翻 H_0，即汽車售價與汽車使用者
滿意度有顯著相關（$^*p < 0.05$）。

10-4　兩相關係數差異顯著性檢定

　　兩個相關係數的差異顯著性檢定亦分為(1)獨立樣本及(2)關聯樣本兩類
討論。

（一）獨立樣本兩相關係數差異顯著性檢定

　　兩個獨立樣本的相關係數差異顯著性檢定用 Z 檢定，公式如下：

$$Z = \frac{Z_{r_1} - Z_{r_2}}{\sqrt{\dfrac{1}{n_1 - 3} + \dfrac{1}{n_2 - 3}}}$$

其中 Z_r 為 r 經過 R. A. Fisher 的轉換法

$$Z_r = \ln \sqrt{\frac{1+r}{1-r}} = \frac{1}{2}[\ln(1+r) - \ln(1-r)]$$

而得的值。

例 5

隨機抽取男生 100 名，女生 103 名，發現男生的 IQ 與 EQ 之相關係數為 0.52，女生的為 0.60。試問男、女生的 IQ 與 EQ 的相關係數是否有顯著差異？（$\alpha = 0.05$）

解

(1) $H_0：\rho_1 = \rho_2$

　　$H_1：\rho_1 \neq \rho_2$

(2) 獨立樣本的相關係數差異顯著性檢定，用 Z 檢定。

(3) $r_1 = 0.52$，查附錄表 F，可得 $Z_{r_1} = 0.576$

　　$r_2 = 0.60$，查附錄表 F，可得 $Z_{r_2} = 0.693$

　　又 $n_1 = 100$，$n_2 = 103$，故

$$Z = \frac{Z_{r_1} - Z_{r_2}}{\sqrt{\dfrac{1}{n_1 - 3} + \dfrac{1}{n_2 - 3}}}$$

$$= \frac{0.576 - 0.693}{\sqrt{\dfrac{1}{100 - 3} + \dfrac{1}{103 - 3}}} = -0.821$$

(4) $\alpha = 0.05$，雙尾檢定，關鍵值為 ± 1.96

(5) 因 $-0.821 > -1.96$，故接受 H_0，即男、女生的 IQ 與 EQ 的相關未達顯著差異 $(p > 0.05)$。

（二）關聯樣本相關係數的差異性檢定

假若同一組樣本作兩種測驗 X_2 與 X_3，而該兩種成績與另一類成就成績 (X_1) 各有一相關，即 r_{12} 與 r_{13}；再加上兩種測驗彼此間的相關，即 r_{23}；故總共有三個相關係數。

關聯樣本相關係數用 t 檢定，公式如下：

$$t = \frac{(r_{12} - r_{13})\sqrt{(n-3)(1+r_{23})}}{\sqrt{2(1 - r_{12}^2 - r_{13}^2 - r_{23}^2 + 2r_{12}r_{13}r_{23})}} \text{，自由度 } n-3$$

例 6

欲知成就動機測驗、智力測驗與期末學業總成績是否有顯著相關。今隨機抽取30位國中一年級學生，作該兩種測驗，並求此二測驗與期末學業總成績之相關，結果得知該兩種測驗與學業成績相關分別為 0.65 與 0.59，而該兩種測驗之相關為 0.78。試問該兩種測驗與期末學業總成績之相關是否有 0.05 的顯著差異？

解 欲實施關聯樣本的相關係數差異性檢定，須知三個相關係數。若期末學業總成績為 X_1，成就動機測驗為 X_2，智力測驗為 X_3，則 $r_{12} = 0.65$，$r_{13} = 0.59$，$r_{23} = 0.78$，而我們欲檢定 r_{12} 與 r_{13} 是否有顯著差異。

因 $r_{23} = 0.78$，即 r_{12} 與 r_{13} 有關，故本題屬於關聯樣本。

(1) $H_0 : \rho_{12} = \rho_{13}$

    $H_1 : \rho_{12} \neq \rho_{13}$

(2) 關聯樣本相關係數差異性檢定，用 t 檢定。

(3)　$t = \dfrac{(r_{12} - r_{13})\sqrt{(n-3)(1+r_{23})}}{\sqrt{2(1 - r_{12}^2 - r_{13}^2 - r_{23}^2 + 2r_{12}\,r_{13}\,r_{23})}}$

$= \dfrac{(0.65 - 0.59)\sqrt{(30-3)(1+0.78)}}{\sqrt{2(12 - 0.65^2 - 0.59^2 - 0.78^2 + 2 \times 0.65 \times 0.59 \times 0.78)}}$

$= \dfrac{0.416}{\sqrt{2(1 - 0.425 - 0.3481 - 0.6084 + 0.59826)}} = \dfrac{0.416}{\sqrt{0.4386}} = 0.628$

(4)　$\alpha = 0.05$，雙尾檢定，$d.f. = n - 3 = 27$，由附錄 C，可知 t 關鍵值為 2.052。

(5)　因 $t = 0.628 < 2.052$，故接受 H_0，即成就動機測驗、智力測驗與期末學業總成績之相關未達 0.05 顯著差異。

習題十

1. 某政黨宣稱 A 市選民有 41% 支持他們的候選人，於今隨機抽樣 500 位選民，其中有 195 位支持該位候選人。試在 0.05 顯著水準下，檢定該政黨的宣稱是否正確。

2. 隨機抽查甲城市及乙鄉村兩地區夫妻離婚的比率結果如下：城市中 100 對夫妻有 25 對離異，鄉村 80 對夫妻中有 10 對離異。在 0.05 的顯著水準下，試問城市夫妻離異的比率是否較高。

3. 從某學院內隨機抽取 350 位學生為樣本，在上統計課程前後，檢查學生對該科目的喜好與否，其人數如表 10-3 所示。試在 0.05 顯著水準下，檢定學生在上課前後對該科目喜好的比率是否有差異。

表10-3

		（上課後）	
		喜好	不喜好
（上課前）	喜好	70	135
	不喜好	90	55

4. 隨機抽取甲學院學生 32 人，求得上課全勤與獲取獎學金的相關係數為 0.3，試問上課全勤與獎學金的獲取是否有相關？（$\alpha = 0.01$）

Chapter
10

5. 欲調查商、工二科畢業生與工作起薪的相關是否有差異。今隨機抽取商科 123 名，工科 142 名，發現這些畢業生與起薪的相關係數，商科為 0.59，工科為 0.40。試問分別在 $\alpha = 0.05$ 與 $\alpha = 0.01$ 之顯著水準下，商、工科畢業生與工作起薪的相關是否有顯著差異？

6. 自國中畢業班中隨機抽取 35 位學生，實施甲、乙兩種智力測驗，並求此兩種測驗與學力測驗成績之相關。結果甲、乙兩種智力測驗與學力測驗成績相關分別為 0.74 與 0.80，且甲、乙兩種測驗之相關為 0.69。試問在 0.01 的顯著水準下，甲智力測驗與學力測驗成績之相關是否較乙種智力測驗與學力測驗成績之相關為低。

卡方檢定

11
Chapter

STATISTICS

前一章我們已經學過如何判斷「兩個母體」百分比（比率）是否存在顯著性差異的方法，例如男生與女生家中擁有電腦的比率是否有顯著差異等，然而當我們要比較的變數超過兩類別以上的情形，例如將科別變數分成工科、商科與醫科「三類」去檢定家中擁有電腦的比率是否有顯著差異，或將年齡變數分成少年、青年、壯年及老年「四類」去檢定抽菸的比例是否有顯著差異等。這時就須以「**卡方分配**」來檢定。卡方檢定主要是用於類別資料(categorical data)的分析：如作次數或人數的分析。

 11-1　適合度檢定

（一）意　義

當統計資料中的某個變數具有某個特定的分配時，我們可以**適合度檢定**(goodness of fit test)來檢定該變數各「分類」的比例是否有顯著差異。例如隨機抽取大專生家中有電腦的工科、商科及醫科學生各 21、22 及 17 位，共 60 位學生。我們打算檢定大專學生家中擁有電腦的比率是否相同，我們將有電腦的該變數分成三類別，即工、商及醫科，其中的 21，22，17 為**觀察次數**(observed frequency)，以 f_o 表示。卡方分配即檢定虛無假設

$$H_0：p_1 = p_2 = p_3 = \frac{1}{3}（即各分類的比率相同）$$

其中 1, 2, 3 分別代表商科、工科、醫科

而對立假設

$$H_1：至少二分類的比率不一樣$$

因此我們預期全部抽樣 60 個學生中，三個類別學生應該每科有 $60 \times \frac{1}{3} = 20$ 個學生家中擁有電腦，所以若虛無假設是正確的，我們有 20, 20,

20 的期待次數(expected frequency)（又稱期望次數），以 f_e 表示，或理論次數(theoretical frequency)。

如果觀察次數(f_o)與預期次數(f_e)相差不大，則其差異可歸因於抽樣的變異，則虛無假設 H_0 是正確的。但若 f_o 與 f_e 相差頗大，則除了可能是抽樣的變異外，更有可能是因為母體的比率有差異，則我們需要證據去拒絕 H_0。

卡方統計量(chi square statistics)可以計算觀察次數（實際發出的次數 f_o）與預期次數 f_e 彼此之間是如何的相近，其公式如下。

（二）公　式

$$\chi^2 = \sum_{i=1}^{k} \frac{(f_o - f_e)^2}{f_e} = \frac{\sum_{i=1}^{k}(f_o - f_e)^2}{f_e} \text{，自由度為 } k-1$$

（注意 k 為抽樣類別，而非抽樣人數）

隨機抽樣家中有電腦之60位大專學生，其中商科學生有21位，工科學生有22位，醫科學生有17位。試檢定各科家中有電腦的人數比例是否相同？$(\alpha = 0.05)$

　$H_0 : p_1 = p_2 = p_3 = \dfrac{1}{3}$

$H_1 : p_1, p_2$ 與 p_3 中至少有兩個不相等

表11-1

科　別	f_o	f_e	$(f_o - f_e)$	$(f_o - f_e)^2$	$\dfrac{(f_o - f_e)^2}{f_e}$
商	21	20	1	1	0.05
工	22	20	2	4	0.2
醫	17	20	−3	9	0.45

由表 11-1，因此 $\chi^2 = \sum \dfrac{(f_o - f_e)^2}{f_e} = 0.05 + 0.2 + 0.45 = 0.7$

$d.f. = 3 - 1 = 2$，$\alpha = 0.05$，查附錄 D 的卡方分配表，可得關鍵值 5.991。

因 $\chi^2 = 0.7 < 5.991$，故接受 H_0，即各科別學生家中擁有電腦的比率（或機率）並無顯著差異。

在 Excel 中可用 CHISQ.TEST 來計算卡方分配右尾端的機率，其格式為：

=CHISQ.TEST（觀測值範圍，期望值範圍）

以例 1 為範例，

步驟 1：在 B2 到 B4 輸入 21,22,17，在 C2 到 C4 輸入 20,20,20，如圖 11-1 所示。

步驟 2：在 B6 以函數精靈（或輸入函數）

=CHISQ.TEST(B2:B4,C2:C4)

確定後，可得機率值 0.7047，因 0.7047 > 0.05 故接受 H_0；

步驟 3：也可繼續在 B7 輸入

=CHISQ.INV.RT(B6,2)

可得 0.7，在 B8 輸入

=CHISQ.INV.RT(0.05,2)

可得 $\chi^2_{0.05(2)}$ 的關鍵值為 5.99，如圖 11-2 所示。

因 0.7 < 5.99，故接受 H_0。

有關「機率值小於 0.05 就拒絕 H_0」，或換句話說「卡方值大於關鍵值就拒絕 H_0」，在此為了加強了解，我們以圖 11-3 來解釋說明。

■ 圖11-1

■ 圖11-2

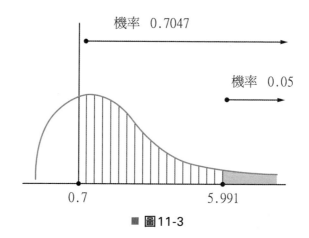

機率 0.7047

機率 0.05

0.7   5.991

■ 圖11-3

例2

假定在上學期，甲教師的100位學生期末統計成績如表11-2所示。試問在0.05顯著水準下，檢定統計成績是否為常態分配？

■■■ 表11-2

分　數	90～99	80～89	70～79	60～69	50～59	40～49
人　數	8	16	27	31	14	4

解

(1) H_0：統計測驗成績為常態分配。

(2) 計算各組分數的理論次數

因平均數 $\bar{X} = 64.5 + \dfrac{61}{100} \times 10 = 70.6$

標準差 $S = \dfrac{10}{100}\sqrt{100 \times 193 - (61)^2} = 12.5$

故90～99該組的真正下限89.5的Z分數為

$Z = \dfrac{89.5 - 70.6}{12.5} = 1.51$

80～89該組的真正下限79.5的

$Z = \dfrac{79.5 - 70.6}{12.5} = 0.71$

依此類推，可得出各組的真正上下限Z值，再查附錄A，

可得標準常態分配下各組的機率，例如

$90\sim99$（即 $Z>1.51$）的機率為

$$0.5-0.4345=0.0655$$

$80\sim89$（即 $0.71<Z<1.51$)的機率為

$$0.4345-0.2611=0.1734$$

因此，各組真正上下限之 Z 值及機率如表11-3所示。

表11-3

分　數	各組下限之 Z 值	各組上限之 Z 值	機　率
$90\sim99$	1.51		0.0655
$80\sim89$	0.71	1.51	0.1734
$70\sim79$	−0.09	0.71	0.2970
$60\sim69$	−0.89	−0.09	0.2774
$50\sim59$	−1.69	−0.89	0.1412
$40\sim49$	−2.49	−1.69	0.0391

(3) 將總人數100，乘以各組之機率即為各組之理論次數，如 $90\sim99$ 的理論次數為 $100\times0.0655=6.55$ 等，各組計算之值如表11-4所示。

由表11-4，故 $\chi^2=\sum\dfrac{(f_o-f_e)^2}{f_e}=3.8533$

(4) 自由度原為 $k-1=6-1=5$，但因使用樣本的 $\bar{X}$ 與 S 計算 Z 值（而非使用母體的 μ 與 σ），故又減少兩個自由度，即

$$df=k-3=6-3=3。$$

$\alpha=0.05$，查附錄D，可得關鍵值7.81。

(5) 因 $\chi^2=3.8533<7.81$

故接受 H_0，即統計測驗成績為常態分配。

．．|| 表11-4

科　別	f_o	f_e	$(f_o - f_e)$	$(f_o - f_e)^2$	$\dfrac{(f_o - f_e)^2}{f_e}$
90〜99	8	6.55	1.45	2.10	3.12
80〜89	16	17.34	−1.34	1.80	0.10
70〜79	27	29.7	−2.7	7.29	0.25
60〜69	31	27.74	−3.26	10.63	0.38
50〜59	14	14.12	−0.12	0.01	0.0007
40〜49	4	3.91	0.09	0.01	0.0026

11-2　卡方檢定的獨立性檢定

（一）意　義

上一節討論的是「一個變數」各分類的比例是否有顯著性差異，本節將研究「兩個（以上）變數」各分類的比例是否相同，即檢定兩個（以上）變數之間是否獨立或有關聯，一般我們用卡方檢定的**獨立性檢定**(test of independence)的統計方法。首先將資料化成**列聯表（關聯表）**(contingency table)。所謂列聯表之基本形式為用以研究兩變項關係之二向表(two-way table)，也是以每一方格的觀測次數(f_o)及期望次數(f_e)是否很相近來判定。

（二）公　式

$$\chi^2 = \sum \frac{(f_o - f_e)^2}{f_e}$$

自由度＝（行數−1）×（列數−1）

其中的期望次數(f_e)須藉以下公式求得，即

$$f_e = \frac{\text{行邊緣次數} \times \text{列邊緣次數}}{\text{總次數}}$$

例 3

表11-5是有關某城市男、女生每天搭乘何種交通工具上班的調查，試以5% 的顯著水準，檢定男、女生搭乘交通工具的比例是否有差異。

▄▅ 表11-5

	公車	機車	開車	
男　生	100	130	160	390
女　生	190	150	140	480
	290	280	300	870

解

$H_0 : p_{i1} = p_{i2}$（即假設性別與上班搭乘的交通工具此二變數無關，或此二變數獨立）。

各細格中的期望次數為 $\dfrac{\text{行邊緣次數} \times \text{列邊緣次數}}{\text{總次數}}$，即

$$\frac{290 \times 390}{870} = 130 \quad , \quad \frac{280 \times 390}{870} = 125.5 \quad , \quad \frac{300 \times 390}{870} = 134.5$$

$$\frac{290 \times 480}{870} = 160 \quad , \quad \frac{280 \times 480}{870} = 154.5 \quad , \quad \frac{300 \times 480}{870} = 165.5$$

將 f_o 及 f_e 列在列聯表11-6上，

▄▅ 表11-6

	公　車	機　車	開　車
男　生	100(130)	130(125.5)	160(134.5)
女　生	190(160)	150(154.5)	140(165.5)

$$\text{故 } \chi^2 = \frac{(100-130)^2}{130} + \frac{(130-125.5)^2}{125.5} + \frac{(160-134.5)^2}{134.5}$$
$$+ \frac{(190-160)^2}{160} + \frac{(150-154.5)^2}{154.5} + \frac{(140-165.5)^2}{165.5}$$
$$= 21.61$$

卡方分配列聯表的自由度為（行數-1）×（列數-1）。本例為 3 行 2 列，故自由度為 $(3-1) \times (2-1) = 2$，

又 $\alpha = 0.05$，故查附錄 D，可得關鍵值為 5.991。因 $\chi^2 = 21.61 > 5.991$，故拒絕虛無假設，即男、女生搭乘交通工具的比例有差異，或性別與上班搭乘的交通工具有關($*p < 0.05$)。

在 Excel 可用 CHITEST（觀測值範圍，期望值範圍）來計算出機率，以例 3 為範例。

步驟 1： 在儲存格 B2 到 D3 中分別輸入 100,130,160,190,150,140

在 B4，C4，D4 分別輸入行邊緣次數 290,280,300，

在 E2，E3 分別輸入列邊緣次數 390,480，

在 E4 輸入總次數 870，如圖 11-4 所示。

步驟 2： 利用公式計算期望次數，首先在 B6 輸入

= B4 * $E$2 / $E$4

可得 130。將 B6 公式以填滿控點方式，複製到 C6 及 D6，可得 125.5 及 134.5。在 B7 輸入

= B4 * $E$3 / $E$4

可得 160。再將 B7 公式複製到 C7 及 D7，可得 154.5 及 165.5。

註

「$E$2」代表絕對位置，即指固定那一格上的數值；「B4」代表相對位置，即會隨著游標移動而改變不同儲存格的數值。同學可以將游標移到 C6，則在編輯區會看到公式變為

=C4*$E$2/$E$4

步驟 3： 在 B9 以函數精靈找出（或輸入函數）

=CHISQ.TEST(B2:D3,B6:D7)

可得 2.03×10^{-5}，如圖 11-4 所示。

因 $2.03\times10^{-5}<0.05$，故拒絕 H_0。

也可繼續在 B10 輸入

=CHISQ.INV.RT(B9,2)

可得 21.6104

在 B11 輸入

=CHISQ.INV.RT(0.05,2)

可得關鍵值 5.991

因 $21.6104>5.991$，故拒絕 H_0

	A	B	C	D	E
1		公車	機車	開車	
2	男生	100	130	160	390
3	女生	190	150	140	480
4		290	280	300	870
5					
6		130.0	125.5	134.5	
7		160.0	154.5	165.5	
8					
9	CHITEST	2.03E-05			
10	CHIINV(B9,2)	21.61041			
11	CHIINV(.05,2)	5.991476			
12					

■ 圖11-4

📝 習題十一

1.　某大公司週一至週五請假的人數如表 11-7 所示。試在顯著水準 0.05 下，檢定該公司員工週一至週五請假的人數的比率是否有顯著差異？

📊 表11-7

週	一	二	三	四	五
人	15	7	9	10	24

2.　調查 A 城市 300 位在職人士每個月的薪資（以仟元計），如表 11-8 所示。在 0.05 顯著水準下，檢定該城市在職人士的月薪是否為常態分配？

📊 表11-8

月薪	90～99	80～89	70～79	60～69	50～59	40～49	30～39	20～29	10～19	0～9
人數	11	21	33	40	55	45	38	30	17	10

3.　調查台中市之工、商、教三個行業對週休二日的態度，結果如表 11-9 所示。

📊 表11-9

	同　意	沒意見	不同意
工	55	10	35
商	48	12	30
教	60	5	15

　　在 0.05 顯著水準下，檢定不同行業對週休二日的態度有無差異？

變異數分析

12
Chapter

STATISTICS

 12-1 變異數分析的意義

我們已知比較「兩組資料」的平均數，是用 Z 或 t 檢定，至於有「兩組以上（三組、四組等）資料」要比較平均數時，我們就須使用**變異數分析**(analysis of variance, ANOVA)。當然在面對多個母體平均數檢定時，亦可以組合方式進行多次兩個母體平均數的檢定。

例如檢定四個母體平均數是否相同，虛無假設為 H_0：$\mu_1 = \mu_2 = \mu_3 = \mu_4$；但若經由組合方式進行，則需要 $C_2^4 = 6$ 次的兩個母體平均數檢定（如第九章所示），此方法雖然也可達到檢定四個母體平均數是否相同的目的，然而進行多次的檢定，不僅麻煩，且會增加誤差的機率。而變異數分析係針對多個（只有兩個亦可）母體平均數是否相等的問題所提出的檢定方法，其採用「一次同時」的檢定，因此可避免上述缺失。

全體資料所發生的總變異，依可能發生變異的來源可分割為數個部分。亦即每一部分均可歸因於某種原因（變異來源）。測度這些不同的變異來源，可瞭解各種變異是否有顯著的差異；若有差異，則表示某一變異來源對資料具有顯著的影響作用，否則便無影響作用。

變異數分析的基本假設為每個反應變數的母體均為常態分配，每個母體的變異數均相等，且抽自各母體的各組隨機樣本互為獨立。其可分為單因子與多因子變異數分析。

單因子變異數分析是指一個自變數來解釋反應變數變異來源的一種方法。由於僅使用一個自變數，所以稱為**一因子**(one-factor)。

二因子變異數分析則是指以兩個自變數來解釋反應變數變異來源的分析方法，由於使用了兩個自變數，所以稱為**二因子**(two-factor)。

因子的特定值則稱為**因子水準**(factor level)。例如：以 15ºC、20ºC、25ºC、30ºC 等不同的溫度水準為自變數，用來解釋植物生長的情形，15ºC、20ºC、25ºC、30ºC 就是溫度因子的因子水準。這個因子的各因子水準又稱為**處理**(Treatment)。因此，15ºC、20ºC、25ºC、30ºC 可以視為是四個處理。

變異數分析的主要功用在於它可檢定各不同的處理方式之影響作用是否有差異，亦即可檢定數個平均數是否相同的假設。而與「變異」有關的一些名詞，例如

1. **離差**(deviation)：代表任一觀察值 X_i 與其平均數 $\bar{X}$ 的差，即 $X_i - \bar{X}$。

2. **變異**(variation)：指離差的平方，即 $(X_i - \bar{X})^2$；若將所有變異加總，即構成離差的平方和(sum of squrare for deviation)。

3. **變異數**(variance)：即離差的平方和除以自由度，例如樣本變異數為

$$S^2 = \frac{\sum_{i=1}^{n}(X_i - \bar{X})^2}{n-1}$$

比較兩組以上的平均數，各組平均數之間的變異稱為**組間變異**，而各組之內分數的變異就稱為**組內變異**。變異數分析就是檢定組間變異與組內變異數的比例。之前我們學過利用 F 檢定去檢驗兩組資料之變異數是否相同的假設，類似的方法，在變異數分析中，我們也使用 F 分配去檢驗組間變異數與組內變異數是否相同，以此指出母體平均數之間是否相同。

下面三個表分別用來說明組間及組內是否有變異的情形。表 12-1 中的資料，為 A、B、C 三家公司中各抽取 6、7、5 位員工的年齡。三個樣本的平均數分別為 $24, 19, 25$，而整體樣本的平均值約為 22.3，而從圖 12-1 可看出三組的變異不同，其組間變異及組內變異均存在。

▃▅ 表12-1

	A	B	C
	22	19	24
	24	20	25
	23	20	26
	24	17	23
	25	18	27
	26	20	
		19	
平　均	24	19	25

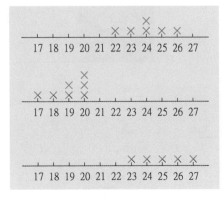

■ 圖12-1

至於表 12-2 及表 12-3 則分別代表組內無變異（即各組內均相等）及組間無變異（即各組平均數相等）的特殊情形。

<table>
<tr><td colspan="4">▂▃ 表12-2</td></tr>
<tr><td></td><td>A</td><td>B</td><td>C</td></tr>
<tr><td></td><td>20</td><td>25</td><td>30</td></tr>
<tr><td></td><td>20</td><td>25</td><td>30</td></tr>
<tr><td></td><td>20</td><td>25</td><td>30</td></tr>
<tr><td></td><td>20</td><td>25</td><td>30</td></tr>
<tr><td></td><td>20</td><td>25</td><td>30</td></tr>
<tr><td>平均</td><td>20</td><td>25</td><td>30</td></tr>
</table>

<table>
<tr><td colspan="4">▂▃ 表12-3</td></tr>
<tr><td></td><td>A</td><td>B</td><td>C</td></tr>
<tr><td></td><td>23</td><td>23</td><td>21</td></tr>
<tr><td></td><td>25</td><td>26</td><td>24</td></tr>
<tr><td></td><td>21</td><td>22</td><td>23</td></tr>
<tr><td></td><td>23</td><td>21</td><td>24</td></tr>
<tr><td></td><td></td><td></td><td></td></tr>
<tr><td>平均</td><td>23</td><td>23</td><td>23</td></tr>
</table>

12-2　單因子變異數分析

表 12-4 為單因子變異數分析的基本資料：

▂▃ 表12-4

組　別	1	2	$\cdots$	i	$\cdots$	T	
	X_{11}	X_{21}	$\cdots$	X_{i1}	$\cdots$	X_{T1}	
	X_{12}	X_{22}	$\cdots$	X_{i2}	$\cdots$	X_{T2}	
	$\vdots$	$\vdots$	$\vdots$			$\vdots$	
	$\vdots$	$\vdots$	$\vdots$			$\vdots$	
	X_{1n_1}	X_{2n_2}	$\cdots$	X_{in_3}	$\cdots$	X_{Tn_T}	
樣本數	n_1	n_2		n_i	$\cdots$	n_T	n
平均數	$\overline{X}_1$	$\overline{X}_2$		$\overline{X}_i$	$\cdots$	$\overline{X}_T$	$\overline{X}$

表 12-4 中，$n_1, n_2, \cdots, n_i, \cdots, n_T$ 為各組樣本數，n 為總樣本數，即 $n = \sum_{i=1}^{T} n_i$。$\overline{X}_1, \overline{X}_2, \cdots, \overline{X}_i, \cdots \overline{X}_T$ 為各組平均數，$\overline{X}$ 為總平均數，即

$$\overline{X} = \frac{\sum_{i=1}^{T}(n_i \times \overline{X}_i)}{n}$$

（一）混合樣本變異數

由於觀察值 X_{ij} 獨立地服從 $N(\mu_j, \sigma^2)$，這表示可經由各種樣本分別去估計共同的變異數 σ^2。例如，由第 1 個母體的樣本觀察值 $X_{11}, \cdots, X_{12}, \cdots, X_{1n_1}$ 去估計母體變異數 σ^2 的不偏估計值為

$$S_1^2 = \frac{\sum_{j=1}^{n_1}(X_{1j} - \bar{X}_1)^2}{n_1 - 1}$$

同理，母體變異數 σ^2 也可以由第二個母體樣本變異數去估計，即

$$S_2^2 = \frac{\sum_{j=1}^{n_2}(X_{2j} - \bar{X}_2)^2}{n_2 - 1}$$

既然各組樣本變異數都可以做為共同變異數 σ^2 的估計量，因此可以將各組樣本合起來，以混合的估計量來估計母體變異數 σ^2。由於混合的樣本變異數（以 S_p^2 表示）使用全部樣本資料，所以比僅使用個別樣本組資料的估計量 (S_i^2) 更佳。定義混合樣本變異數(pooled sample variance)為

$$S_p^2 = \frac{(n_1-1)S_1^2 + (n_2-1)S_2^2 + \cdots + (n_1-1)S_T^2}{n_1 + n_2 + \cdots + n_T - T}$$

$$= \frac{(n_1-1) \times \dfrac{\sum_{j=1}^{n_1}(X_{1j}-\bar{X}_1)^2}{n_1-1} + (n_2-1) \times \dfrac{\sum_{j=1}^{n_2}(X_{2j}-\bar{X}_2)^2}{(n_2-1)} + \cdots + (n_T-1) \times \dfrac{\sum_{j=1}^{n_T}(X_{Tj}-\bar{X}_T)^2}{(n_T-1)}}{n-T}$$

$$= \frac{\sum_{i=1}^{T}\sum_{j=1}^{n_i}(X_{ij}-\bar{X}_i)^2}{n-T}$$

（二）組間變異數

統計量 $\dfrac{\sum\limits_{i=1}^{T} n_i(\bar{X}_i - \bar{X})^2}{T-1}$ 使用 T 組樣本平均數 $\bar{X}_i$ 及全體平數 $\bar{X}$ 所計算的變異數，因此我們可以定義其為**組間均方**（mean square between groups，簡寫 MS_b），或稱為**處理間均方**（mean square between treatments，簡寫 MS_{tr}）。至於組間均方的分子 $\sum\limits_{i=1}^{T} n_i(\bar{X}_i - \bar{X})^2$ 可稱為**組間平方和**（sum square between groups，簡稱 SS_b），或稱為**處理間平方和**（sum square between treatments，簡寫 SS_{tr}）。因此，$MS_b = \dfrac{SS_b}{T-1}$ 亦稱為**組間不偏變異數**。

（三）組內變異數

而定義混合樣本變異數 $\dfrac{\sum\limits_{i=1}^{T}\sum\limits_{j=1}^{n_i}(X_{ij} - \bar{X}_i)^2}{n-T}$ 為**組內均方**（mean square within groups，簡寫 MS_w），或稱為**誤差均方**（mean square error，簡寫 MS_e）。至於其分子部分 $\sum\limits_{i=1}^{T}\sum\limits_{j=1}^{n_i}(X_{ij} - \bar{X}_i)^2 = \sum\limits_{i=1}^{T}(n_i - 1)S_i^2$ 可稱為**組內平方和**（sum square within groups，簡寫 SS_w），或稱為**誤差平方和**（sum square error，簡寫 SS_e）。因此，$MS_w = \dfrac{SS_w}{n-T}$ 亦稱為**組內不偏變異數**。

（四）總平方和

由全體樣本的觀察值及全體平均數，可以定義**總平方和**（sum square total，簡寫 SS_t）為 $\sum\limits_{i=1}^{T}\sum\limits_{j=1}^{n_i}(X_{ij} - \bar{X})^2$，其自由度為 $n-1$，其中 $n = n_1 + n_2 + \cdots + n_T$。

（五）變異數分析表

根據上述各項變異來源可以建立變異數分析表(analysis of variance table，簡稱 ANOVA table)，如表 12-5 所示。

■■ 表12-5　一因子變異數分析表

變異來源	平方和(SS)	自由度	均方(MS)	F 統計量
組間（因子）	$SS_b = \sum_{i=1}^{T} n_i(\bar{X}_i - \bar{X})^2$	$T-1$	$MS_b = \dfrac{SS_b}{T-1}$	
組內（誤差）	$SS_w = \sum_{i=1}^{T}\sum_{j=1}^{n_i}(X_{ij} - \bar{X}_i)^2$ $= \sum_{i=1}^{T}(n_i - 1)S_i^2$	$n-T$	$MS_w = \dfrac{SS_w}{n-T}$	$F = \dfrac{MS_b}{MS_w}$
總　　和	$SS_t = \sum_{i=1}^{T}\sum_{j=1}^{n_i}(X_{ij} - \bar{X})^2$	$n-1$		

由變異數分析表可以查驗下列等式關係：

(1) $SS_t = SS_b + SS_w$

（總平方和）＝（組間平方和）＋（組內平方和）

(2)（總平方和的自由度）＝（組間平方和的自由度）＋（組內平方和的自由度），即

$$(n-1) = (T-1) + (n-T)$$

（六）變異數分析(ANOVA)

變異數分析表中的 F 統計量定義為

$$F = \frac{MS_b}{MS_w}$$

若計算之值小於或等於 1 時，即表示組間差異不顯著，故接受 $H_0: \mu_1 = \mu_2 = \cdots = \mu_T$。若計算之值大於 1 時，則必須依照顯著水準 α，查附錄表

Chapter

12

E，得關鍵值 $F_\alpha(T-1，n-T)$。若

$$F > F_\alpha(T-1，n-T)$$

則拒絕虛無假設 $H_0：\mu_1 = \mu_2 = \cdots\cdots = \mu_T$，即各組母體平均數並不完全相同。反之，則接受虛無假設。

本節所介紹的一因子變異數分析法適用於兩個以上母體平均數的檢定，也可應用於兩個母體平均數的檢定，此時變異數分析表中的 F 統計量與兩母體平均數檢定 t 統計量會得到相同的結論，而且 t 統計量與 F 統計量有下列關係存在，即

$$[t(n-2)]^2 = F(1,n-2)$$

其中 t 統計量的自由度為 $n-2$，而 F 統計量的自由度為 $(1,n-2)$，其中 $n = n_1 + n_2$，n_1 及 n_2 為兩組樣本數。

例 1

假設自甲、乙兩家公司中各隨機抽樣實施職業性向測驗，資料如表12-6所示。若樣本資料來自於變異數相同的常態母體，試在0.01的顯著水準下，檢定兩家公司員工的職業性向是否有顯著差異。試分別使用兩樣本 t 檢定法及變異數分析法檢定之，並驗證統計值：$t^2 = F$ 與關鍵值：$[t(k)]^2 = F(1,k)$ 關係成立。

■ 表12-6

甲	乙
$\bar{X}_1 = 60$	$\bar{X}_2 = 62$
$S_1^2 = 16$	$S_2^2 = 20$
$n_1 = 10$	$n_2 = 12$

(1) $H_0: \mu_1 = \mu_2$；$H_1: \mu_1 \neq \mu_2$。首先做兩樣本 t 檢定如下：計算混合樣本變異數

$$S_p^2 = \frac{(n_1-1)S_1^2 + (n_2-1)S_2^2}{n_1 + n_2 - 2} = \frac{(10-1)\times 16 + (12-1)\times 20}{10 + 12 - 2} = 18.2$$

根據獨立樣本兩平均數檢定的兩母體變異數未知，但假設其相同的 t 統計量，即

$$t = \frac{\overline{X}_1 - \overline{X}_2}{\sqrt{S_p^2(\frac{1}{n_1} + \frac{1}{n_2})}} = \frac{60 - 62}{\sqrt{18.2 \times (\frac{1}{10} + \frac{1}{12})}} = -1.1$$

查自由度 $n_1 + n_2 - 2 = 10 + 12 - 2 = 20$ 的 t 分配表，因為雙尾檢定，所以關鍵值為 2.845。因為 $t = -1.1 > -2.845$，所以接受 $H_0: \mu_1 = \mu_2$。

(2) 以變異數分析法檢定虛無假設 $H_0: \mu_1 = \mu_2$，對立假設 $H_1: \mu_1 \neq \mu_2$，先計算全體平均數

$$\overline{X} = \frac{n_1\overline{X}_1 + n_2\overline{X}_2}{n_1 + n_2} = \frac{10 \times 60 + 12 \times 62}{10 + 12}$$
$$= 61.09$$

由各樣本平均數及全體平均數計算組間平方和

$$SS_b = \sum_{i=1}^{T} n_i(\overline{X}_i - \overline{X})^2$$
$$= 10 \times (60 - 61.09)^2 + 12 \times (62 - 61.09)^2 = 21.82$$

所以組間均方為

$$MS_b = \frac{SS_b}{(T-1)} = \frac{21.82}{2-1} = 21.82$$

組內平方和為

$$SS_w = (n_1-1)S_1^2 + (n_2-1)S_2^2 = 9 \times 16 + 11 \times 20 = 364$$

所以組內均方為

$$MS_w = \frac{SS_w}{(n-T)} = \frac{364}{22-2} = 18.2$$

因此 $F = \frac{MS_b}{MS_w} = \frac{21.82}{18.2} = 1.20$

建立變異數分析表如表12-7所示。

⊿■ 表12-7　變異數分析表

變異來源	平方和(SS)	自由度	均方(MS)	F 統計量
組　　間	21.82	1	21.82	1.20
組　　內	364	20	18.2	
總　　和	385.82	21		

查自由度為 $(T-1, n-T) = (1, 20)$ 的 F 分配表，在 $\alpha = 0.01$ 下的關鍵值為 $F_{0.01}(1,20) = 8.10$。

因為 $F = 1.20 < 8.10$，所以接受 H_0：$\mu_1 = \mu_2$。

(3) 最後，驗證兩樣本 t 檢定與變異分析的 F 檢定兩者的關係。證實：

$t^2 = F$ 成立，即 $t^2 = (-1.1)^2 \approx 1.2 = F$。

t 檢定關鍵值的平方也等於變異數分析 F 檢定的關鍵值，即

$$[t_{0.005}(20)]^2 = 2.845^2 = 8.09 \approx 8.10 = F_{0.01}(1,20)$$

例 2

調查時裝業、電信業、印刷業員工年薪（以萬元計），如表 12-8所示。在顯著水準 $\alpha = 0.05$ 下，試檢定三種行業員工平均年薪是否相同，並驗證 $SS_t = SS_b + SS_w$。假設樣本資料來自於常態母體，且具有相同的變異數。

■ 表12-8

樣本	時裝業	電信業	印刷業
1	55	60	58
2	53	62	59
3	58	59	62
4	60	56	60
5	50	53	54

解 令 μ_1，μ_2，μ_3 分別代表時裝業、電信業及印刷業三母體平均年薪。

H_0：$\mu_1 = \mu_2 = \mu_3$，

H_1：至少有兩平均數不相等。

依行業別計算時裝、電信與印刷三行業的樣本平均數為 $\overline{X}_1 = 55.2$，$\overline{X}_2 = 58$，$\overline{X}_3 = 58.6$。樣本變異數分別為

$$S_1^2 = \frac{(55-55.2)^2 + (53-55.2)^2 + (58-55.2)^2 + (60-55.2)^2 + (50-55.2)^2}{5-1}$$

$$= 15.7$$

$$S_2^2 = \frac{(60-58)^2 + (62-58)^2 + (59-58)^2 + (56-58)^2 + (53-58)^2}{5-1}$$

$$= 12.5$$

$$S_3^2 = \frac{(58-58.6)^2 + (59-58.6)^2 + (62-58.6)^2 + (60-58.6)^2 + (54-58.6)^2}{5-1}$$

$$= 8.8$$

$$SS_w = (n_1-1)S_1^2 + (n_2-1)S_2^2 + (n_3-1)S_3^2$$

$$= 4 \times 15.7 + 4 \times 12.5 + 4 \times 8.8$$

$$= 148$$

$$MS_w = \frac{SS_w}{n-T} = \frac{148}{15-3} = 12.333$$

由全體樣本計算全體平均數為 $\overline{X} = 57.267$

$$SS_b = n_1(\overline{X}_1 - \overline{X})^2 + n_2(\overline{X}_2 - \overline{X})^2 + n_3(\overline{X}_3 - \overline{X})^2$$
$$= 5 \times (55.2 - 57.267)^2 + 5 \times (58 - 57.267)^2 + 5 \times (58.6 - 57.267)^2$$
$$= 32.933$$

$$MS_b = \frac{SS_b}{T-1} = \frac{32.933}{3-1} = 16.467$$

$$SS_t = \sum_{i=1}^{T} \sum_{j=1}^{n_i} (X_{ij} - \overline{X})^2$$
$$= (55 - 57.267)^2 + (53 - 57.267)^2 + \cdots + (50 - 57.267)^2$$
$$+ (60 - 57.267)^2 + (62 - 57.267)^2 + \cdots + (53 - 57.267)^2$$
$$+ (58 - 57.267)^2 + (59 - 57.267)^2 + \cdots + (54 - 57.267)^2$$
$$= 180.933$$

因此可驗證 SS_t=180.933=32.933+148=SS_b+SS_w。

變異數分析表如表12-9所示。

.ıl 表12-9

變異來源	平方和(SS)	自由度	均方(MS)	F 統計量
組　　間	32.933	2	16.467	F=1.335
組　　內	148	12	12.333	
總　　和	180.933	14		

在顯著水準 $\alpha = 0.05$ 下，自由度為 $(2,12)$，查 F 分配表，得 $F_{0.05}(2,12)$=3.89，由於 F=1.3351 $< F_{0.05}(2,12)$=3.89，所以接受三個行業員工平均年薪相等的虛無假設。

由於平方和的定義經適當轉換後，可以下列公式表之，即

$$SS_t = \sum\sum X^2 - \frac{T^2}{N}$$

$$SS_b = \sum\frac{T_i^2}{n_i} - \frac{T^2}{N}$$

$$SS_w = SS_t - SS_b$$

其中 T_i 為各類的總和，T 為全體的總和，n_i 為各類樣本數，N 為總人數。

有時為簡化算式，我們亦可將所有樣本資料同時減掉一個數值（變異數不受影響）。在例 2 中，我們可以將樣本資料同時減掉 60，再用新的轉換公式去求平方和，同學會發現求解簡單多了，方法如下所示：

	時裝業	電信業	印刷業	
	−5　(25)	0　(0)	−2　(4)	
	−7　(49)	2　(4)	−1　(1)	
	−2　(4)	−1　(1)	2　(4)	
	0　(0)	−4　(16)	0　(0)	
	−10 (100)	−7　(49)	−6 (36)	
n_i	5	5	5	$N=15$
T_i	−24	−10	−7	$T=-41$ $\sum\sum X^2 = 293$

故 $SS_t = \sum\sum X^2 - \dfrac{T^2}{N}$

$\qquad = 293 - \dfrac{(-41)^2}{15}$

$\qquad = 180.9$

$SS_b = \sum \dfrac{T_i^2}{n_i} - \dfrac{T^2}{N}$

$\qquad = [\dfrac{(-24)^2}{5} + \dfrac{(-10)^2}{5} + \dfrac{(-7)^2}{5}] - \dfrac{(-41)^2}{15}$

$\qquad = 32.9$

$SS_w = SS_t - SS_b$

$\qquad = 180.9 - 32.9 = 148$

　　Excel 計算一因子變異數分析採用「資料」「資料分析」的「單因子變異數分析」來作檢定。以例 2 為範例：

步驟 1：　在儲存格 A1、B1 及 C1 內各輸入文字「紡織業」、「電信業」及「印刷業」，並將表 12-6 的十五個數值輸入至儲存格 A2 至 C6 中。

步驟 2：　選取「資料」「資料分析」中的「單因子變異數分析」；確定後，出現的畫面及輸入的資料如圖 12-2 所示；再確定後可得圖 12-3 的資料。

　　　　　圖中可得臨界值（即關鍵值）3.885，因 $F = 1.335 < 3.885$，故接受 H_0。

■ 圖12-2

	A	B	C	D	E	F	G
7							
8	單因子變異數分析						
9							
10	摘要						
11	組	個數	總和	平均	變異數		
12	紡織業	5	276	55.2	15.7		
13	電信業	5	290	58	12.5		
14	印刷業	5	293	58.6	8.8		
15							
16							
17	ANOVA						
18	變源	SS	自由度	MS	F	P-值	臨界值
19	組間	32.93333	2	16.46667	1.335135	0.299543	3.885294
20	組內	148	12	12.33333			
21							
22	總和	180.9333	14				
23							

■ 圖12-3

Chapter

12

 **12-3 二因子變異數分析**

（一）二因子變異數分析的概念

上一節單因子變異數分析只針對一個因子（即自變數）去探究其對因變數的影響，例如不同行業的年薪是否有顯著差異等。本節將針對兩個因子（即自變數）來研究對因變數的影響，例如不同行業及不同性別的年薪是否有顯著差異。現在假設有三種行業，即時裝業(A)、電信業(B)與印刷業(C)，有兩種性別，即男與女；則行業該因子有三個因子水準：而性別該因子有兩個水準，因此總共可組成 $3×2=6$ 種處理。

二因子變異數分析可以檢定兩個因子的主要效果及二因子之間的交互作用，試說明如下：

1. 主要效果(main effect)：

即為各個因子（即自變數）自個產生的影響，以上述例子而言，可以檢定三種行業的主要效果，即檢定三個行業樣本的平均數 $\bar{X}_A$、$\bar{X}_B$ 及 $\bar{X}_C$ 是否達到顯著差異。亦可檢定兩種性別的主要效果，即檢定兩種性別樣本的平均數 $\bar{X}_男$ 及 $\bar{X}_女$ 是否達到顯著差異。

2. 交互作用(interaction)：

即一個因子對另一個因子的不同水準有不同的效果。以前述例子而言，例如在 A 行業中，男性的年薪較優渥，而在 B 行業中，卻是女性的年薪較優。如果有這樣的情形表示不同的行業與不同性別有交互作用。而當有交互作用時，主要效果就較沒有意義，因為同一個因子的效果要視另一因子的水準來決定。此時就須檢定單純效果(simple effect)，即檢定男性在哪一種行業中有較高的年薪，女性在哪一行業中有較高的年薪。

至於交互作用的情形可分為下列三種，我們將以上例分三種情況解釋之。

1. 沒有交互作用：

如表 12-10 及圖 12-4 所示，可看出不論男性或女性，年薪由高至低依序均為行業 A、行業 B、行業 C。此表示行業與性別無交互作用，因此可以檢定出主要效果，即檢定 $\overline{X}_A$、$\overline{X}_B$、$\overline{X}_C$ 的差異是否顯著，與檢定 $\overline{X}_{男}$、$\overline{X}_{女}$ 的差異是否顯著。

■■ 表12-10

	男	女
A	$\overline{X}_{11} = 100$	$\overline{X}_{21} = 90$
B	$\overline{X}_{12} = 95$	$\overline{X}_{22} = 88$
C	$\overline{X}_{13} = 85$	$\overline{X}_{23} = 80$

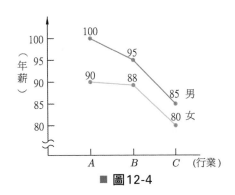

■ 圖12-4

2. 次序性交互作用(ordinal interaction)：

如表 12-11 及圖 12-5 所示，可看出在行業 C 中，男性與女性的年薪差不多，但在行業 A 中，兩性的年薪就相差甚多；即女性在 C 行業中月薪較優渥，男性在 A 行業中月薪較優渥。此表示行業與性別有交互作用，但從圖 12-5 可知，兩條線並未相交，故稱為次序性交互作用。

■■ 表12-11

	男	女
A	$\overline{X}_{11} = 100$	$\overline{X}_{21} = 80$
B	$\overline{X}_{12} = 95$	$\overline{X}_{22} = 83$
C	$\overline{X}_{13} = 90$	$\overline{X}_{23} = 88$

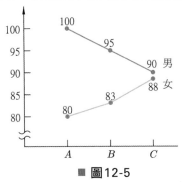

■ 圖12-5

Chapter

12

3. 無次序性交互作用(disordinal interaction)：

　　由表 12-12 及圖 12-6，明顯可看出在 C 行業中，男性薪水較高，在 A 行業中女性薪水較高，因兩條線相交，故稱為無次序性交互作用。

．■ 表12-12

	男	女
A	$\bar{X}_{11} = 80$	$\bar{X}_{21} = 95$
B	$\bar{X}_{12} = 85$	$\bar{X}_{22} = 85$
C	$\bar{X}_{13} = 95$	$\bar{X}_{23} = 80$

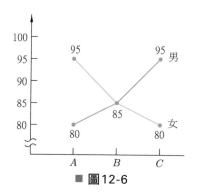

■ 圖12-6

（二）各細格樣本數相同之二因子變異數分析基本資料

　　表 12-13 為二因子變異數分析的基本資料。

　　其中每個細格的人數均為 n，細格內的變量以 X_{ijk} 表示，例如 X_{123} 表示第一直行第二列細格內的第三個變數，X_{231} 表示第二直行第三列細格內的第一個變數。

　　每一細格的平均數為 $\bar{X}_{ij}$，總和為 T_{ij}，$1 \leq i \leq C$，$1 \leq j \leq R$，例如第一直行第一橫列的平均數為 $\bar{X}_{11}$，總和為 T_{11}；第 C 直行第一橫列的平均數為 $\bar{X}_{C1}$，總和為 T_{C1}；第 1 直行第 R 橫列的平均數為 $\bar{X}_{1R}$，總和為 T_{1R}。至於第 1 直行的平均數為 $\bar{X}_{1.}$，總和為 $T_{1.}$，第 C 直行的平均數為 $\bar{X}_{C.}$，總和為 $T_{C.}$；第 1 橫列的平均數為 $\bar{X}_{.1}$，總和為 $T_{.1}$；第 R 橫列的平均數為 $\bar{X}_{.R}$，總和為 $T_{.R}$。全體總平均數為 $\bar{X}$，總和為 T。

表12-13

	1	2	……	C	
1	X_{111} X_{112} ⋮ X_{11n} $\bar{X}_{11}$ T_{11}	X_{211} X_{212} ⋮ X_{21n} $\bar{X}_{21}$ T_{21}	……	X_{C11} X_{C12} ⋮ X_{C1n} $\bar{X}_{C1}$ T_{C1}	$\bar{X}_{.1}$ $T_{.1}$
2	X_{121} X_{122} ⋮ X_{12n} $\bar{X}_{12}$ T_{12}	X_{221} X_{222} ⋮ X_{22n} $\bar{X}_{21}$ T_{221}	……	X_{C21} X_{C22} ⋮ X_{C2n} $\bar{X}_{C21}$ T_{C2}	$\bar{X}_{.2}$ $T_{.2}$
⋮	…… ……	…… ……	……	…… ……	
R	X_{1R1} X_{1R2} ⋮ X_{1Rn} $\bar{X}_{1R}$ T_{1R}	X_{2R1} X_{2R2} ⋮ X_{2Rn} $\bar{X}_{2R}$ T_{2R}	……	X_{CR1} X_{CR2} ⋮ X_{CRn} $\bar{X}_{CR}$ T_{CR}	$\bar{X}_{.R}$ $T_{.R}$
	$\bar{X}_{1.}$ $\bar{X}_{2.}$			$\bar{X}_{C.}$	$\bar{X}$
	$T_{1.}$ $T_{2.}$			$T_{C.}$	T

（三）各種變異公式

茲將各種變異的公式敘述於下：

1. 各行(column)間變異以 SS_C 表示：

$$SS_C = nR\sum_{i=1}^{C}(\bar{X}_{i.} - \bar{X})^2 = \frac{1}{nR}\sum_{i=1}^{C}(T_{i.})^2 - \frac{T^2}{N}$$

自由度為 $C-1$，其中 C 為行數。

2. **各列(row)間變異以 SS_R 表示：**

$$SS_R = nC\sum_{j=1}^{R}(\overline{X}_{\cdot j} - \overline{X})^2 = \frac{1}{nC}\sum_{j=1}^{R}(T_{\cdot j})^2 - \frac{T^2}{N}$$

自由度為 $R-1$，其中 R 為列數。

3. **總變異(total sum square)以 SS_t 表示：**

$$SS_t = \sum_i\sum_j\sum_k(X - \overline{X}) = \sum\sum\sum X_{ijk}^2 - \frac{T^2}{N}$$

自由度為 $N-1$，其中 N 為總次數。

4. **細格間變異以 SS_{cell} 表示：**

$$SS_{cell} = n\sum_{j=1}^{R}\sum_{i=1}^{C}(\overline{X}_{ij} - \overline{X})^2 = \frac{1}{n}\sum\sum(T_{ij})^2 - \frac{T^2}{N}$$

自由度為 $CR-1$

5. **行與列的交互作用以 $SS_{C\times R}$ 表示：**

$$SS_{C\times R} = n\sum\sum(\overline{X}_{ij} - \overline{X}_{i\cdot} - \overline{X}_{\cdot j} + \overline{X})^2$$
$$= SS_{cell} - SS_C - SS_R$$

自由度為 $(C-1)(R-1)$

6. **誤差變異以 SS_E(sum square of error)表示：**

$$SS_E = \sum_i\sum_j\sum_k(X - \overline{X}_{ij})^2 = \sum\sum\sum X_{ijk}^2 - \frac{1}{n}\sum\sum(T_{ij})^2$$
$$= SS_t - SS_{cell}$$

自由度為 $CR(n-1)$

而各個 F 值計算如下：

(1) $F_C = \dfrac{MS_C}{MS_w} = \dfrac{SS_C/(C-1)}{SS_w/CR(n-1)}$

(2) $F_R = \dfrac{MS_R}{MS_w} = \dfrac{SS_R/(R-1)}{SS_w/CR(n-1)}$

(3) $F_{C \times R} = \dfrac{MS_{C \times R}}{MS_w} = \dfrac{SS_{C \times R}/(C-1)(R-1)}{SS_w/CR(n-1)}$

（四）二因子變異數分析表

二因子變異數分析表如表 12-14 所示：

表12-14　二因子變異數分析表

變異來源	平方和 (SS)	自由度$(d.f.)$	均方(MS)	F 值
主效果				
行間(C) （第一因子）	SS_C	$C-1$	$MS_C=SS_C/(C-1)$	$F_C = \dfrac{MS_C}{MS_E}$
列間(R) （第二因子）	SS_R	$R-1$	$MS_R=SS_R/(R-1)$	$F_R = \dfrac{MS_R}{MS_E}$
交互作用				
$C \times R$	$SS_{C \times R}$	$(C-1)(R-1)$	$MS_{C \times R}=SS_{C \times R}/(C-1)(R-1)$	$F_{C \times R} = \dfrac{MS_{C \times R}}{MS_E}$
誤差	SS_E	$CR(n-1)$	$MS_E=SS_E/CR(n-1)$	
總　和	SS_t	$CRn-1$		

由二因子變異數分析表可查驗下列等式關係：

(1) $SS_t=SS_E+S_{cell}$

　　　$=SS_E+SS_C+SS_R+S_{C \times R}$

(2) 總自由度 $CR_n-1=(C-1)+(R-1)+(C-1)(R-1)+CR(n-1)$

例 3

假設時裝業、電信業及印刷業三個行業之男性與女性各五人的年薪（以萬元計）如表12-15所示，試檢定：

(1) 時裝業、電信業及印刷業三個行業之間員工的年薪是否有差異？

(2) 男、女兩性員工之間的年薪是否有差異？

(3) 行業與性別是否有交互作用？（$\alpha=0.05$）

■ 表12-15

	男　性	女　性
時裝業	86	80
	84	80
	86	84
	83	82
	81	84
電信業	88	72
	80	74
	84	78
	78	74
	80	78
印刷業	82	74
	80	70
	78	72
	80	72
	80	72

解

為簡化算式，我們將表12-15中所有之數值（即年薪）均減80，再求平均數總和，結果如表12-16所示，其中

$$T = T_{1.} + T_{2.} = 30 + (-54) = -24$$

或　$T = T_{.1} + T_{.2} + T_{.3} = 30 + (-14) + (-40) = -24$

因 $n=5$，$C=2$，$R=3$，$N=5 \times 2 \times 3=30$

$$\bar{X}=\frac{T}{N}=\frac{-24}{30}=-0.8 \text{，又} \sum\sum\sum\sum X_{ijk}{}^2=698$$

▁▃ 表12-16

	男　　　性		女　　　性		
時裝業	6 4 6 3 1	$\bar{X}_{11}=4$ $T_{11}=20$	0 0 4 2 4	$\bar{X}_{21}=2$ $T_{21}=10$	$\bar{X}_{\cdot 1}=3$ $T_{\cdot 1}=30$
電信業	8 0 4 −2 0	$\bar{X}_{12}=2$ $T_{12}=10$	−8 −6 −2 −6 −2	$\bar{X}_{22}=-4.8$ $T_{22}=-24$	$\bar{X}_{\cdot 2}=-1.4$ $T_{\cdot 2}=-14$
印刷業	2 0 −2 0 0	$\bar{X}_{13}=0$ $T_{13}=0$	−6 −10 −8 −8 −8	$\bar{X}_{23}=-8$ $T_{23}=-40$	$\bar{X}_{\cdot 3}=-4$ $T_{\cdot 3}=-40$
	$\bar{X}_{1\cdot}=2$ $T_{1\cdot}=30$		$\bar{X}_{2\cdot}=-3.6$ $T_{2\cdot}=-54$		$\bar{X}=-0.8$ $T=-24$

三個虛無假設如下：

　　H_{01}：行業間的年薪無差異

　　H_{02}：性別間的年薪無差異

　　H_{03}：行業與性別無交互作用

各種變異計算如下：

(1) $SS_C = \dfrac{1}{nR}\sum\limits_{i=1}^{C}(T_{i\cdot})^2 - \dfrac{T^2}{N}$

$= \dfrac{1}{5\times3}[30^2 + (-54)^2] - \dfrac{(-24)^2}{30}$

$= 235.2$

$d.f. = C - 1 = 2 - 1 = 1$

(2) $SS_R = \dfrac{1}{nC}\sum\limits_{j=1}^{R}(T_{\cdot j})^2 - \dfrac{T^2}{N}$

$= \dfrac{1}{5\times2}[30^2 + (-14)^2 + (-40)^2] - \dfrac{(-24)^2}{30}$

$= 250.4$

$d.f. = R - 1 = 3 - 1 = 2$

(3) $SS_t = \sum\sum\sum X_{ijk}^{\;2} - \dfrac{T^2}{N}$

$= 698 - \dfrac{(-24)^2}{30}$

$= 678.8$

$d.f. = N - 1 = 30 - 1 = 29$

(4) $SS_{cell} = \dfrac{1}{n}\sum\sum(T_{ij})^2 - \dfrac{T^2}{N}$

$= \dfrac{1}{5}[20^2 + 10^2 + 0^2 + 10^2 + (-24)^2 + (-40)^2] - \dfrac{(-24)^2}{30}$

$= 536$

$d.f. = CR - 1 = 2\times3 - 1 = 5$

(5) $SS_{C\times R} = SS_{cell} - SS_C - SS_R$

$= 536 - 235.2 - 250.4$

$= 50.4$

$d.f. = (C-1)(R-1) = (2-1)(3-1) = 2$

(6) $SS_E = SS_t - SS_{cell}$

$= 678.8 - 536$

$= 142.8$

$d.f. = CR(n-1) = 2\times3\times(5-1) = 24$

計算各個 F 值如下：

(1) $F_R = \dfrac{MS_R}{MS_E} = \dfrac{SS_R/(R-1)}{SS_E/CR(n-1)}$

$= \dfrac{250.4/2}{142.8/24} = 21.04$

而 $F_{0.05}(2,24) = 3.40$，

因 $F_R = 21.04 > 3.40$，故拒絕 H_{01}（即 21.04^*）

(2) $F_C = \dfrac{MS_C}{MS_E} = \dfrac{SS_C/(C-1)}{SS_E/CR(n-1)}$

$= \dfrac{235.2/1}{142.8/24} = 39.5$

而 $F_{0.05}(1,24) = 4.26$，

因 $F_C = 39.5 > 4.26$，故拒絕 H_{02}（即 39.5^*）

(3) $F_{C \times R} = \dfrac{MS_{C \times R}}{MS_E} = \dfrac{SS_{C \times R}/(C-1)(R-1)}{SS_E/CR(n-1)}$

$= \dfrac{50.4/2}{142.8/24} = 4.24$

而 $F_{0.05}(2,24) = 3.40$，

因 $F_{C \times R} = 4.24 > 3.40$，故拒絕 H_{03}（即 4.24^*）

二因子變異分析表如表 12-17 所示：

▪▪▪ 表12-17

變異來源	SS	d.f.	MS	F
行業間(R)（第一因子）	250.4	2	125.2	21.04^*
性別間(C)（第二因子）	235.2	1	235.2	39.5^*
交互作用(C×R)	50.4	2	25.2	4.24^*
誤　差	142.8	24	5.95	
總　和	678.8	29		
$^*p<0.05$				

從表 12-17 可知，行業與性別之主要效果均達顯著水準，而行業與性別之交互作用亦達顯著水準。

在 Excel 中可用「資料」「資料分析」中的「雙因子變異數分析：重複試驗」來作檢定。以例 3 為範例：

步驟 1： 在儲存格 B1 及 C1 內輸入文字「男性」及「女性」；在儲存格 A2、A7 及 A12 內輸文字「時裝業」、「電信業」及「印刷業」。再將表 12-16 的資料輸入至儲存格 B2 到 C16 中。

步驟 2： 選取「資料」「資料分析」中的「雙因子變異數分析：重複試驗」；確定後，出現的畫面及輸入的資料如同圖 12-7 所示，其中「每一樣本的列數」是指每一細格中的個數 n，本題 $n = 5$；再按確定後，可得圖 12-8(a)及圖 12-8(b)的資料，可知 3 個 F 值均能拒絕虛無假設。

	A	B	C	D	E	F	G	H	I
1		男性	女性						
2	時裝業	86	80						
3		84	80						
4		86	84						
5		83	82						
6		81	84						
7	電信業	88	72						
8		80	74						
9		84	78						
10		78	74						
11		80	78						
12	印刷業	82	74						
13		80	70						
14		78	72						
15		80	72						
16		80	72						
17									

雙因子變異數分析：重複試驗

輸入
輸入範圍(I): $A$1:$C$16
每一樣本的列數(R): 5
α(A): 0.05

輸出選項
◉ 輸出範圍(O): $E$1
○ 新工作表(P):
○ 新活頁簿(W)

確定
取消
說明(H)

■ 圖12-7

	A	B	C	D	E	F	G	H
1		男性	女性		雙因子變異數分析：重複試驗			
2	時裝業	86	80					
3		84	80		摘要	男性	女性	總和
4		86	84		時裝業			
5		83	82		個數	5	5	10
6		81	84		總和	420	410	830
7	電信業	88	72		平均	84	82	83
8		80	74		變異數	4.5	4	4.888889
9		84	78					
10		78	74		電信業			
11		80	78		個數	5	5	10
12	印刷業	82	74		總和	410	376	786
13		80	70		平均	82	75.2	78.6
14		78	72		變異數	16	7.2	23.15556
15		80	72					
16		80	72		印刷業			
17					個數	5	5	10
18					總和	400	360	760
19					平均	80	72	76
20					變異數	2	2	19.55556

■ 圖12-8(a)

E	F	G	H	I	J	K
雙因子變異數分析：重複試驗						
摘要	男性	女性	總和			
總和						
個數	15	15				
總和	1230	1146				
平均	82	76.4				
變異數	9.285714	22.4				
ANOVA						
變源	SS	自由度	MS	F	P-值	臨界值
樣本	250.4	2	125.2	21.04202	5.26E-06	3.402826
欄	235.2	1	235.2	39.52941	1.69E-06	4.259677
交互作用	50.4	2	25.2	4.235294	0.026586	3.402826
組內	142.8	24	5.95			
總和	678.8	29				

■ 圖12-8(b)

📝 習題十二

1. 自 A、B 兩校（已知為變異數相同的常態分配）隨機抽取學生實施性向測驗，資料如表 12-18 所示。試以兩樣本 t 檢定及變異數分析法檢定 A、B 兩校學生的性向是否有顯著差異($\alpha = 0.01$)。並驗證 t 及 F 的關係。

■■ 表12-18

A	B
$\bar{X}_1 = 78.6$	$\bar{X}_2 = 80.2$
$S_1^2 = 51.8$	$S_2^2 = 48.3$
$n_1 = 50$	$n_2 = 40$

2. 表 12-19 為某位教授分別在甲、乙及丙三班採用不同三種教學法的抽樣成績，試檢定三種教學法的成績是否達顯著差異。($\alpha=0.05$)

■■ 表12-19

甲	乙	丙
79	71	82
86	77	68
74	81	70
89	83	76

3. 從 A、B、C 與 D 四家電池製造業中各選出 5 顆電池，分別測試它們的壽命，資料如表 12-20 所示，假設樣本來自常態母體，變異數相同。試在 0.05 顯著水準下，檢定該四家電池製造業所生產的電池壽命是否達顯著差異。

표 表12-20

A	B	C	D
25	32	24	28
23	33	24	31
20	30	23	27
27	28	27	28
20	32	22	26

4. 當在進行獨立樣本單因子變異數分析時，若變數分成三組，且抽樣人數為 $n_1 = 8$，$n_2 = 6$，$n_3 = 9$。試問 F 值要多少以上，才會達到 0.05 顯著水準。

5. 某大公司調查 20～29 歲，30～39 歲，40～49 歲三個年紀層的員工每個月在食、衣、住、行四方面的花費，如表 12-21 所示。試檢定主效果是否有顯著差異及年紀層與日常生活花費是否有交互作用。($\alpha=0.01$)

표 表12-21

	食	衣	住	行
20～29	13,000	10,000	5,000	1,500
	15,400	9,000	3,000	2,500
	11,000	8,500	6,800	4,000
30～39	11,500	12,300	5,600	5,000
	14,000	10,000	7,800	4,500
	15,600	9,800	4,500	3,600
40～49	10,000	15,000	8,000	1,400
	11,200	13,200	7,600	2,200
	13,000	14,000	11,000	3,100

統計學
以 Microsoft Excel 為例

MEMO

Statistics

抽樣調查的實際演練

13
Chapter

STATISTICS

　　為了讓同學能將 Excel 上的統計方法在現實生活或研究上，學以致用，本章將以一個抽樣調查的例子來作實際的演練。

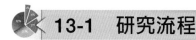

13-1　研究流程

1. 決定研究題目及其目的及動機，例如研究題目為「中部地區商科五專生上 BBS 之調查」。
2. 探討前人做過相關的文獻。
3. 研究方法。
4. 資料分析。
5. 結論及建議。

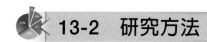

13-2　研究方法

　　決定研究的方法（例如問卷調查）及問題，並編製問卷，期間尚須設定調查的母體並決定抽樣的方式，及列出虛無假設。問卷如表 13-1 所示，其中除了個人資料外，尚有兩大部分問題。調查之母體為中部地區商科五專生，隨機抽樣符合條件的甲、乙、丙三校五個年級之男女生共 200 名樣本。

　　研究問題可假設如下：

1. 商科五專男、女生對「BBS 總功能」的看法是否相同？
2. 商科五專五個年級學生對「BBS 功能」的看法是否相同？
3. 透過 BBS 作問卷調查的結果之準確性，可信度及客觀性是否有相關？
4. 商科五專男、女生「上 BBS 的習慣」是否有差異？

▪️▫️ 表13-1　中部地區商科五專生上BBS之調查問卷

同學您好：

　　首先感謝您提供給我們寶貴的時間來寫這份問卷，此問卷非營利性質，資料的收集僅作為「統計分析」之用，為使分析更加準確，請您用心的幫助我們填完它，最後謝謝您的合作，我們將十二萬分的感激。

_____請問你的學校是①甲校　②乙校　③丙校。

_____請問你的性別是①男生　②女生。

_____請問你的年級是①一年級　②二年級　③三年級　④四年級
　　　　　⑤五年級（含延修生）以上。

一、上 BBS 的習慣（請在每題左邊的橫線上寫上您要選的數字）

_____1. 請問您每週平均有幾天上 BBS？
　　　　①一、二天　②三、四天　③五、六天　④每天。

_____2. 請問您每次平均花多久時間上 BBS？
　　　　①半小時（含）　②半小時～1 小時（含）　③1～2 小時（含）
　　　　④3～4 小時（含）　⑤4 小時以上。

_____3. 請問您經常上 BBS 站的時段？
　　　　①上午　②下午　③晚上　④深夜　⑤清晨。

_____4. 請問您最常上中部地區哪些四技的 BBS 站？
　　　　①甲校　②乙校　③丙校　④丁校　⑤其他學校。

_____5. 請問您上 BBS 的頻率是？
　　　　①曾經上過，但很少　②偶爾　③常常。

_____6. 請問您在連上 BBS 站時，站上人數通常是？
　　　　①20 人以下　②21～40 人　③41～60 人　④60 人以上。

Chapter

13

■■ 表13-1　中部地區商科五專生上BBS之調查問卷（續）

二、 以下是對「BBS 總功能」做一問卷調查，有的人同意這些說法，也有人不同意。就您而言，您同意嗎？請根據您的網路經驗及看法，在每題左邊的橫線上寫上代表您意見選項的數字。（在括弧內打勾）

1. 布告欄功能：

	非常不同意	不同意	差不多	同意	非常同意
＿＿＿＿① BBS 能讓更多人在上面發表意見	(1)	(2)	(3)	(4)	(5)
＿＿＿＿② BBS 提供了一個更公開的言論園地	(1)	(2)	(3)	(4)	(5)
＿＿＿＿③ 校方容易藉由 BBS 得知學生們心中的想法	(1)	(2)	(3)	(4)	(5)
＿＿＿＿④ BBS 所 POST 的文章可信度高	(1)	(2)	(3)	(4)	(5)
＿＿＿＿⑤ 在 BBS 上 POST 文章容易得到大家的回應	(1)	(2)	(3)	(4)	(5)

2. 電子郵件功能：

＿＿＿＿① BBS 上的電子郵件收發訊息快速且好	(1)	(2)	(3)	(4)	(5)
＿＿＿＿② BBS 上的電子郵件之單純文字的內容敘述簡單且易懂	(1)	(2)	(3)	(4)	(5)
＿＿＿＿③ BBS 上的電子郵件能將個人的意見完整地的表達出來	(1)	(2)	(3)	(4)	(5)
＿＿＿＿④ BBS 在收發電子郵件上的安全性很高	(1)	(2)	(3)	(4)	(5)
＿＿＿＿⑤ 收取 BBS 上的 E-mail 迅速且便利	(1)	(2)	(3)	(4)	(5)

3. 透過 BBS 作問卷調查的功能：

＿＿＿＿① 透過 BBS 作的問卷調查容易引人注意	(1)	(2)	(3)	(4)	(5)
＿＿＿＿② 透過 BBS 作的問卷調查結果準確性高	(1)	(2)	(3)	(4)	(5)
＿＿＿＿③ BBS 作的問卷調查填寫很方便	(1)	(2)	(3)	(4)	(5)
＿＿＿＿④ BBS 作的問卷調查可信度很高	(1)	(2)	(3)	(4)	(5)
＿＿＿＿⑤ BBS 作的問卷調查具有客觀性	(1)	(2)	(3)	(4)	(5)

13-3 資料登錄

等問卷回收後，就以 Excel 軟體登錄原始資料，再以其中的統計功能進行各種資科分析。

200 份樣本中有效樣本為 196 份。調查問卷中的「上 BBS 的習慣」部分，是屬於類別資料的推論，登錄時只須按樣本勾選的數字輸入即可。

至於問卷中「BBS 總功能」部分，則是採用 5 點計分方式，即「非常不同意」為 1 分，「不同意」為 2 分，「差不多」為 3 分，「同意」為 4 分，「非常同意」為 5 分。

（一）原始資料作註解

將 196 份問卷結果輸入 Excel 之工作表中，此原始資料內容如圖 13-1 所示，而儲存格 E1，F1，…上的 1-1，1-2，…表示問卷中的第一部分「上 BBS 的習慣」的第一題，第二題，…；（必須鍵入「1-1」、「1-2」等，才不會變成日期。）而問卷中的第二部分「BBS 總功能」的三個分類問題可以分別以代號 2-1-1，2-1-2，…，2-2-1，2-2-2，…及 2-3-1，2-3-2，…表示。為了辨別 B 欄中的數字所代表的「學校」、C 欄中數字所代表的「性別」，或 D 欄中數字所代表的「年級」，我們將游標移至儲存格 C1，再利用「插入」下的「註解」，則在 C1 右方會出現一方格，此時就可鍵入資料，如圖 13-2 所示。以後每當游標移至有註解的儲存格上（格之右上角有一紅色三角形），註解的內容就自動顯現出來。

	A	B	C	D	E	F	G	H	I
1	編號	學校	性別	年級	1-1	1-2	1-3	1-4	1-5
2	1	3	2	4	1	3	2	1	3
3	2	3	2	4	1	2	3	1	2
4	3	3	2	4	2	3	2	2	3
5	4	3	2	4	1	1	2	3	2
6	5	3	2	4	1	1	3	3	2
7	6	3	2	5	1	2	2	3	1
8	7	3	2	5	4	1	3	3	2
9	8	3	2	5	4	1	2	3	3
10	9	3	2	5	2	2	2	3	2

■ 圖13-1　資料登錄

Chapter

13

265

步驟1： 將游標移至儲存格C1，按右鍵後，再按「編輯註解」，即可鍵入資料。

	A	B	C	D	E	F	G	H	I
1	編號 ▼	學校 ▼	性別 ▼	年st: 男:1 女:2	1-1 ▼	1-2 ▼	1-3 ▼	1-4 ▼	1-5 ▼
2	1	3	2	4	1	3	2	1	3
3	2	3	2		1	2	3	1	2
4	3	3	2		2	3	2	2	3
5	4	3	2	4	1	1	2	3	2
6	5	3	2	4	1	1	3	3	2
7	6	3	2	5	1	2	2	3	1
8	7	3	2	5	4	1	3	3	2
9	8	3	2	5	4	1	2	3	3
10	9	3	2	5	2	2	2	3	2

■ 圖13-2　為原始資料作註解

註

① 欲修改註解內的內容，可點選「檢視」下的「註解」則所有已插入的註解均會顯現出來；此時再將游標移至欲修改之註解內，即可做修改。修改後，再重新點選「檢視」下的註解即可恢復註解隱藏的模式。

② 至於要刪除某個儲存格上的註解，則須將游標移至該格上，再點選「編輯」下的「清除」內的「註解」；則會發現該格右上角的紅色小三角消失了。

13-4　統計分析

（一）原始資料的自動篩選及樞紐分析

步驟 1： 為了瞭解 196 份問卷中男女生各佔的人數或五專五個年級各佔的人數，我們可以點選功能表中之「資料」下的「篩選」，則會出

現如圖 13-3 的畫面,即在第一列的每一個儲存格上,會出現一個按鈕。

例如點選 C1 上的按鈕,則會出現圖 13-4 的選單;當游標點選其中的 1 時,則在 C 欄就只會出現數字 1 的資料;其表示我們已經篩選全部男生的資料。將游標移至 C200,再點選「公式」上的「Σ」(即自動加總),即可得知有 75 位男生。

將游標移回 C1 上的按鈕,在選單上點選 2。則表示已經篩選全部女生的資料,即數字 2 的資料。再將游標移至 C200,我們會得到數字 242,故得知有 121 位女生(因女生標示 2,故全部 2 的加總,再除以 2 才為所求)。

同理可求得五專一、二、三、四及五年級學生各有 53,58/2=29,177/3=59,116/4=29,130/5=26(注意要計算年級之前,須先點選性別選單的「全部」,196 份資料(包括數字 1 及數字 2)才會全部再出現。

為避免游標在第一列及第 200 列上移動的不方便,我們可利用「視窗」下的「分割」。將游標移至一適當儲存格上,如 D9,則會出現圖 13-5(a)的畫面,再適當移動視窗右下方的上下捲軸,如圖 13-5(b)所示,則每次點選第一列上的按鈕,則立即可以看到第 200 列上的總和數。

	A	B	C	D	E	F	G	H	I
1	編號 ▼	學校 ▼	性別 ▼	年級 ▼	1-1 ▼	1-2 ▼	1-3 ▼	1-4 ▼	1-5 ▼
2	1	3	2	4	1	3	2	1	3
3	2	3	2	4	1	2	3	1	2
4	3	3	2	4	2	3	2	2	3
5	4	3	2	4	1	1	2	3	2
6	5	3	2	4	2	2	2	3	2
7	6	3	2	5	1	2	2	3	1
8	7	3	2	5	4	1	3	3	2
9	8	3	2	5	4	1	2	3	3
10	9	3	2	5	2	2	2	3	2

■ 圖13-3　資料的自動篩選

步驟 2： 點選 C1 的按鈕，則會出現選單；當游標選擇其中的 1 時，則在 C 欄中只會出現數字 1 的資料。

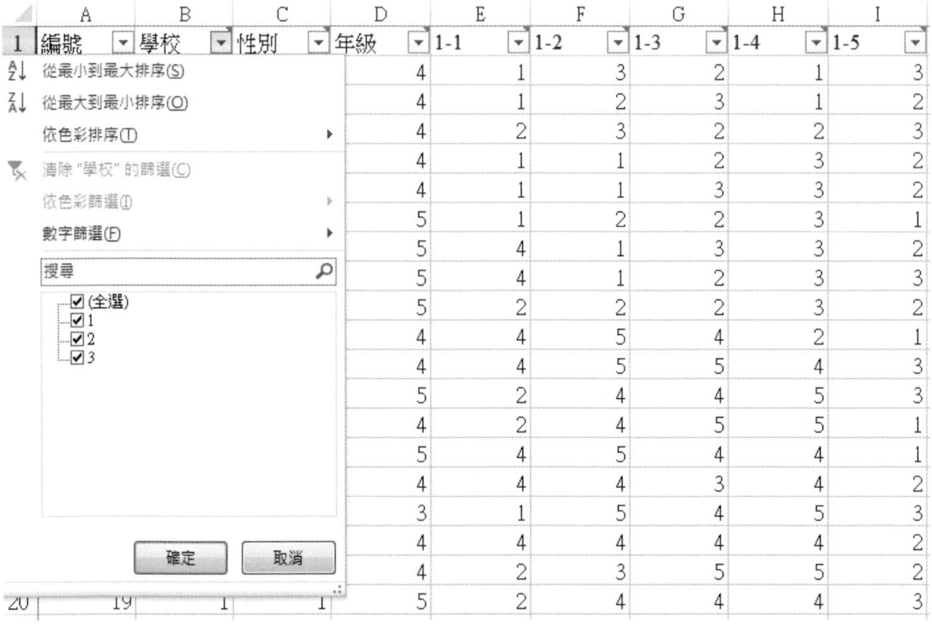
從最小到最大排序(S)
從最大到最小排序(O)
依色彩排序(T)
清除 "學校" 的篩選(C)
依色彩篩選(I)
數字篩選(F)
搜尋
(全選)
1
2
3
確定
取消

	A	B	C	D	E	F	G	H	I
1	編號	學校	性別	年級	1-1	1-2	1-3	1-4	1-5
				4	1	3	2	1	3
				4	1	2	3	1	2
				4	2	3	2	2	3
				4	1	1	2	3	2
				4	1	1	3	3	2
				5	1	2	2	3	1
				5	4	1	3	3	2
				5	4	1	2	3	3
				5	2	2	2	3	2
				4	4	5	4	2	1
				4	4	5	5	4	3
				5	2	4	4	5	3
				4	2	4	5	5	1
				5	4	5	4	4	1
				4	4	4	3	4	2
				3	1	5	4	5	3
				4	4	4	4	4	2
				4	2	3	5	5	2
20	19	1	1	5	2	4	4	4	3

■ 圖13-4

步驟 3： 工具列中「檢視」下的「分割」。

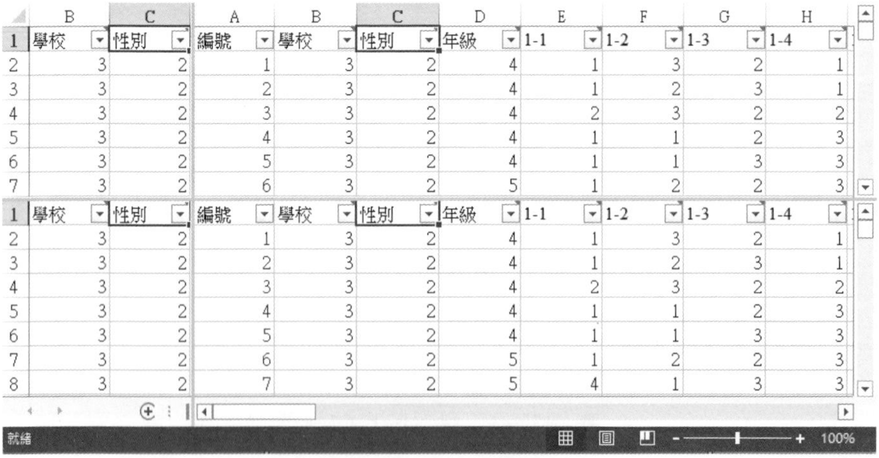
就緒
100%

	B	C	A	B	C	D	E	F	G	H
1	學校	性別	編號	學校	性別	年級	1-1	1-2	1-3	1-4
2	3	2	1	3	2	4	1	3	2	1
3	3	2	2	3	2	4	1	2	3	1
4	3	2	3	3	2	4	2	3	2	2
5	3	2	4	3	2	4	1	1	2	3
6	3	2	5	3	2	4	1	1	3	3
7	3	2	6	3	2	5	1	2	2	3
1	學校	性別	編號	學校	性別	年級	1-1	1-2	1-3	1-4
2	3	2	1	3	2	4	1	3	2	1
3	3	2	2	3	2	4	1	2	3	1
4	3	2	3	3	2	4	2	3	2	2
5	3	2	4	3	2	4	1	1	2	3
6	3	2	5	3	2	4	1	1	3	3
7	3	2	6	3	2	5	1	2	2	3
8	3	2	7	3	2	5	4	1	3	3

■ 圖13-5(a)　分割視窗

步驟 4： 將游標移至一適當儲存格上，如 B3，則會出現如圖之畫面，在適當移動視窗的捲軸，即可看見第 200 列上的總和數。

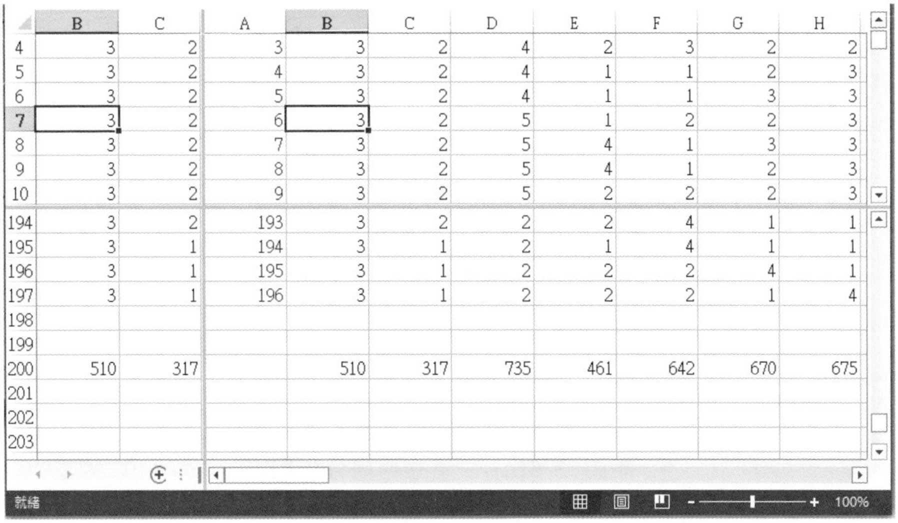

	B	C	A	B	C	D	E	F	G	H
4	3	2	3	3	2	4	2	3	2	2
5	3	2	4	3	2	4	1	1	2	3
6	3	2	5	3	2	4	1	1	3	3
7	3	2	6	3	2	5	1	2	2	3
8	3	2	7	3	2	5	4	1	3	3
9	3	2	8	3	2	5	4	1	2	3
10	3	2	9	3	2	5	2	2	2	3
194	3	2	193	3	2	2	2	4	1	1
195	3	1	194	3	1	2	1	4	1	1
196	3	1	195	3	1	2	2	2	4	1
197	3	1	196	3	1	2	2	2	1	4
198										
199										
200	510	317		510	317	735	461	642	670	675
201										
202										
203										

■ 圖13-5(b)

步驟 5： 在 Excel 2013 版本中，點選「插入」下的「樞紐分析圖」，再按一下「樞紐分析圖和樞紐分析表」來完成人數的統計。如圖 13-6(a)。

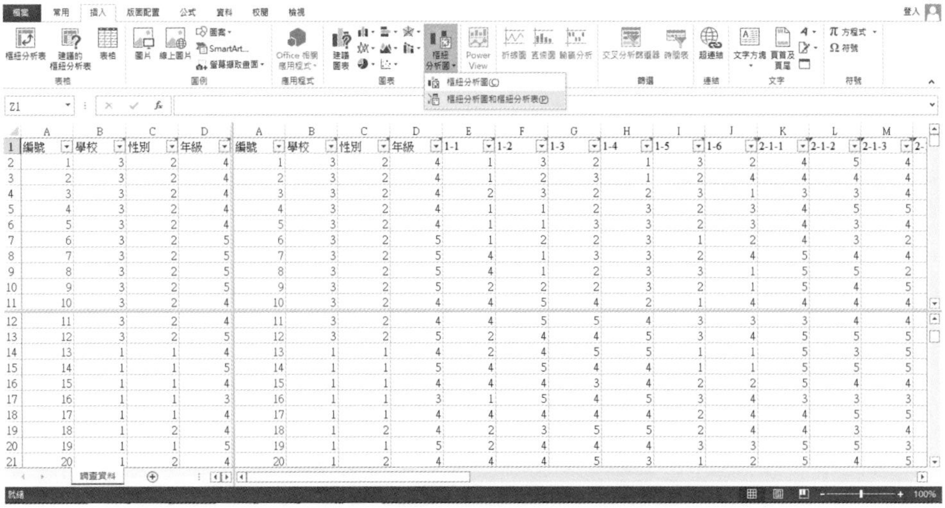

	A	B	C	D	A	B	C	D	E	F	G	H	I	J	K	L	M
1	編號	學校	性別	年級	編號	學校	性別	年級	1-1	1-2	1-3	1-4	1-5	1-6	2-1-1	2-1-2	2-1-3
2	1	3	2	4	1	3	2	4	1	3	2	1	3	2	4	5	4
3	2	3	2	4	2	3	2	4	1	2	3	1	2	4	4	4	4
4	3	3	2	4	3	3	2	4	2	3	2	2	3	1	3	3	4
5	4	3	2	4	4	3	2	4	1	1	2	3	2	3	4	5	5
6	5	3	2	4	5	3	2	4	1	1	3	3	2	3	4	3	4
7	6	3	2	5	6	3	2	5	1	2	2	3	1	2	4	3	2
8	7	3	2	5	7	3	2	5	4	1	3	3	2	4	5	4	4
9	8	3	2	5	8	3	2	5	4	1	2	3	3	1	5	5	2
10	9	3	2	5	9	3	2	5	2	2	2	3	2	1	5	4	5
11	10	3	2	4	10	3	2	4	4	5	4	2	1	4	4	4	4
12	11	3	2	4	11	3	2	4	4	5	5	4	3	3	3	4	4
13	12	3	2	5	12	3	2	5	2	4	4	5	3	4	5	5	5
14	13	1	1	4	13	1	1	4	2	4	5	5	1	1	5	3	5
15	14	1	1	5	14	1	1	5	4	5	4	4	1	1	5	5	5
16	15	1	1	4	15	1	1	4	4	4	3	4	2	2	5	4	4
17	16	1	1	3	16	1	1	3	1	5	4	5	3	4	3	3	3
18	17	1	1	4	17	1	1	4	4	4	4	4	2	4	4	5	5
19	18	1	2	4	18	1	2	4	2	3	5	5	2	4	4	3	4
20	19	1	1	5	19	1	1	5	2	4	4	4	3	3	5	5	3
21	20	1	2	4	20	1	2	4	4	4	5	3	1	2	5	4	5

■ 圖13-6(a)

步驟 6： 在視窗中的「表格／範圍」中輸入「$A$1:$Y$197」，即可得圖
13-7 的結果。

■ 圖13-6(b) 建立樞紐分析表

步驟 7： 將「學校」及「性別」拖移至圖右下方的欄位中。

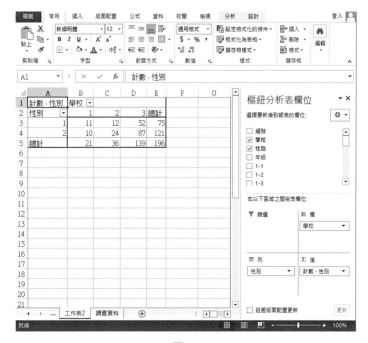

■ 圖13-7

步驟 8: 　將要分析的資料拖移到適當的欄位當中。

■ 圖13-8

步驟 9: 　對「Σ 值」下的「性別」按右鍵，選擇「值欄位設定」作設定，
　　　　選擇「項目個數」。

■ 圖13-9　值欄位設定

步驟 10：將「性別」拖移至「欄」，再將「性別」拖移至「Σ 值」中，即可出現如圖之結果。

■ 圖13-10(a)

步驟 11：將「性別」拖移至「列」，再將「性別」拖移至「Σ 值」中，即可出現如圖之結果。

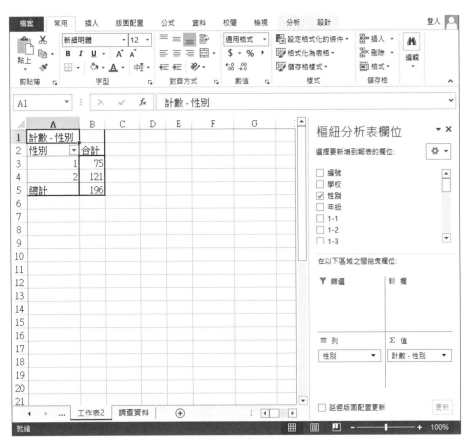

■ 圖13-10(b)

（二）敘述統計摘要分析

步驟1： 第一個樣本（第 2 列）在問卷中之「BBS 總功能」三個分類個別總分
資料的獲取：首先在儲存格 AA1，AB1 及 AC1 內輸入文字「布告欄
功能」，「電子郵件功能」及「透過 BBS 作問卷調查的功能」。
「布告欄功能」之 5 小題在「原始資料」工作表的 K 欄至 O 欄，故
在儲存格 AA2 內輸入「Sum=(K2:O2)」，按「Enter」後可得 22，其
即為第一位樣本在「布告欄功能」的總得分。

　　　　　「BBS 上電子郵件的功能」及「透過 BBS 作問卷調查的功能」
二者的 5 小題分別在 P 欄至 T 欄，及 U 欄至 Y 欄內，故各在儲存格
AB2 及 AC2 內輸入「=Sum(P2:T2)」及「=Sum(U2:Y2)」，按

「Enter」後，分別可得 13 及 12，此即為第一位樣本在此二功能的分別總得分。

步驟 2： 其他所有樣本（第 3 至第 197 列）在問卷中之「BBS 總功能」三個分類個別總分資料的獲取：以「填滿控點」的方式分別複製 AA2，AB2 及 AC2 到 AA197，AB197 及 AC197 內，如圖 13-11 所示。

W	X	Y	Z	AA	AB	AC	AD
2-3-3	2-3-4	2-3-5		佈告欄功能	電子郵件功能	透過bbs作問卷調查的功能	BBS總功能
3	4	3		17	14	17	48
4	3	3		19	23	18	60
3	3	2		25	22	17	64
4	2	4		17	20	17	54
3	3	3		22	21	17	60
2	2	4		20	19	16	55
4	3	4		22	22	18	62
3	2	1		16	17	13	46
2	2	2		18	13	10	41
2	2	2		19	14	11	44
2	3	2		18	18	12	48
4	3	3		20	17	17	54

■ 圖13-11

步驟 3： 敘述統計分析：針對以上三個功能變項進行敘述性統計摘要分析。選取「資料」下的「資料分析」內的「敘述統計」，內容輸入如圖 13-12 所示，則可得圖 13-13 的結果。

■ 圖13-12　　敘述統計

步驟 4： 敘述統計結果詮釋：「布告欄功能」，「電子郵件功能」及「透過 BBS 作問卷調查的功能」三者的平均數分別約為 19.19，17.51 及 15.67。因此受試者對 BBS 的布告欄功能評價較高；且以 5 點量表而言，3 分是差不多看法，每變項均有 5 小題，故總分若能達到 15 分以上，即表示評價尚可。至於是男性或女生，或是那一年級學生對其中變項的評價是否達顯著差異，就得靠 t 檢定或 ANOVA 檢定了。

	A	B	C	D	E	F
1	佈告欄功能		電子郵件功能		透過bbs作問卷調查的功能	
2						
3	平均數	19.19387755	平均數	17.51020408	平均數	15.67346939
4	標準誤	0.176054248	標準誤	0.225701974	標準誤	0.216840813
5	中間值	19	中間值	17	中間值	16
6	眾數	18	眾數	17	眾數	17
7	標準差	2.46475947	標準差	3.159827642	標準差	3.035771385
8	變異數	6.075039246	變異數	9.984510727	變異數	9.215907902
9	峰度	1.757933918	峰度	-0.47704228	峰度	-0.005830073
10	偏態	-0.439595734	偏態	0.274561364	偏態	0.165419124
11	範圍	17	範圍	14	範圍	17
12	最小值	8	最小值	11	最小值	8
13	最大值	25	最大值	25	最大值	25
14	總和	3762	總和	3432	總和	3072
15	個數	196	個數	196	個數	196
16	第 K 個最大值(1)	25	第 K 個最大值(1)	25	第 K 個最大值	25
17	第 K 個最小值(1)	8	第 K 個最小值(1)	11	第 K 個最小值	8
18	信賴度(95.0%)	0.347214893	信賴度(95.0%)	0.445130338	信賴度(95.0%)	0.427654321
19						

■ 圖13-13

（三）兩個母體平均數差異的 T 檢定（先 F 檢定）

步驟 1： 首先，先新增一新工作表，在儲存格分別輸入文字，如圖 13-14(a) 所示。

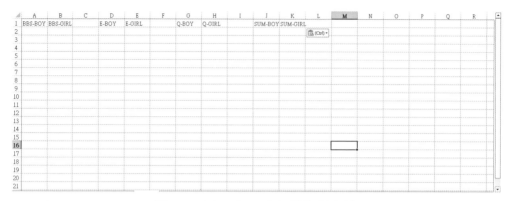

■ 圖13-14(a)　　男、女母體資料的獲取

步驟 2：從最初的「調查資料」工作表中，利用「篩選」在「性別」的變項按鈕上點選 1（即男生），則在 AA 欄，AB 欄及 AC 欄上可得三變項的所有男生個別總得分。將其複製到新工作表中的 A 欄，D 欄及 G 欄中。同理，再點選「性別」的變項按鈕上點選 2（即女生），則在 AA 欄，AB 欄及 AC 欄上可得三變項的所有女生個別總得分。將其複製到新工作表中的 B 欄，E 欄及 H 欄中。同時，在儲存格 J2 及 K2，分別輸入「=A2+D2+G2」及「=B2+E2+H2」，則分別可得 55，47，往下複製則可得所有男、女生個別在 BBS 上的總功能得分。如圖 13-14(b)所示。

	BBS-BOY	BBS-GIRL		E-BOY	E-GIRL		Q-BOY	Q-GIRL		SUM-BOY	SUM-GIRL	
1	BBS-BOY	BBS-GIRL		E-BOY	E-GIRL		Q-BOY	Q-GIRL		SUM-BOY	SUM-GIRL	
2	21	22		16	13		18	12		55	47	
3	25	19		25	17		11	14		61	50	
4	20	17		12	14		18	17		50	48	
5	15	23		14	17		15	17		44	57	
6	20	18		20	16		18	12		58	46	
7	21	12		22	19		22	12		65	43	
8	22	22		19	21		17	16		58	59	
9	21	22		18	16		17	18		56	56	
10	19	19		18	23		18	18		55	60	
11	17	21		18	18		21	17		56	56	
12	22	18		22	16		18	14		62	48	
13	19	25		14	22		12	17		45	64	
14	22	17		24	20		16	17		62	54	
15	19	21		21	23		13	16		53	60	
16	21	22		20	21		15	17		56	60	
17	19	20		24	21		19	17		62	58	
18	22	20		16	19		13	16		51	55	
19	20	22		18	21		23	16		61	59	
20	17	22		14	22		13	18		44	62	
21	19	16		14	17		12	13		45	46	

■ 圖13-14(b)

步驟 3：作 F 檢定：從工具列中的「資料」下的「資料分析」中，找到
「*F*-檢定」按下，即可得圖中的視窗，內容輸入如圖 13-15 所
示。則可得圖 13-16(a)。

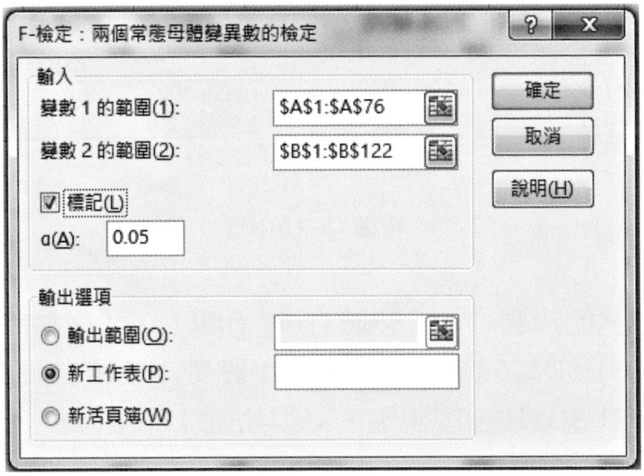

F-檢定：兩個常態母體變異數的檢定　　? ✕

輸入
變數 1 的範圍(1):　　　$A$1:$A$76
變數 2 的範圍(2):　　　$B$1:$B$122

☑ 標記(L)
α(A):　0.05

輸出選項
◯ 輸出範圍(O):
◉ 新工作表(P):
◯ 新活頁簿(W)

確定
取消
說明(H)

■ 圖13-15　　*F*-檢定

	A	B	C
1	F 檢定：兩個常態母體變異數的檢定		
2			
3		BBS-BOY	BBS-GIRL
4	平均數	19.68	18.89256198
5	變異數	6.085405405	5.880027548
6	觀察值個數	75	121
7	自由度	74	120
8	F	1.034928043	
9	P(F<=f) 單尾	0.428350296	
10	臨界值：單尾	1.401436704	
11			

■ 圖13-16(a)

▲	E	F	G	H	I	J	K
1	F 檢定：兩個常態母體變異數的檢定				F 檢定：兩個常態母體變異數的檢定		
2							
3		E-BOY	E-GIRL			Q-BOY	Q-GIRL
4	平均數	17.64	17.42975207		平均數	15.72	15.6446281
5	變異數	11.69297297	8.997107438		變異數	10.06918919	8.764325069
6	觀察值個數	75	121		觀察值個數	75	121
7	自由度	74	120		自由度	74	120
8	F	1.299636917			F	1.148883583	
9	P(F<=f) 單尾	0.100558483			P(F<=f) 單尾	0.247568754	
10	臨界值：單尾	1.401436704			臨界值：單尾	1.401436704	
11							
12							

■ 圖13-16(b)

步驟 4：重複上述的步驟 3，「變數 1 的範圍」、「變數 2 的範圍」分別填入$D$1:$D$76；$E$1:$E$122；點選「輸出範圍」並輸入「F 檢定」$E$1:$G$10，按確定，可得如圖 13-16(b)。

步驟 5：重複上述步驟 4，「變數 1 的範圍」、「變數 2 的範圍」分別填入 $J$1:$J$76；$K$1:$K$122；「輸出範圍」輸入「F 檢定」$I$1:k10。

討　論：F 檢定結果詮釋：以「布告欄功能」及「電子郵件功能」二變項討論（圖 13-16(a)），我們發現在第一變項(BBS)F 值(1.034)小於臨界值(1.4014)，或單尾機率 P(0.4283)大於設定的 α 值 0.05，故接受 H_0，即男、女兩母體的變異數相等。而在第二變項(E-mail)上，F 值(1.2996)小於臨界值(1.4014)，或單尾機率 0.1005大於 α 值 0.05，故接受 H_0，即男、女兩母體的變異數相等。

步驟 6：T 檢定：點選「資料」下的「資料分析」。在「布告欄功能」變項上，採用「t 檢定：兩個母體平均數差的檢定，假設變異數相等」；在「電子郵件功能」的變項，也採用「t 檢定：兩個母體平均數差的檢定，假設變異數相等」。以「布告欄功能」為例，輸入內容如圖 13-17 所示，對「電子郵件功能」變相，再做一次 t 檢定，即可得圖 13-18 的結果。

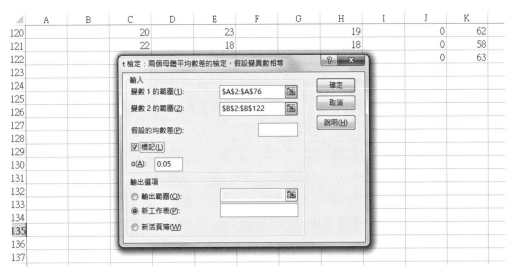

■ 圖13-17　　t 檢定

	A	B	C	D	E	F	G
1	z				t 檢定：兩個母體平均數差的檢定，假設變異數相等		
2							
3		BBS-BOY	BBS-GIRL			E-BOY	E-GIRL
4	平均數	19.68	18.89256198		平均數	17.64	17.42975207
5	變異數	6.085405405	5.880027548		變異數	11.69297297	8.997107438
6	觀察值個數	75	121		觀察值個數	75	121
7	Pooled 變異數	5.958367556			Pooled 變異數	10.02542728	
8	假設的均數差	0			假設的均數差	0	
9	自由度	194			自由度	194	
10	t 統計	2.19506818			t 統計	0.45183053	
11	P(T<=t) 單尾	0.0146727			P(T<=t) 單尾	0.325947909	
12	臨界值：單尾	1.652745978			臨界值：單尾	1.652745978	
13	P(T<=t) 雙尾	0.0293454			P(T<=t) 雙尾	0.651895817	
14	臨界值：雙尾	1.972267488			臨界值：雙尾	1.972267488	
15							

■ 圖13-18

討　論：t 檢定結果詮釋：以雙尾討論時，在第一變項 BBS 上，t 統計為 2.195 大於臨界值 1.972，或雙尾機率 $P(0.0293)$ 小於 α 值 0.05，故拒絕 H_0。在第二變項 E-mail 上，t 統計為 0.452，因 $-1.972 < 0.452 < 1.972$，或機率 $P(0.652)$ 大於 0.05，故接受 H_0。

　　因此男、女生在「布告欄功能」的看法有顯著差異，但在「電子郵件功能」的看法上卻差不多。

Chapter

13

（四）單因子變異數分析(ANOVA)

要得到單因子變異數分析，其步驟如下。

步驟 1： 五個年級五個母體資料的獲取：首先，先按「插入」、「新工作表」，方法同於男、女兩個母體資料的獲取，但記得先利用「自動篩選」，點選「性別」上按鈕內的 全部 ，接著在「年級」變項的按鈕上分別點選 1（即一年級），2（即二年級），……，5（即五年級），則分別在 AA 欄，AB 欄及 AC 欄可得一、二、…、五年級學生個別在「布告欄功能」，「電子郵件功能」，及「透過 BBS 作問卷調查的功能」三變項上的得分。

這一次以變項「透過 BBS 作問卷調查的功能」為例，首先在儲存格 A1，B1，C1，D1 及 E1 依序輸入文字「一年級」，「二年級」，「三年級」，「四年級」及「五年級」。再依序將該變項五個年級學生個別得分依序複製到新工作表的 A 至 E 欄上。

步驟 2： 點選「資料」下的「資料分析」內的「單因子變異數分析」，輸入內容如圖 13-19 所示，即可得圖 13-20 的結果。

■ 圖13-19　單因子變異數分析(ANOVA)

	A	B	C	D	E	F	G
1	單因子變異數分析						
2							
3	摘要						
4	組	個數	總和	平均	變異數		
5	19	27	522	19.33333	4.307692		
6	20	28	509	18.17857	10.22619		
7	15	25	483	19.32	4.31		
8	22	57	1131	19.84211	4.671053		
9	12	54	1029	19.05556	5.638365		
10							
11							
12	ANOVA						
13	變源	SS	自由度	MS	F	P-值	臨界值
14	組間	54.43848	4	13.60962	2.406357	0.051105	2.420215
15	組內	1051.959	186	5.655696			
16							
17	總和	1106.398	190				
18							

■ 圖13-20

討　論： ANOVA 結果詮釋：由圖 13-20 的「摘要」可知五個年級的平均數均在 19 左右，其表示所有學生對「透過 BBS 作問卷調查的功能」之看法差不多。進一步由 ANOVA 的 F 值(2.406)小於臨界值 2.420，或 p 值(0.051105)大於 α 值(0.05)，可知五個年級學生在該變項上的看法未達 0.05 顯著差異。

（五）雙因子變異數分析：無重複實驗

步驟 1： 性別與年級二因子資料的獲取：以電子郵件功能為例，用「自動篩選」，先選擇「性別」上按鈕內的 1（即男生），再點選「年級」按鈕內的 1（即一年級），則在欄 AB 上可得「一年級男生」在「電子郵件功能」的個別得分。反白儲存格 AB2 到 AB198，再點選工具列上的「Σ」，則可得一年級所有男生在該變項上的總得分 74。若將游標移至儲存格 AB198 上，則在它的編輯區可看到

「=SUB TOTAL(9,AB30:AB197)」

　　　　　　仿上述步驟，插入一新的工作表，命名為「二因子」，在此
工作表上依次輸入男、女生不同年級學生在該變項的總得分，如
圖 13-21 之前三列所示。

步驟 2：　點選「資料」下的「資料分析」內的「雙因子變異數分析：無重
複試驗」，輸入內容如圖 13-21 所示，即可得圖 13-22(a)及圖 13-
22(b)的結果。

討　論：　雙因子 ANOVA 結果詮釋：由圖 13-22(b)可知「列」變源的 F 值
3.208 小於臨界值 7.71，或 p 值 0.148 大於設定的 α 值 0.05，故接
受 H_0，即男、女生對「電子郵件的功能」之看法差不多。「欄」
變源的 F 值 0.646 亦小於臨界值 6.388，或 p 值 0.659 大於 α 值
0.05，故五個年級學生對「電子郵件的功能」之看法也未達 0.05
顯著差異。

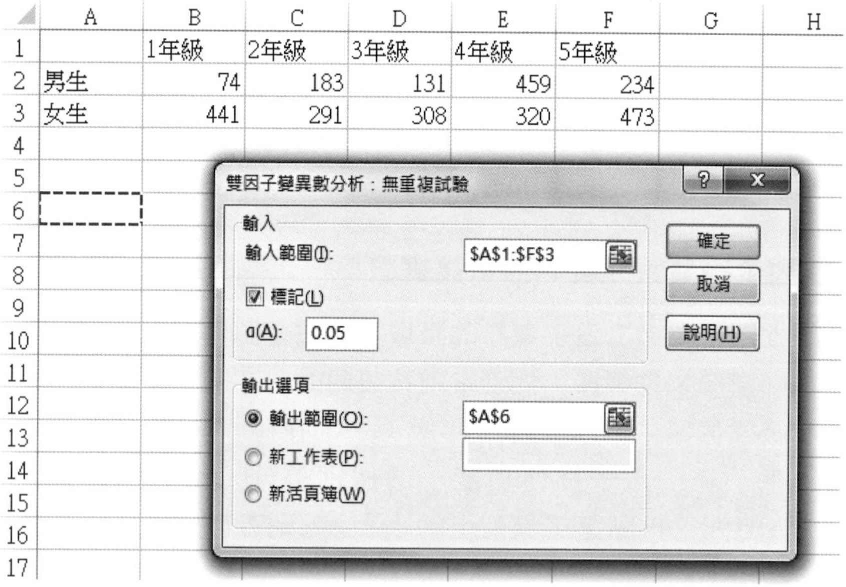

	A	B	C	D	E	F
1		1年級	2年級	3年級	4年級	5年級
2	男生	74	183	131	459	234
3	女生	441	291	308	320	473

雙因子變異數分析：無重複試驗

輸入

輸入範圍(I)：　$A$1:$F$3

☑ 標記(L)

α(A)：　0.05

輸出選項

◉ 輸出範圍(O)：　$A$6

◯ 新工作表(P)：

◯ 新活頁簿(W)

確定
取消
說明(H)

■ 圖13-21　雙因子變異數分析：無重複試驗

	A	B	C	D	E	F
6	雙因子變異數分析：無重複試驗					
7						
8	摘要	個數	總和	平均	變異數	
9	男生	5	1081	216.2	21962.7	
10	女生	5	1833	366.6	7044.3	
11						
12	1年級	2	515	257.5	67344.5	
13	2年級	2	474	237	5832	
14	3年級	2	439	219.5	15664.5	
15	4年級	2	779	389.5	9660.5	
16	5年級	2	707	353.5	28560.5	

■ 圖13-22(a)

	變源	SS	自由度	MS	F	P-值	臨界值
19	ANOVA						
20	變源	SS	自由度	MS	F	P-值	臨界值
21	列	56550.4	1	56550.4	3.208005	0.147763	7.708647
22	欄	45516.4	4	11379.1	0.645516	0.659069	6.388233
23	錯誤	70511.6	4	17627.9			
24							
25	總和	172578.4	9				
26							

■ 圖13-22(b)

（六）相關分析

步驟 1： 相關變項間資料獲取：欲了解題 2-3-2「透過 BBS 作問卷調查的結果準確性高」，題 2-3-4 的「BBS 上的問卷調查可信度高」及題 2-3-5 的「BBS 上的問卷調查具有客觀性」，三變項的相關，從原始資料內，我們可以取消「自動篩選」，再找到該三變項所放置的欄位，即欄 V、欄 X 及欄 Y。因在「相關係數」的功能表內輸入的範圍必須是一連續的參照位置，因此將以上三欄複製到新工作表（點選「插入」中的「新工作表」）的 A、B 及 C 三欄內。

步驟 2： 點選「資料」下的「資料分析」內的「相關係數」，輸入內容如圖 13-23 所示，即可得圖 13-24 的結果。

Chapter
13

步驟 3： 相關分析結果詮釋：由圖 13-24 可知，「2-3-2」與「2-3-4」兩題的相關係數為 0.083，其表示透過 BBS 作問卷調查的結果之「準確性」及「可信度」二者是低度相關，即其中一變項分數愈高，則另一變項的分數不見得會高。「2-3-2」與「2-3-5」兩相關係數僅為 0.166，其表示透過 BBS 上作問卷調查的結果之「準確性」與「客觀性」二者之間也沒有多大關聯。

	A	B	C
21	3	3	3
22	3	3	3
23	4	3	3
24	4	2	3
25	2	3	4
26	4	4	4
27	4	3	4
28	4	2	2
29	3	2	4
30	3	2	2
31	3	3	3
32	3	2	4
33	4	2	4
34	3	1	3
35	3	3	4
36	4	3	4
37	1	2	2
38	4	2	1
39	4	5	5

相關係數

輸入
輸入範圍(I): $A$1:$C$197
分組方式： ◉ 逐欄(C)
              ◯ 逐列(R)
☑ 類別軸標記是在第一列上(L)

輸出選項
◯ 輸出範圍(O):
◉ 新工作表(P):
◯ 新活頁簿(W)

確定
取消
說明(H)

■ 圖13-23　相關分析

	A	B	C	D	E	F	G	H
1	2-3-2	2-3-4	2-3-5			2-3-2	2-3-4	2-3-5
2	3	2	2		2-3-2	1		
3	2	2	2		2-3-4	0.082788	1	
4	3	4	3		2-3-5	0.166453	0.271956	1
5	3	3	3					
6	2	2	2					
7	2	2	2					
8	3	4	2					
9	4	3	3					
10	3	3	3					
11	3	3	3					

■ 圖13-24

（七）迴歸分析

欲以「布告欄功能」及「電子郵件功能」兩個自變項來預測「透過 BBS 作問券調查的功能」此依變項，就須利用迴歸分析法了。

步驟 1： 自變項及依變項之資料的取得：「布告欄功能」及「電子郵件功能」兩變項在欄 AA 及欄 AB 內，「透過 BBS 作問券調查的功能」在欄 AC 內。

步驟 2： 迴歸分析：點選「資料」下的「資料分析」內的「迴歸」，輸入內容如圖 13-25 所示，即可得圖 13-26(a)，圖 13-26(b)及圖 13-26(c)的結果。

■ 圖13-25　迴歸分析

	A	B	C	D	E	F
1	摘要輸出					
2						
3	迴歸統計					
4	R 的倍數	0.079197				
5	R 平方	0.006272				
6	調整的 R 平方	-0.00403				
7	標準誤	6.996914				
8	觀察值個數	196				
9						
10	ANOVA					
11		自由度	SS	MS	F	顯著值
12	迴歸	2	59.63758	29.81879	0.609084	0.544891
13	殘差	193	9448.663	48.95681		
14	總和	195	9508.301			

■ 圖13-26(a)

15									
16		係數	標準誤	t統計	P-值	下限 95%	上限 95%	下限 95.0%	上限 95.0%
17	截距	46.98452	2.128711	22.07182	1.09E-54	42.786	51.18304	42.786	51.18304
18	性別	0.012982	1.036974	0.012519	0.990024	-2.03227	2.058238	-2.032274	2.058238
19	年級	0.408087	0.372342	1.095999	0.274445	-0.32629	1.142468	-0.326295	1.142468

■ 圖13-26(b)

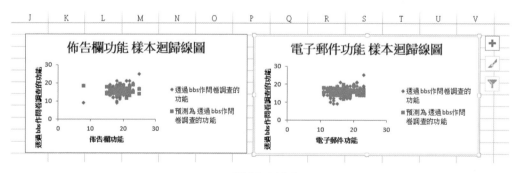

■ 圖13-26(c)

討　論：　迴歸分析結果詮釋：由圖 13-26(a)可知，「R 的平方」，即「決定係數」，為 0.221，表示對「透過 BBS 作問券調查的功能」的 Y 變數能由「布告欄功能」及「電子郵件功能」決定或正確預測的部分只有約 22.1%的比例。

　　　　　而「布告欄功能」或「電子郵件功能」個別變項的效果，可從圖 13-26(a)可知，二者均達 0.05 顯著水準；亦即「透過 BBS 作問券調查的功能」的看法可由對：「布告欄功能」的看法及「電子郵件功能」的看法來預測。

　　　　　由圖 13-26(b)亦可知迴歸方程式可寫成

　　　　　$Y=4.84+0.28X_1+0.32X_2$

其中 X_1 和 X_2 代表「布告欄功能」和「電子郵件功能」，Y 代表「透過 BBS 作問券調查的功能」。故可利用上述迴歸方程式及原始觀測值來預測 Y 值，得到結果大致如圖 13-26(c)的迴歸曲線圖。

（八）卡方檢定

　欲了解學生每週上 BBS 的天數，每天花在 BBS 上的時間，或經常上 BBS 站的時段是否與性別或年級有關聯，則採用列聯表獨立性檢定，以題 1-1 的「每週上 BBS 的天數」為例。

步驟 1：　**男、女生在「每週上 BBS 的天數」之四個選項的「觀察次數」之獲得**：利用「自動篩選」，點選「性別」上的按鈕內的 1，再點選題「1-1」上按鈕內的 1（表示篩選選第一個選項的樣本）。將游標移至儲存格 E198，點選工具列上的「Σ」，則出現 11；其表示在題 1-1 中，選「(1)一、二天」的所有男生有 11 人，將 11 複製到另一個新工作表上。

　　　　　再點選「1-1」上按鈕內的 2，則儲存格 E198 會出現 42，而 42/2=21，即選「(2)三、四天」的所有男生人數為 21，亦將其複製到剛才的那一個新工作表上。依序將男、女生分別選第一、第二、第三及第四選項的人數，即總共八種觀察人數複製到同一個新工作表上，如圖 13-27 所示。

Chapter

13

287

再依序計算列及欄的「邊緣次數」,如圖 13-28 中的 D 欄及第 6 列,其中由儲存格 B6 的編輯區可知如何計算男生在四個選項的總人數 75。

	A	B	C	D
1	1-1	男生	女生	SUM
2	1	11	11	22
3	2	38	83	121
4	3	7	8	15
5	4	19	19	38
6	SUM	75	121	196
7				

■ 圖13-27

步驟 2: 男、女在「每週上 BBS 的天數」之四個選項的「理論次數」之獲得:在 B10 輸入「=(B$6*$D2)/$D$6」完成後,則可得 8.418,其即為對題 1-1 中選(1)的所有男生人數,將其依次複製到 B11 至 B13,及 C10 至 C13,則可得圖 13-28 的畫面,其中在 C12 的編輯區可看到「=(C$6*$D4)/$D$6」。

步驟 3: 列聯表獨立性檢定:將游標移至儲存格 C15,再點選功能列上的「插入」下的「函數」,即利用函數精靈,找函數 CHISQ.TEST,確定後,輸入內容如圖 13-29 所示,則可得到卡方的機率值 0.096。

	A	B	C	D
1	1-1	男生	女生	SUM
2	1	11	11	22
3	2	38	83	121
4	3	7	8	15
5	4	19	19	38
6	SUM	75	121	196
7				
8				
9	1-1	男生	女生	
10	1	8.418367	13.58163	
11	2	46.30102	74.69898	
12	3	5.739796	9.260204	
13	4	14.54082	23.45918	
14				

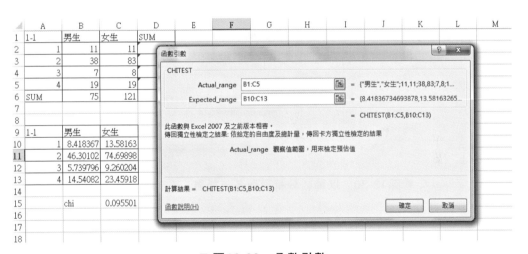

■ 圖13-28

■ 圖13-29　函數引數

討　論：卡方機率值結果詮釋：因機率值 0.096 大於 α 值 0.05，故接受 H_0，即男、女生每週上 BBS 的天數未達到 0.05 顯著差異，即「性別」與「每週上 BBS 的天數」沒有關聯。

（九）統計繪圖

欲以直條圖表現出 196 位有效樣本的每個年級之男、女生人數，則可用圖表精靈來完成。

步驟1： 以樞紐分析獲取各年級男、女生的人數：在工具列中「插入」下的「樞紐分析圖」上按一下，即可出現一列表，選「樞紐分析圖和樞紐分析表」的選項。資料輸入如圖 13-30 所示。

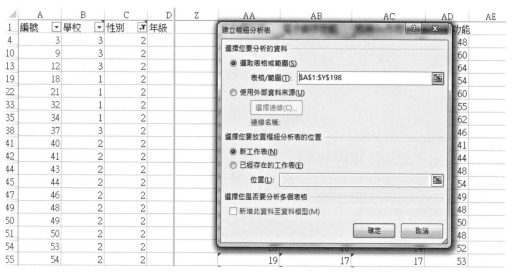

■ 圖13-30　以輸紐分析獲取各年級男、女生的人數

步驟 2： 將要分析的資料拖移到適當的欄位當中。畫面如圖 13-31 所示。

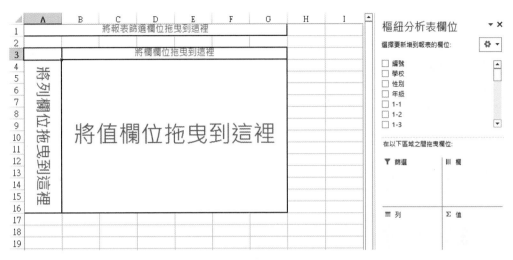

■ 圖13-31

步驟 3： 將「年級」拖移至「欄」；將「性別」拖移至「列」；再將「編號」拖移至「Σ 值」中，即可得圖 13-32。

計數 - 編號	年級						
性別	1	2	3	4	5	(空白)	總計
1	4	11	8	31	21		75
2	24	18	18	27	34		121
(空白)							
總計	28	29	26	58	55		196

	1年級	2年級	3年級	4年級	5年級
男生	4	11	8	31	21
女生	24	18	18	27	34

■ 圖13-32

步驟 4： 以圖表精靈作圖：將 A10 至 F12 反白，再點選工具列上的「圖表精靈」符號，或點選「插入」下的「插入直條圖」。在圖表精靈步驟 4-1 下選取「直條圖」，接著依序完成四個步驟，再將所得圖形調整，則可得圖 13-33 五個年級男、女生個別人數的長條圖。

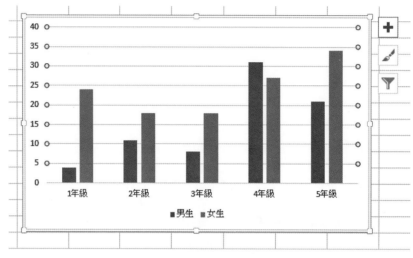

■ 圖13-33

附　錄

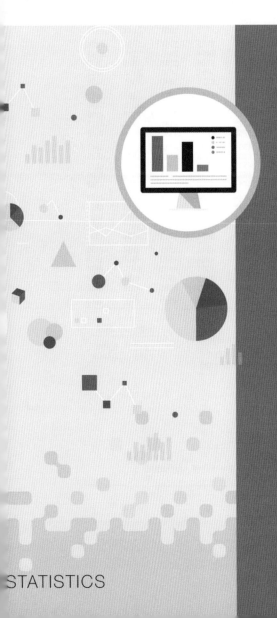

STATISTICS

附錄 A 標準常態分配表

公式與附表

標準常態(z) 分配

z	.00	.01	.02	.03	.04	.05	.06	.07	.08	.09
0.0	.0000	.0040	.0080	.0120	.0160	.0199	.0239	.0279	.0319	.0359
0.1	.0398	.0438	.0478	.0517	.0557	.0596	.0636	.0675	.0714	.0753
0.2	.0793	.0832	.0871	.0910	.0948	.0987	.1026	.1064	.1103	.1141
0.3	.1179	.1217	.1255	.1293	.1331	.1368	.1406	.1443	.1480	.1517
0.4	.1554	.1591	.1628	.1664	.1700	.1736	.1772	.1808	.1844	.1879
0.5	.1915	.1950	.1985	.2019	.2054	.2088	.2123	.2157	.2190	.2224
0.6	.2257	.2291	.2324	.2357	.2389	.2422	.2454	.2486	.2517	.2549
0.7	.2580	.2611	.2642	.2673	.2704	.2734	.2764	.2794	.2823	.2852
0.8	.2881	.2910	.2939	.2967	.2995	.3023	.3051	.3078	.3106	.3133
0.9	.3159	.3186	.3212	.3238	.3264	.3289	.3315	.3340	.3365	.3389
1.0	.3413	.3438	.3461	.3485	.3508	.3531	.3554	.3577	.3599	.3621
1.1	.3643	.3665	.3686	.3708	.3729	.3749	.3770	.3790	.3810	.3830
1.2	.3849	.3869	.3888	.3907	.3925	.3944	.3962	.3980	.3997	.4015
1.3	.4032	.4049	.4066	.4082	.4099	.4115	.4131	.4147	.4162	.4177
1.4	.4192	.4207	.4222	.4236	.4251	.4265	.4279	.4292	.4306	.4319
1.5	.4332	.4345	.4357	.4370	.4382	.4394	.4406	.4418	.4429	.4441
1.6	.4452	.4463	.4474	.4484	.4495 *	.4505	.4515	.4525	.4535	.4545
1.7	.4554	.4564	.4573	.4582	.4591	.4599	.4608	.4616	.4625	.4633
1.8	.4641	.4649	.4656	.4664	.4671	.4678	.4686	.4693	.4699	.4706
1.9	.4713	.4719	.4726	.4732	.4738	.4744	.4750	.4756	.4761	.4767
2.0	.4772	.4778	.4783	.4788	.4793	.4798	.4803	.4808	.4812	.4817
2.1	.4821	.4826	.4830	.4834	.4838	.4842	.4846	.4850	.4854	.4857
2.2	.4861	.4864	.4868	.4871	.4875	.4878	.4881	.4884	.4887	.4890
2.3	.4893	.4896	.4898	.4901	.4904	.4906	.4909	.4911	.4913	.4916
2.4	.4918	.4920	.4922	.4925	.4927	.4929	.4931	.4932	.4934	.4936
2.5	.4938	.4940	.4941	.4943	.4945	.4946	.4948	.4949 *	.4951	.4952
2.6	.4953	.4955	.4956	.4957	.4959	.4960	.4961	.4962	.4963	.4964
2.7	.4965	.4966	.4967	.4968	.4969	.4970	.4971	.4972	.4973	.4974
2.8	.4974	.4975	.4976	.4977	.4977	.4978	.4979	.4979	.4980	.4981
2.9	.4981	.4982	.4982	.4983	.4984	.4984	.4985	.4985	.4986	.4986
3.0	.4987	.4987	.4987	.4988	.4988	.4989	.4989	.4989	.4990	.4990

z	面積
3.1	.49903
3.2	.49931
3.3	.49952
3.4	.49966
3.5	.49977
3.6	.49984
3.7	.49989
3.8	.49993
3.9	.49995
4.0	.49997
4.5	.4999966023
5.0	.4999997133
5.5	.4999999810
6.0	.4999999990

6.0 以上：利用 0.4999999990

註：
1. z 值超過 6.0 者，其面積均視為 0.4999999990。
2. *右列兩個常用 z 值係依內插補法求得。
   z 值 面積 0.6 以上：利用 0.4999999990

z值	面積
1.645	0.4500
2.575	0.4950

資料來源：莫士托雷 (Frederick Mosteller) 和魯爾科 (Robert E. K. Rourke) 著，力行統計學，
附表1－1（愛迪生－衛斯理 1973 年出版）。已獲同意引用。

附錄 B　亂數表

3388	4986	5345	9534	0977	3841	0887	2331	5834	6124
0682	6073	6631	9584	7806	4537	3160	3108	5824	7492
2460	7526	1442	8365	8048	9836	6873	9567	6918	4507
6195	2329	6831	2659	9654	9132	5331	1970	6263	0088
6824	7709	3937	3289	9545	0620	3904	5203	6590	8769
0237	7574	8607	1502	4776	0944	4946	1519	4834	2810
1336	8960	2192	7132	9267	4262	6070	7664	7690	3873
6840	3016	3991	8582	1813	0012	3781	8635	0286	3932
5577	7452	9477	7942	7328	0822	7876	6379	9014	6845
3495	3500	9497	8688	7764	0017	1221	5816	8840	8573
5163	5127	5955	7826	0982	3563	7783	1575	7738	9146
3746	5767	5137	3846	9113	3394	5172	3745	2574	5275
0596	6736	4273	7665	8229	6933	6510	0093	4091	4567
6553	4267	4071	3532	0593	3874	5368	5295	6303	2629
5357	7401	0355	7216	4634	6024	2925	6588	1415	5648
2494	9279	9367	7668	7780	6154	5109	2932	5425	7431
0688	6159	2461	8408	7034	7089	5585	5668	1334	9079
8071	6291	4453	6196	3226	7963	2899	7833	3772	2999
3161	1488	9575	0912	2917	2319	8537	8896	4831	5172
8867	5812	0932	0728	8392	4715	7771	5771	1057	7717
5162	5173	5275	3945	4687	3300	5157	1636	8427	0739
4378	3392	8180	2214	3922	8559	8892	2618	2828	1661
5945	8120	0793	3219	3810	0202	6850	6919	9255	4713
4687	6862	3873	7956	4311	0562	8675	0074	2288	0684
9275	6841	7603	8996	9925	6219	6061	6647	9953	3871
0216	5472	1801	7372	2573	8347	4624	2612	6511	0523
9879	0853	0743	9907	2618	8813	0832	8420	5545	7492
1701	1794	5006	8364	4493	0984	6506	2403	6851	4421
9391	1530	5183	8816	9131	9608	3308	6067	9742	0662
4288	8170	1742	6691	1183	7385	1514	0106	3648	9607
8233	0445	0649	5895	2419	3849	4067	8431	9016	3973
6380	0131	4103	1461	5276	7355	3635	9913	0591	2907
9453	3330	5809	0160	7110	9020	5573	5054	4924	2598
6341	0834	2696	4557	8818	7709	4831	7554	1991	6323
1831	7438	8725	9746	6719	9912	5206	6236	9215	0378
0051	5390	8982	3225	4648	5347	7855	6555	1405	3659
8684	9840	4336	0138	6484	8792	2118	2436	0141	0093
4906	5407	0293	8540	7694	5525	4036	6789	1328	3074
9183	3995	4619	8489	1138	8616	8165	6304	9085	6124

附錄 C　*t* 分配臨界值表

$$P(t > t_\alpha) = \alpha$$

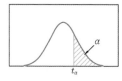

d.f.	$t_{.100}$	$t_{.050}$	$t_{.025}$	$t_{.010}$	$t_{.005}$	d.f.
1	3.078	6.314	12.706	31.821	63.656	1
2	1.886	2.920	4.303	6.965	9.925	2
3	1.638	2.353	3.182	4.541	5.841	3
4	1.533	2.132	2.776	3.747	4.604	4
5	1.476	2.015	2.571	3.365	4.032	5
6	1.440	1.943	2.447	3.143	3.707	6
7	1.415	1.895	2.365	2.998	3.499	7
8	1.397	1.860	2.306	2.896	3.355	8
9	1.383	1.833	2.262	2.821	3.250	9
10	1.372	1.812	2.228	2.764	3.169	10
11	1.363	1.796	2.201	2.718	3.106	11
12	1.356	1.782	2.179	2.681	3.055	12
13	1.350	1.771	2.160	2.650	3.012	13
14	1.345	1.761	2.145	2.624	2.977	14
15	1.341	1.753	2.131	2.602	2.947	15
16	1.337	1.746	2.120	2.583	2.921	16
17	1.333	1.740	2.110	2.567	2.898	17
18	1.330	1.734	2.101	2.552	2.878	18
19	1.328	1.729	2.093	2.539	2.861	19
20	1.325	1.725	2.086	2.528	2.845	20
21	1.323	1.721	2.080	2.518	2.831	21
22	1.321	1.717	2.074	2.508	2.819	22
23	1.319	1.714	2.069	2.500	2.807	23
24	1.318	1.711	2.064	2.492	2.797	24
25	1.316	1.708	2.060	2.485	2.787	25
26	1.315	1.706	2.056	2.479	2.779	26
27	1.314	1.703	2.052	2.473	2.771	27
28	1.313	1.701	2.048	2.467	2.763	28
29	1.311	1.699	2.045	2.462	2.756	29
∞	1.282	1.645	1.960	2.326	2.576	∞

附錄 ロ χ^2 分配臨界值表

公式與附表

卡方 (χ^2) 分配

自由度	臨界值右邊之面積									
	0.995	0.99	0.975	0.95	0.90	0.10	0.05	0.025	0.01	0.005
1	—	—	0.001	0.004	0.016	2.706	3.841	5.024	6.635	7.879
2	0.010	0.020	0.051	0.103	0.211	4.605	5.991	7.378	9.210	10.597
3	0.072	0.115	0.216	0.352	0.584	6.251	7.815	9.348	11.345	12.838
4	0.207	0.297	0.484	0.711	1.064	7.779	9.488	11.143	13.277	14.860
5	0.412	0.554	0.831	1.145	1.610	9.236	11.071	12.833	15.086	16.750
6	0.676	0.872	1.237	1.635	2.204	10.645	12.592	14.449	16.812	18.548
7	0.989	1.239	1.690	2.167	2.833	12.017	14.067	16.013	18.475	20.278
8	1.344	1.646	2.180	2.733	3.490	13.362	15.507	17.535	20.090	21.955
9	1.735	2.088	2.700	3.325	4.168	14.684	16.919	19.023	21.666	23.589
10	2.156	2.558	3.247	3.940	4.865	15.987	18.307	20.483	23.209	25.188
11	2.603	3.053	3.816	4.575	5.578	17.275	19.675	21.920	24.725	26.757
12	3.074	3.571	4.404	5.226	6.304	18.549	21.026	23.337	26.217	28.299
13	3.565	4.107	5.009	5.892	7.042	19.812	22.362	24.736	27.688	29.819
14	4.075	4.660	5.629	6.571	7.790	21.064	23.685	26.119	29.141	31.319
15	4.601	5.229	6.262	7.261	8.547	22.307	24.996	27.488	30.578	32.801
16	5.142	5.812	6.908	7.962	9.312	23.542	26.296	28.845	32.000	34.267
17	5.697	6.408	7.564	8.672	10.085	24.769	27.587	30.191	33.409	35.718
18	6.265	7.015	8.231	9.390	10.865	25.989	28.869	31.526	34.805	37.156
19	6.844	7.633	8.907	10.117	11.651	27.204	30.144	32.852	36.191	38.582
20	7.434	8.260	9.591	10.851	12.443	28.412	31.410	34.170	37.566	39.997
21	8.034	8.897	10.283	11.591	13.240	29.615	32.671	35.479	38.932	41.401
22	8.643	9.542	10.982	12.338	14.042	30.813	33.924	36.781	40.289	42.796
23	9.260	10.196	11.689	13.091	14.848	32.007	35.172	38.076	41.638	44.181
24	9.886	10.856	12.401	13.848	15.659	33.196	36.415	39.364	42.980	45.559
25	10.520	11.524	13.120	14.611	16.473	34.382	37.652	40.646	44.314	46.928
26	11.160	12.198	13.844	15.379	17.292	35.563	38.885	41.923	45.642	48.290
27	11.808	12.879	14.573	16.151	18.114	36.741	40.113	43.194	46.963	49.645
28	12.461	13.565	15.308	16.928	18.939	37.916	41.337	44.461	48.278	50.993
29	13.121	14.257	16.047	17.708	19.768	39.087	42.557	45.772	49.588	52.336
30	13.787	14.954	16.791	18.493	20.599	40.256	43.773	46.979	50.892	53.672
40	20.707	22.164	24.433	26.509	29.051	51.805	55.758	59.342	63.691	66.766
50	27.991	29.707	32.357	34.764	37.689	63.167	67.505	71.420	76.154	79.490
60	35.534	37.485	40.482	43.188	46.459	74.397	79.082	83.298	88.379	91.952
70	43.275	45.442	48.758	51.739	55.329	85.527	90.531	95.023	100.425	104.215
80	51.172	53.540	57.153	60.391	64.278	96.578	101.879	106.629	112.329	116.321
90	59.196	61.754	65.647	69.126	73.291	107.565	113.145	118.136	124.116	128.299
100	67.328	70.065	74.222	77.929	82.358	118.498	124.342	129.561	135.807	140.169

資料來源：歐文 (Donald B. Owen) 編，統計附表手冊，美國能源部（愛迪生－衛斯理1962 年出版）。已獲同意引用。

附錄 E *F* 分配臨界值表

$$P(F > F_\alpha) = \alpha$$

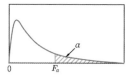

$\nu_2(d.f.)$	$\nu_1(d.f.)$				$\alpha = 0.10$				
	1	2	3	4	5	6	7	8	9
1									
2	39.86	49.50	53.59	55.83	57.24	58.20	58.91	59.44	59.86
3	8.53	9.00	9.16	9.24	9.29	9.33	9.35	9.37	9.38
4	5.54	5.46	5.39	5.34	5.31	5.28	5.27	5.25	5.24
5	4.54	4.32	4.19	4.11	4.05	4.01	3.98	3.95	3.94
6	4.06	3.78	3.62	3.52	3.45	3.40	3.37	3.34	3.32
7	3.78	3.46	3.29	3.18	3.11	3.05	3.01	2.98	2.96
8	3.59	3.26	3.07	2.96	2.88	2.83	2.78	2.75	2.72
9	3.46	3.11	2.92	2.81	2.73	2.67	2.62	2.59	2.56
10	3.36	3.01	2.81	2.69	2.61	2.55	2.51	2.47	2.44
11	3.29	2.92	2.73	2.61	2.52	2.46	2.41	2.38	2.35
12	3.23	2.86	2.66	2.54	2.45	2.39	2.34	2.30	2.27
13	3.18	2.81	2.61	2.48	2.39	2.33	2.28	2.24	2.21
14	3.14	2.76	2.56	2.43	2.35	2.28	2.23	2.20	2.16
15	3.10	2.73	2.52	2.39	2.31	2.24	2.19	2.15	2.12
16	3.07	2.70	2.49	2.36	2.27	2.21	2.16	2.12	2.09
17	3.05	2.67	2.46	2.33	2.24	2.18	2.13	2.09	2.06
18	3.03	2.64	2.44	2.31	2.22	2.15	2.10	2.06	2.03
19	3.01	2.62	2.42	2.29	2.20	2.13	2.08	2.04	2.00
20	2.99	2.61	2.40	2.27	2.18	2.11	2.06	2.02	1.98
21	2.97	2.59	2.38	2.25	2.16	2.09	2.04	2.00	1.96
22	2.96	2.57	2.36	2.23	2.14	2.08	2.02	1.98	1.95
23	2.95	2.56	2.35	2.22	2.13	2.06	2.01	1.97	1.93
24	2.94	2.55	2.34	2.21	2.11	2.05	1.99	1.95	1.92
25	2.93	2.54	2.33	2.19	2.10	2.04	1.98	1.94	1.91
26	2.92	2.53	2.32	2.18	2.09	2.02	1.97	1.93	1.89
27	2.91	2.52	2.31	2.17	2.08	2.01	1.96	1.92	1.88
28	2.90	2.51	2.30	2.17	2.07	2.00	1.95	1.91	1.87
29	2.89	2.50	2.29	2.16	2.06	2.00	1.94	1.90	1.87
30	2.89	2.50	2.28	2.15	2.06	1.99	1.93	1.89	1.86
40	2.88	2.49	2.28	2.14	2.05	1.98	1.93	1.88	1.85
60	2.84	2.44	2.23	2.09	2.00	1.93	1.87	1.83	1.79
120	2.79	2.39	2.18	2.04	1.95	1.87	1.82	1.77	1.74
∞	2.75	2.35	2.13	1.99	1.90	1.82	1.77	1.72	1.68
∞	2.71	2.30	2.08	1.94	1.85	1.77	1.72	1.67	1.63

附錄 E　*F* 分配臨界值表（續）

$$P(F > F_\alpha) = \alpha$$

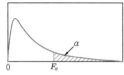

$\nu_1(d.f.)$　　$\alpha = 0.10$										
10	12	15	20	24	30	40	60	120	∞	$\nu_2(d.f.)$
60.19	60.71	61.22	61.74	62.00	62.26	62.53	62.79	63.06	63.33	1
9.39	9.41	9.42	9.44	9.45	9.46	9.47	9.47	9.48	9.49	2
5.23	5.22	5.20	5.18	5.18	5.17	5.16	5.15	5.14	5.13	3
3.92	3.90	3.87	3.84	3.83	3.82	3.80	3.79	3.78	3.76	4
3.30	3.27	3.24	3.21	3.19	3.17	3.16	3.14	3.12	3.11	5
2.94	2.90	2.87	2.84	2.82	2.80	2.78	2.76	2.74	2.72	6
2.70	2.67	2.63	2.59	2.58	2.56	2.54	2.51	2.49	2.47	7
2.54	2.50	2.46	2.42	2.40	2.38	2.36	2.34	2.32	2.29	8
2.42	2.38	2.34	2.30	2.28	2.25	2.23	2.21	2.18	2.16	9
2.32	2.28	2.24	2.20	2.18	2.16	2.13	2.11	2.08	2.06	10
2.25	2.21	2.17	2.12	2.10	2.08	2.05	2.03	2.00	1.97	11
2.19	2.15	2.10	2.06	2.04	2.01	1.99	1.96	1.93	1.90	12
2.14	2.10	2.05	2.01	1.98	1.96	1.93	1.90	1.88	1.85	13
2.10	2.05	2.01	1.96	1.94	1.91	1.89	1.86	1.83	1.80	14
2.06	2.02	1.97	1.92	1.90	1.87	1.85	1.82	1.79	1.76	15
2.03	1.99	1.94	1.89	1.87	1.84	1.81	1.78	1.75	1.72	16
2.00	1.96	1.91	1.86	1.84	1.81	1.78	1.75	1.72	1.69	17
1.98	1.93	1.89	1.84	1.81	1.78	1.75	1.72	1.69	1.66	18
1.96	1.91	1.86	1.81	1.79	1.76	1.73	1.70	1.67	1.63	19
1.94	1.89	1.84	1.79	1.77	1.74	1.71	1.68	1.64	1.61	20
1.92	1.87	1.83	1.78	1.75	1.72	1.69	1.66	1.62	1.59	21
1.90	1.86	1.81	1.76	1.73	1.70	1.67	1.64	1.60	1.57	22
1.89	1.84	1.80	1.74	1.72	1.69	1.66	1.62	1.59	1.55	23
1.88	1.83	1.78	1.73	1.70	1.67	1.64	1.61	1.57	1.53	24
1.87	1.82	1.77	1.72	1.69	1.66	1.63	1.59	1.56	1.52	25
1.86	1.81	1.76	1.71	1.68	1.65	1.61	1.58	1.54	1.50	26
1.85	1.80	1.75	1.70	1.67	1.64	1.60	1.57	1.53	1.49	27
1.84	1.79	1.74	1.69	1.66	1.63	1.59	1.56	1.52	1.48	28
1.83	1.78	1.73	1.68	1.65	1.62	1.58	1.55	1.51	1.47	29
1.82	1.77	1.72	1.67	1.64	1.61	1.57	1.54	1.50	1.46	30
1.76	1.71	1.66	1.61	1.57	1.54	1.51	1.47	1.42	1.38	40
1.71	1.66	1.60	1.54	1.51	1.48	1.44	1.40	1.35	1.29	60
1.65	1.60	1.55	1.48	1.45	1.41	1.37	1.32	1.26	1.19	120
1.60	1.55	1.49	1.42	1.38	1.34	1.30	1.24	1.17	1.00	∞

附錄 E　*F* 分配臨界值表（續）

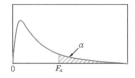

$$P(F > F_a) = \alpha$$

$\nu_2(d.f.)$	\multicolumn{9}{c}{$\nu_1(d.f.)$　$\alpha = 0.05$}
	1	*2*	*3*	*4*	*5*	*6*	*7*	*8*	*9*
1	161.45	199.50	215.71	224.58	230.16	233.99	236.77	238.88	240.54
2	18.51	19.00	19.16	19.25	19.30	19.33	19.35	19.37	19.38
3	10.13	9.55	9.28	9.12	9.01	8.94	8.89	8.85	8.81
4	7.71	6.94	6.59	6.39	6.26	6.16	6.09	6.04	6.00
5	6.61	5.79	5.41	5.19	5.05	4.95	4.88	4.82	4.77
6	5.99	5.14	4.76	4.53	4.39	4.28	4.21	4.15	4.10
7	5.59	4.74	4.35	4.12	3.97	3.87	3.79	3.73	3.68
8	5.32	4.46	4.07	3.84	3.69	3.58	3.50	3.44	3.39
9	5.12	4.26	3.86	3.63	3.48	3.37	3.29	3.23	3.18
10	4.96	4.10	3.71	3.48	3.33	3.22	3.14	3.07	3.02
11	4.84	3.98	3.59	3.36	3.20	3.09	3.01	2.95	2.90
12	4.75	3.89	3.49	3.26	3.11	3.00	2.91	2.85	2.80
13	4.67	3.81	3.41	3.18	3.03	2.92	2.83	2.77	2.71
14	4.60	3.74	3.34	3.11	2.96	2.85	2.76	2.70	2.65
15	4.54	3.68	3.29	3.06	2.90	2.79	2.71	2.64	2.59
16	4.49	3.63	3.24	3.01	2.85	2.74	2.66	2.59	2.54
17	4.45	3.59	3.20	2.96	2.81	2.70	2.61	2.55	2.49
18	4.41	3.55	3.16	2.93	2.77	2.66	2.58	2.51	2.46
19	4.38	3.52	3.13	2.90	2.74	2.63	2.54	2.48	2.42
20	4.35	3.49	3.10	2.87	2.71	2.60	2.51	2.45	2.39
21	4.32	3.47	3.07	2.84	2.68	2.57	2.49	2.42	2.37
22	4.30	3.44	3.05	2.82	2.66	2.55	2.46	2.40	2.34
23	4.28	3.42	3.03	2.80	2.64	2.53	2.44	2.37	2.32
24	4.26	3.40	3.01	2.78	2.62	2.51	2.42	2.36	2.30
25	4.24	3.39	2.99	2.76	2.60	2.49	2.40	2.34	2.28
26	4.23	3.37	2.98	2.74	2.59	2.47	2.39	2.32	2.27
27	4.21	3.35	2.96	2.73	2.57	2.46	2.37	2.31	2.25
28	4.20	3.34	2.95	2.71	2.56	2.45	2.36	2.29	2.24
29	4.18	3.33	2.93	2.70	2.55	2.43	2.35	2.28	2.22
30	4.17	3.32	2.92	2.69	2.53	2.42	2.33	2.27	2.21
40	4.08	3.23	2.84	2.61	2.45	2.34	2.25	2.18	2.12
60	4.00	3.15	2.76	2.53	2.37	2.25	2.17	2.10	2.04
120	3.92	3.07	2.68	2.45	2.29	2.18	2.09	2.02	1.96
∞	3.84	3.00	2.60	2.37	2.21	2.10	2.01	1.94	1.88

附錄 E　*F* 分配臨界值表（續）

$$P(F > F_\alpha) = \alpha$$

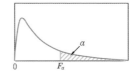

$\nu_1(d.f.)$					$\alpha = 0.05$					$\nu_2(d.f.)$
10	12	15	20	24	30	40	60	120	∞	
241.88	243.90	245.95	248.02	249.05	250.10	251.14	252.20	253.25	254.32	1
19.40	19.41	19.43	19.45	19.45	19.46	19.47	19.48	19.49	19.50	2
8.79	8.74	8.70	8.66	8.64	8.62	8.59	8.57	8.55	8.53	3
5.96	5.91	5.86	5.80	5.77	5.75	5.72	5.69	5.66	5.63	4
4.74	4.68	4.62	4.56	4.53	4.50	4.46	4.43	4.40	4.37	5
4.06	4.00	3.94	3.87	3.84	3.81	3.77	3.74	3.70	3.67	6
3.64	3.57	3.51	3.44	3.41	3.38	3.34	3.30	3.27	3.23	7
3.35	3.28	3.22	3.15	3.12	3.08	3.04	3.01	2.97	2.93	8
3.14	3.07	3.01	2.94	2.90	2.86	2.83	2.79	2.75	2.71	9
2.98	2.91	2.85	2.77	2.74	2.70	2.66	2.62	2.58	2.54	10
2.85	2.79	2.72	2.65	2.61	2.57	2.53	2.49	2.45	2.40	11
2.75	2.69	2.62	2.54	2.51	2.47	2.43	2.38	2.34	2.30	12
2.67	2.60	2.53	2.46	2.42	2.38	2.34	2.30	2.25	2.21	13
2.60	2.53	2.46	2.39	2.35	2.31	2.27	2.22	2.18	2.13	14
2.54	2.48	2.40	2.33	2.29	2.25	2.20	2.16	2.11	2.07	15
2.49	2.42	2.35	2.28	2.24	2.19	2.15	2.11	2.06	2.01	16
2.45	2.38	2.31	2.23	2.19	2.15	2.10	2.06	2.01	1.96	17
2.41	2.34	2.27	2.19	2.15	2.11	2.06	2.02	1.97	1.92	18
2.38	2.31	2.23	2.16	2.11	2.07	2.03	1.98	1.93	1.88	19
2.35	2.28	2.20	2.12	2.08	2.04	1.99	1.95	1.90	1.84	20
2.32	2.25	2.18	2.10	2.05	2.01	1.96	1.92	1.87	1.81	21
2.30	2.23	2.15	2.07	2.03	1.98	1.94	1.89	1.84	1.78	22
2.27	2.20	2.13	2.05	2.01	1.96	1.91	1.86	1.81	1.76	23
2.25	2.18	2.11	2.03	1.98	1.94	1.89	1.84	1.79	1.73	24
2.24	2.16	2.09	2.01	1.96	1.92	1.87	1.82	1.77	1.71	25
2.22	2.15	2.07	1.99	1.95	1.90	1.85	1.80	1.75	1.69	26
2.20	2.13	2.06	1.97	1.93	1.88	1.84	1.79	1.73	1.67	27
2.19	2.12	2.04	1.96	1.91	1.87	1.82	1.77	1.71	1.65	28
2.18	2.10	2.03	1.94	1.90	1.85	1.81	1.75	1.70	1.64	29
2.16	2.09	2.01	1.93	1.89	1.84	1.79	1.74	1.68	1.62	30
2.08	2.00	1.92	1.84	1.79	1.74	1.69	1.64	1.58	1.51	40
1.99	1.92	1.84	1.75	1.70	1.65	1.59	1.53	1.47	1.39	60
1.91	1.83	1.75	1.66	1.61	1.55	1.50	1.43	1.35	1.25	120
1.83	1.75	1.67	1.57	1.52	1.46	1.39	1.32	1.22	1.00	∞

附錄 E F 分配臨界值表（續）

$$P(F > F_\alpha) = \alpha$$

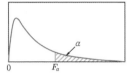

$\nu_2(d.f.)$	\multicolumn{9}{c}{$\nu_1(d.f.)$ $\alpha = 0.025$}
	1	2	3	4	5	6	7	8	9
1	647.79	799.48	864.15	899.60	921.83	937.11	948.20	956.64	963.28
2	38.51	39.00	39.17	39.25	39.30	39.33	39.36	39.37	39.39
3	17.44	16.04	15.44	15.10	14.88	14.73	14.62	14.54	14.47
4	12.22	10.65	9.98	9.60	9.36	9.20	9.07	8.98	8.90
5	10.01	8.43	7.76	7.39	7.15	6.98	6.85	6.76	6.68
6	8.81	7.26	6.60	6.23	5.99	5.82	5.70	5.60	5.52
7	8.07	6.54	5.89	5.52	5.29	5.12	4.99	4.90	4.82
8	7.57	6.06	5.42	5.05	4.82	4.65	4.53	4.43	4.36
9	7.21	5.71	5.08	4.72	4.48	4.32	4.20	4.10	4.03
10	6.94	5.46	4.83	4.47	4.24	4.07	3.95	3.85	3.78
11	6.72	5.26	4.63	4.28	4.04	3.88	3.76	3.66	3.59
12	6.55	5.10	4.47	4.12	3.89	3.73	3.61	3.51	3.44
13	6.41	4.97	4.35	4.00	3.77	3.60	3.48	3.39	3.31
14	6.30	4.86	4.24	3.89	3.66	3.50	3.38	3.29	3.21
15	6.20	4.77	4.15	3.80	3.58	3.41	3.29	3.20	3.12
16	6.12	4.69	4.08	3.73	3.50	3.34	3.22	3.12	3.05
17	6.04	4.62	4.01	3.66	3.44	3.28	3.16	3.06	2.98
18	5.98	4.56	3.95	3.61	3.38	3.22	3.10	3.01	2.93
19	5.92	4.51	3.90	3.56	3.33	3.17	3.05	2.96	2.88
20	5.87	4.46	3.86	3.51	3.29	3.13	3.01	2.91	2.84
21	5.83	4.42	3.82	3.48	3.25	3.09	2.97	2.87	2.80
22	5.79	4.38	3.78	3.44	3.22	3.05	2.93	2.84	2.76
23	5.75	4.35	3.75	3.41	3.18	3.02	2.90	2.81	2.73
24	5.72	4.32	3.72	3.38	3.15	2.99	2.87	2.78	2.70
25	5.69	4.29	3.69	3.35	3.13	2.97	2.85	2.75	2.68
26	5.66	4.27	3.67	3.33	3.10	2.94	2.82	2.73	2.65
27	5.63	4.24	3.65	3.31	3.08	2.92	2.80	2.71	2.63
28	5.61	4.22	3.63	3.29	3.06	2.90	2.78	2.69	2.61
29	5.59	4.20	3.61	3.27	3.04	2.88	2.76	2.67	2.59
30	5.57	4.18	3.59	3.25	3.03	2.87	2.75	2.65	2.57
40	5.42	4.05	3.46	3.13	2.90	2.74	2.62	2.53	2.45
60	5.29	3.93	3.34	3.01	2.79	2.63	2.51	2.41	2.33
120	5.15	3.80	3.23	2.89	2.67	2.52	2.39	2.30	2.22
∞	5.02	3.69	3.12	2.79	2.57	2.41	2.29	2.19	2.11

附錄 E　F 分配臨界值表（續）

$P(F > F_\alpha) = \alpha$

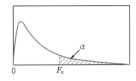

$\nu_1(d.f.)$					$\alpha = 0.025$					$\nu_2(d.f.)$
10	12	15	20	24	30	40	60	120	∞	
968.63	976.72	984.87	993.08	997.27	1001.40	1005.60	1009.79	1014.04	1018.26	1
39.40	39.41	39.43	39.45	39.46	39.46	39.47	39.48	39.49	39.50	2
14.42	14.34	14.25	14.17	14.12	14.08	14.04	13.99	13.95	13.90	3
8.84	8.75	8.66	8.56	8.51	8.46	8.41	8.36	8.31	8.26	4
6.62	6.52	6.43	6.33	6.28	6.23	6.18	6.12	6.07	6.02	5
5.46	5.37	5.27	5.17	5.12	5.07	5.01	4.96	4.90	4.85	6
4.76	4.67	4.57	4.47	4.41	4.36	4.31	4.25	4.20	4.14	7
4.30	4.20	4.10	4.00	3.95	3.89	3.84	3.78	3.73	3.67	8
3.96	3.87	3.77	3.67	3.61	3.56	3.51	3.45	3.39	3.33	9
3.72	3.62	3.52	3.42	3.37	3.31	3.26	3.20	3.14	3.08	10
3.53	3.43	3.33	3.23	3.17	3.12	3.06	3.00	2.94	2.88	11
3.37	3.28	3.18	3.07	3.02	2.96	2.91	2.85	2.79	2.72	12
3.25	3.15	3.05	2.95	2.89	2.84	2.78	2.72	2.66	2.60	13
3.15	3.05	2.95	2.84	2.79	2.73	2.67	2.61	2.55	2.49	14
3.06	2.96	2.86	2.76	2.70	2.64	2.59	2.52	2.46	2.40	15
2.99	2.89	2.79	2.68	2.63	2.57	2.51	2.45	2.38	2.32	16
2.92	2.82	2.72	2.62	2.56	2.50	2.44	2.38	2.32	2.25	17
2.87	2.77	2.67	2.56	2.50	2.44	2.38	2.32	2.26	2.19	18
2.82	2.72	2.62	2.51	2.45	2.39	2.33	2.27	2.20	2.13	19
2.77	2.68	2.57	2.46	2.41	2.35	2.29	2.22	2.16	2.09	20
2.73	2.64	2.53	2.42	2.37	2.31	2.25	2.18	2.11	2.04	21
2.70	2.60	2.50	2.39	2.33	2.27	2.21	2.14	2.08	2.00	22
2.67	2.57	2.47	2.36	2.30	2.24	2.18	2.11	2.04	1.97	23
2.64	2.54	2.44	2.33	2.27	2.21	2.15	2.08	2.01	1.94	24
2.61	2.51	2.41	2.30	2.24	2.18	2.12	2.05	1.98	1.91	25
2.59	2.49	2.39	2.28	2.22	2.16	2.09	2.03	1.95	1.88	26
2.57	2.47	2.36	2.25	2.19	2.13	2.07	2.00	1.93	1.85	27
2.55	2.45	2.34	2.23	2.17	2.11	2.05	1.98	1.91	1.83	28
2.53	2.43	2.32	2.21	2.15	2.09	2.03	1.96	1.89	1.81	29
2.51	2.41	2.31	2.20	2.14	2.07	2.01	1.94	1.87	1.79	30
2.39	2.29	2.18	2.07	2.01	1.94	1.88	1.80	1.72	1.64	40
2.27	2.17	2.06	1.94	1.88	1.82	1.74	1.67	1.58	1.48	60
2.16	2.05	1.94	1.82	1.76	1.69	1.61	1.53	1.43	1.31	120
2.05	1.94	1.83	1.71	1.64	1.57	1.48	1.39	1.27	1.00	∞

附錄 E F 分配臨界值表（續）

$$P(F > F_\alpha) = \alpha$$

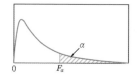

$\nu_2(d.f.)$	$\nu_1(d.f.)$ $\alpha = 0.01$								
	1	2	3	4	5	6	7	8	9
1	4052.2	4999.3	5403.5	5624.3	5764.0	5859.0	5928.3	5981.0	6022.4
2	98.50	99.00	99.16	99.25	99.30	99.33	99.36	99.38	99.39
3	34.12	30.82	29.46	28.71	28.24	27.91	27.67	27.49	27.34
4	21.20	18.00	16.69	15.98	15.52	15.21	14.98	14.80	14.66
5	16.26	13.27	12.06	11.39	10.97	10.67	10.46	10.29	10.16
6	13.75	10.92	9.78	9.15	8.75	8.47	8.26	8.10	7.98
7	12.25	9.55	8.45	7.85	7.46	7.19	6.99	6.84	6.72
8	11.26	8.65	7.59	7.01	6.63	6.37	6.18	6.03	5.91
9	10.56	8.02	6.99	6.42	6.06	5.80	5.61	5.47	5.35
10	10.04	7.56	6.55	5.99	5.64	5.39	5.20	5.06	4.94
11	9.65	7.21	6.22	5.67	5.32	5.07	4.89	4.74	4.63
12	9.33	6.93	5.95	5.41	5.06	4.82	4.64	4.50	4.39
13	9.07	6.70	5.74	5.21	4.86	4.62	4.44	4.30	4.19
14	8.86	6.51	5.56	5.04	4.69	4.46	4.28	4.14	4.03
15	8.68	6.36	5.42	4.89	4.56	4.32	4.14	4.00	3.89
16	8.53	6.23	5.29	4.77	4.44	4.20	4.03	3.89	3.78
17	8.40	6.11	5.19	4.67	4.34	4.10	3.93	3.79	3.68
18	8.29	6.01	5.09	4.58	4.25	4.01	3.84	3.71	3.60
19	8.18	5.93	5.01	4.50	4.17	3.94	3.77	3.63	3.52
20	8.10	5.85	4.94	4.43	4.10	3.87	3.70	3.56	3.46
21	8.02	5.78	4.87	4.37	4.04	3.81	3.64	3.51	3.40
22	7.95	5.72	4.82	4.31	3.99	3.76	3.59	3.45	3.35
23	7.88	5.66	4.76	4.26	3.94	3.71	3.54	3.41	3.30
24	7.82	5.61	4.72	4.22	3.90	3.67	3.50	3.36	3.26
25	7.77	5.57	4.68	4.18	3.85	3.63	3.46	3.32	3.22
26	7.72	5.53	4.64	4.14	3.82	3.59	3.42	3.29	3.18
27	7.68	5.49	4.60	4.11	3.78	3.56	3.39	3.26	3.15
28	7.64	5.45	4.57	4.07	3.75	3.53	3.36	3.23	3.12
29	7.60	5.42	4.54	4.04	3.73	3.50	3.33	3.20	3.09
30	7.56	5.39	4.51	4.02	3.70	3.47	3.30	3.17	3.07
40	7.31	5.18	4.31	3.83	3.51	3.29	3.12	2.99	2.89
60	7.08	4.98	4.13	3.65	3.34	3.12	2.95	2.82	2.72
120	6.85	4.79	3.95	3.48	3.17	2.96	2.79	2.66	2.56
∞	6.63	4.61	3.78	3.32	3.02	2.80	2.64	2.51	2.41

附錄 E　F 分配臨界值表（續）

$P(F > F_\alpha) = \alpha$

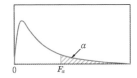

$\nu_1(d.f.)$				$\alpha = 0.01$						$\nu_2(d.f.)$
10	12	15	20	24	30	40	60	120	∞	
6055.9	6106.7	6157.0	6208.7	6234.3	6260.4	6286.4	6313.0	6339.5	6365.6	1
99.40	99.42	99.43	99.45	99.46	99.47	99.48	99.48	99.49	99.50	2
27.23	27.05	26.87	26.69	26.60	26.50	26.41	26.32	26.22	26.13	3
14.55	14.37	14.20	14.02	13.93	13.84	13.75	13.65	13.56	13.46	4
10.05	9.89	9.72	9.55	9.47	9.38	9.29	9.20	9.11	9.02	5
7.87	7.72	7.56	7.40	7.31	7.23	7.14	7.06	6.97	6.88	6
6.62	6.47	6.31	6.16	6.07	5.99	5.91	5.82	5.74	5.65	7
5.81	5.67	5.52	5.36	5.28	5.20	5.12	5.03	4.95	4.86	8
5.26	5.11	4.96	4.81	4.73	4.65	4.57	4.48	4.40	4.31	9
4.85	4.71	4.56	4.41	4.33	4.25	4.17	4.08	4.00	3.91	10
4.54	4.40	4.25	4.10	4.02	3.94	3.86	3.78	3.69	3.60	11
4.30	4.16	4.01	3.86	3.78	3.70	3.62	3.54	3.45	3.36	12
4.10	3.96	3.82	3.66	3.59	3.51	3.43	3.34	3.25	3.17	13
3.94	3.80	3.66	3.51	3.43	3.35	3.27	3.18	3.09	3.00	14
3.80	3.67	3.52	3.37	3.29	3.21	3.13	3.05	2.96	2.87	15
3.69	3.55	3.41	3.26	3.18	3.10	3.02	2.93	2.84	2.75	16
3.59	3.46	3.31	3.16	3.08	3.00	2.92	2.83	2.75	2.65	17
3.51	3.37	3.23	3.08	3.00	2.92	2.84	2.75	2.66	2.57	18
3.43	3.30	3.15	3.00	2.92	2.84	2.76	2.67	2.58	2.49	19
3.37	3.23	3.09	2.94	2.86	2.78	2.69	2.61	2.52	2.42	20
3.31	3.17	3.03	2.88	2.80	2.72	2.64	2.55	2.46	2.36	21
3.26	3.12	2.98	2.83	2.75	2.67	2.58	2.50	2.40	2.31	22
3.21	3.07	2.93	2.78	2.70	2.62	2.54	2.45	2.35	2.26	23
3.17	3.03	2.89	2.74	2.66	2.58	2.49	2.40	2.31	2.21	24
3.13	2.99	2.85	2.70	2.62	2.54	2.45	2.36	2.27	2.17	25
3.09	2.96	2.81	2.66	2.58	2.50	2.42	2.33	2.23	2.13	26
3.06	2.93	2.78	2.63	2.55	2.47	2.38	2.29	2.20	2.10	27
3.03	2.90	2.75	2.60	2.52	2.44	2.35	2.26	2.17	2.06	28
3.00	2.87	2.73	2.57	2.49	2.41	2.33	2.23	2.14	2.03	29
2.98	2.84	2.70	2.55	2.47	2.39	2.30	2.21	2.11	2.01	30
2.80	2.66	2.52	2.37	2.29	2.20	2.11	2.02	1.92	1.80	40
2.63	2.50	2.35	2.20	2.12	2.03	1.94	1.84	1.73	1.60	60
2.47	2.34	2.19	2.03	1.95	1.86	1.76	1.66	1.53	1.38	120
2.32	2.18	2.04	1.88	1.79	1.70	1.59	1.47	1.32	1.00	∞

附錄 E　F 分配臨界值表（續）

$$P(F > F_a) = \alpha$$

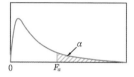

$\nu_2(d.f.)$	$\nu_1(d.f.)$ $\alpha = 0.005$								
	1	2	3	4	5	6	7	8	9
1	16212.5	19997.4	21614.1	22500.8	23055.8	23439.5	23715.2	23923.8	24091.5
2	198.50	199.01	199.16	199.24	199.30	199.33	199.36	199.38	199.39
3	55.55	49.80	47.47	46.20	45.39	44.84	44.43	44.13	43.88
4	31.33	26.28	24.26	23.15	22.46	21.98	21.62	21.35	21.14
5	22.78	18.31	16.53	15.56	14.94	14.51	14.20	13.96	13.77
6	18.63	14.54	12.92	12.03	11.46	11.07	10.79	10.57	10.39
7	16.24	12.40	10.88	10.05	9.52	9.16	8.89	8.68	8.51
8	14.69	11.04	9.60	8.81	8.30	7.95	7.69	7.50	7.34
9	13.61	10.11	8.72	7.96	7.47	7.13	6.88	6.69	6.54
10	12.83	9.43	8.08	7.34	6.87	6.54	6.30	6.12	5.97
11	12.23	8.91	7.60	6.88	6.42	6.10	5.86	5.68	5.54
12	11.75	8.51	7.23	6.52	6.07	5.76	5.52	5.35	5.20
13	11.37	8.19	6.93	6.23	5.79	5.48	5.25	5.08	4.94
14	11.06	7.92	6.68	6.00	5.56	5.26	5.03	4.86	4.72
15	10.80	7.70	6.48	5.80	5.37	5.07	4.85	4.67	4.54
16	10.58	7.51	6.30	5.64	5.21	4.91	4.69	4.52	4.38
17	10.38	7.35	6.16	5.50	5.07	4.78	4.56	4.39	4.25
18	10.22	7.21	6.03	5.37	4.96	4.66	4.44	4.28	4.14
19	10.07	7.09	5.92	5.27	4.85	4.56	4.34	4.18	4.04
20	9.94	6.99	5.82	5.17	4.76	4.47	4.26	4.09	3.96
21	9.83	6.89	5.73	5.09	4.68	4.39	4.18	4.01	3.88
22	9.73	6.81	5.65	5.02	4.61	4.32	4.11	3.94	3.81
23	9.63	6.73	5.58	4.95	4.54	4.26	4.05	3.88	3.75
24	9.55	6.66	5.52	4.89	4.49	4.20	3.99	3.83	3.69
25	9.48	6.60	5.46	4.84	4.43	4.15	3.94	3.78	3.64
26	9.41	6.54	5.41	4.79	4.38	4.10	3.89	3.73	3.60
27	9.34	6.49	5.36	4.74	4.34	4.06	3.85	3.69	3.56
28	9.28	6.44	5.32	4.70	4.30	4.02	3.81	3.65	3.52
29	9.23	6.40	5.28	4.66	4.26	3.98	3.77	3.61	3.48
30	9.18	6.35	5.24	4.62	4.23	3.95	3.74	3.58	3.45
40	8.83	6.07	4.98	4.37	3.99	3.71	3.51	3.35	3.22
60	8.49	5.79	4.73	4.14	3.76	3.49	3.29	3.13	3.01
120	8.18	5.54	4.50	3.92	3.55	3.28	3.09	2.93	2.81
∞	7.88	5.30	4.28	3.72	3.35	3.09	2.90	2.74	2.62

附錄 E F 分配臨界值表（續）

$$P(F > F_\alpha) = \alpha$$

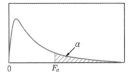

ν₁(d.f.)					α = 0.005					
10	*12*	*15*	*20*	*24*	*30*	*40*	*60*	*120*	*∞*	*ν2(d.f.)*
24221.8	24426.7	24631.6	24836.5	24937.1	25041.4	25145.7	25253.7	25358.1	25466.1	*1.0*
199.39	199.42	199.43	199.45	199.45	199.48	199.48	199.48	199.49	199.51	*2*
43.68	43.39	43.08	42.78	42.62	42.47	42.31	42.15	41.99	41.83	*3*
20.97	20.70	20.44	20.17	20.03	19.89	19.75	19.61	19.47	19.32	*4*
13.62	13.38	13.15	12.90	12.78	12.66	12.53	12.40	12.27	12.14	*5*
10.25	10.03	9.81	9.59	9.47	9.36	9.24	9.12	9.00	8.88	*6*
8.38	8.18	7.97	7.75	7.64	7.53	7.42	7.31	7.19	7.08	*7*
7.21	7.01	6.81	6.61	6.50	6.40	6.29	6.18	6.06	5.95	*8*
6.42	6.23	6.03	5.83	5.73	5.62	5.52	5.41	5.30	5.19	*9*
5.85	5.66	5.47	5.27	5.17	5.07	4.97	4.86	4.75	4.64	*10*
5.42	5.24	5.05	4.86	4.76	4.65	4.55	4.45	4.34	4.23	*11*
5.09	4.91	4.72	4.53	4.43	4.33	4.23	4.12	4.01	3.90	*12*
4.82	4.64	4.46	4.27	4.17	4.07	3.97	3.87	3.76	3.65	*13*
4.60	4.43	4.25	4.06	3.96	3.86	3.76	3.66	3.55	3.44	*14*
4.42	4.25	4.07	3.88	3.79	3.69	3.59	3.48	3.37	3.26	*15*
4.27	4.10	3.92	3.73	3.64	3.54	3.44	3.33	3.22	3.11	*16*
4.14	3.97	3.79	3.61	3.51	3.41	3.31	3.21	3.10	2.98	*17*
4.03	3.86	3.68	3.50	3.40	3.30	3.20	3.10	2.99	2.87	*18*
3.93	3.76	3.59	3.40	3.31	3.21	3.11	3.00	2.89	2.78	*19*
3.85	3.68	3.50	3.32	3.22	3.12	3.02	2.92	2.81	2.69	*20*
3.77	3.60	3.43	3.24	3.15	3.05	2.95	2.84	2.73	2.61	*21*
3.70	3.54	3.36	3.18	3.08	2.98	2.88	2.77	2.66	2.55	*22*
3.64	3.47	3.30	3.12	3.02	2.92	2.82	2.71	2.60	2.48	*23*
3.59	3.42	3.25	3.06	2.97	2.87	2.77	2.66	2.55	2.43	*24*
3.54	3.37	3.20	3.01	2.92	2.82	2.72	2.61	2.50	2.38	*25*
3.49	3.33	3.15	2.97	2.87	2.77	2.67	2.56	2.45	2.33	*26*
3.45	3.28	3.11	2.93	2.83	2.73	2.63	2.52	2.41	2.29	*27*
3.41	3.25	3.07	2.89	2.79	2.69	2.59	2.48	2.37	2.25	*28*
3.38	3.21	3.04	2.86	2.76	2.66	2.56	2.45	2.33	2.21	*29*
3.34	3.18	3.01	2.82	2.73	2.63	2.52	2.42	2.30	2.18	*30*
3.12	2.95	2.78	2.60	2.50	2.40	2.30	2.18	2.06	1.93	*40*
2.90	2.74	2.57	2.39	2.29	2.19	2.08	1.96	1.83	1.69	*60*
2.71	2.54	2.37	2.19	2.09	1.98	1.87	1.75	1.61	1.43	*120*
2.52	2.36	2.19	2.00	1.90	1.79	1.67	1.53	1.36	1.00	*∞*

附錄 F　二項分配機率值表

$$P(X = x) = C_x^n p^x (1-p)^{n-x}$$

n	x	.01	.05	.10	.20	.30	.40	.50	.60	.70	.80	.90	.95	.99
2	0	.9801	.9025	.8100	.6400	.4900	.3600	.2500	.1600	.0900	.0400	.0100	.0025	.0001
	1	.0198	.0950	.1800	.3200	.4200	.4800	.5000	.4800	.4200	.3200	.1800	.0950	.0198
	2	.0001	.0025	.0100	.0400	.0900	.1600	.2500	.3600	.4900	.6400	.8100	.9025	.9801
3	0	.9703	.8574	.7290	.5120	.3430	.2160	.1250	.0640	.0270	.0080	.0010	.0001	.0000
	1	.0294	.1354	.2430	.3840	.4410	.4320	.3750	.2880	.1890	.0960	.0270	.0071	.0003
	2	.0003	.0071	.0270	.0960	.1890	.2880	.3750	.4320	.4410	.3840	.2430	.1354	.0294
	3	.0000	.0001	.0010	.0080	.0270	.0640	.1250	.2160	.3430	.5120	.7290	.8574	.9703
4	0	.9606	.8145	.6561	.4096	.2401	.1296	.0625	.0256	.0081	.0016	.0001	.0000	.0000
	1	.0388	.1715	.2916	.4096	.4116	.3456	.2500	.1536	.0756	.0256	.0036	.0005	.0000
	2	.0006	.0135	.0486	.1536	.2646	.3456	.3750	.3456	.2646	.1536	.0486	.0135	.0006
	3	.0000	.0005	.0036	.0256	.0756	.1536	.2500	.3456	.4116	.4096	.2916	.1715	.0388
	4	.0000	.0000	.0001	.0016	.0081	.0256	.0625	.1296	.2401	.4096	.6561	.8145	.9606
5	0	.9510	.7738	.5905	.3277	.1681	.0778	.0313	.0102	.0024	.0003	.0000	.0000	.0000
	1	.0480	.2036	.3281	.4096	.3602	.2592	.1563	.0768	.0284	.0064	.0005	.0000	.0000
	2	.0010	.0214	.0729	.2048	.3087	.3456	.3125	.2304	.1323	.0512	.0081	.0011	.0000
	3	.0000	.0011	.0081	.0512	.1323	.2304	.3125	.3456	.3087	.2048	.0729	.0214	.0010
	4	.0000	.0000	.0005	.0064	.0284	.0768	.1563	.2592	.3602	.4096	.3281	.2036	.0480
	5	.0000	.0000	.0000	.0003	.0024	.0102	.0313	.0778	.1681	.3277	.5905	.7738	.9510
6	0	.9415	.7351	.5314	.2621	.1176	.0467	.0156	.0041	.0007	.0001	.0000	.0000	.0000
	1	.0571	.2321	.3543	.3932	.3025	.1866	.0938	.0369	.0102	.0015	.0001	.0000	.0000
	2	.0014	.0305	.0984	.2458	.3241	.3110	.2344	.1382	.0595	.0154	.0012	.0001	.0000
	3	.0000	.0021	.0146	.0819	.1852	.2765	.3125	.2765	.1852	.0819	.0146	.0021	.0000
	4	.0000	.0001	.0012	.0154	.0595	.1382	.2344	.3110	.3241	.2458	.0984	.0305	.0014
	5	.0000	.0000	.0001	.0015	.0102	.0369	.0938	.1866	.3025	.3932	.3543	.2321	.0571
	6	.0000	.0000	.0000	.0001	.0007	.0041	.0156	.0467	.1176	.2621	.5314	.7351	.9415
7	0	.9321	.6983	.4783	.2097	.0824	.0280	.0078	.0016	.0002	.0000	.0000	.0000	.0000
	1	.0659	.2573	.3720	.3670	.2471	.1306	.0547	.0172	.0036	.0004	.0000	.0000	.0000
	2	.0020	.0406	.1240	.2753	.3177	.2613	.1641	.0774	.0250	.0043	.0002	.0000	.0000
	3	.0000	.0036	.0230	.1147	.2269	.2903	.2734	.1935	.0972	.0287	.0026	.0002	.0000
	4	.0000	.0002	.0026	.0287	.0972	.1935	.2734	.2903	.2269	.1147	.0230	.0036	.0000
	5	.0000	.0000	.0002	.0043	.0250	.0774	.1641	.2613	.3177	.2753	.1240	.0406	.0020
	6	.0000	.0000	.0000	.0004	.0036	.0172	.0547	.1306	.2471	.3670	.3720	.2573	.0659
	7	.0000	.0000	.0000	.0000	.0002	.0016	.0078	.0280	.0824	.2097	.4783	.6983	.9321

附錄 F　二項分配機率值表（續）

$$P(X=x) = C_x^n p^x (1-p)^{n-x}$$

							p						
n	x	.01	.05	.10	.20	.30	.40	.50	.60	.70	.80	.90	.95	.99
8	0	.9227	.6634	.4305	.1678	.0576	.0168	.0039	.0007	.0001	.0000	.0000	.0000	.0000
	1	.0746	.2793	.3826	.3355	.1977	.0896	.0313	.0079	.0012	.0001	.0000	.0000	.0000
	2	.0026	.0515	.1488	.2936	.2965	.2090	.1094	.0413	.0100	.0011	.0000	.0000	.0000
	3	.0001	.0054	.0331	.1468	.2541	.2787	.2188	.1239	.0467	.0092	.0004	.0000	.0000
	4	.0000	.0004	.0046	.0459	.1361	.2322	.2734	.2322	.1361	.0459	.0046	.0004	.0000
	5	.0000	.0000	.0004	.0092	.0467	.1239	.2188	.2787	.2541	.1468	.0331	.0054	.0001
	6	.0000	.0000	.0000	.0011	.0100	.0413	.1094	.2090	.2965	.2936	.1488	.0515	.0026
	7	.0000	.0000	.0000	.0001	.0012	.0079	.0313	.0896	.1977	.3355	.3826	.2793	.0746
	8	.0000	.0000	.0000	.0000	.0001	.0007	.0039	.0168	.0576	.1678	.4305	.6634	.9227
10	0	.9044	.5987	.3487	.1074	.0282	.0060	.0010	.0001	.0000	.0000	.0000	.0000	.0000
	1	.0914	.3151	.3874	.2684	.1211	.0403	.0098	.0016	.0001	.0000	.0000	.0000	.0000
	2	.0042	.0746	.1937	.3020	.2335	.1209	.0439	.0106	.0014	.0001	.0000	.0000	.0000
	3	.0001	.0105	.0574	.2013	.2668	.2150	.1172	.0425	.0090	.0008	.0000	.0000	.0000
	4	.0000	.0010	.0112	.0881	.2001	.2508	.2051	.1115	.0368	.0055	.0001	.0000	.0000
	5	.0000	.0001	.0015	.0264	.1029	.2007	.2461	.2007	.1029	.0264	.0015	.0001	.0000
	6	.0000	.0000	.0001	.0055	.0368	.1115	.2051	.2508	.2001	.0881	.0112	.0010	.0000
	7	.0000	.0000	.0000	.0008	.0090	.0425	.1172	.2150	.2668	.2013	.0574	.0105	.0001
	8	.0000	.0000	.0000	.0001	.0014	.0106	.0439	.1209	.2335	.3020	.1937	.0746	.0042
	9	.0000	.0000	.0000	.0000	.0001	.0016	.0098	.0403	.1211	.2684	.3874	.3151	.0914
	10	.0000	.0000	.0000	.0000	.0000	.0001	.0010	.0060	.0282	.1074	.3487	.5987	.9044
15	0	.8601	.4633	.2059	.0352	.0047	.0005	.0000	.0000	.0000	.0000	.0000	.0000	.0000
	1	.1303	.3658	.3432	.1319	.0305	.0047	.0005	.0000	.0000	.0000	.0000	.0000	.0000
	2	.0092	.1348	.2669	.2309	.0916	.0219	.0032	.0003	.0000	.0000	.0000	.0000	.0000
	3	.0004	.0307	.1285	.2501	.1700	.0634	.0139	.0016	.0001	.0000	.0000	.0000	.0000
	4	.0000	.0049	.0428	.1876	.2186	.1268	.0417	.0074	.0006	.0000	.0000	.0000	.0000
	5	.0000	.0006	.0105	.1032	.2061	.1859	.0916	.0245	.0030	.0001	.0000	.0000	.0000
	6	.0000	.0000	.0019	.0430	.1472	.2066	.1527	.0612	.0116	.0007	.0000	.0000	.0000
	7	.0000	.0000	.0003	.0138	.0811	.1771	.1964	.1181	.0348	.0035	.0000	.0000	.0000
	8	.0000	.0000	.0000	.0035	.0348	.1181	.1964	.1771	.0811	.0138	.0003	.0000	.0000
	9	.0000	.0000	.0000	.0007	.0116	.0612	.1527	.2066	.1472	.0430	.0019	.0000	.0000
	10	.0000	.0000	.0000	.0001	.0030	.0245	.0916	.1859	.2061	.1032	.0105	.0006	.0000
	11	.0000	.0000	.0000	.0000	.0006	.0074	.0417	.1268	.2186	.1876	.0428	.0049	.0000
	12	.0000	.0000	.0000	.0000	.0001	.0016	.0139	.0634	.1700	.2501	.1285	.0307	.0004
	13	.0000	.0000	.0000	.0000	.0000	.0003	.0032	.0219	.0916	.2309	.2669	.1348	.0092
	14	.0000	.0000	.0000	.0000	.0000	.0000	.0005	.0047	.0305	.1319	.3432	.3658	.1303
	15	.0000	.0000	.0000	.0000	.0000	.0000	.0000	.0005	.0047	.0352	.2059	.4633	.8601

附錄 F　二項分配機率值表（續）

$$P(X = x) = C_x^n p^x (1-p)^{n-x}$$

n	x	.01	.05	.10	.20	.30	.40	.50	.60	.70	.80	.90	.95	.99
20	0	.8179	.3585	.1216	.0115	.0008	.0000	.0000	.0000	.0000	.0000	.0000	.0000	.0000
	1	.1652	.3774	.2702	.0576	.0068	.0005	.0000	.0000	.0000	.0000	.0000	.0000	.0000
	2	.0159	.1887	.2852	.1369	.0278	.0031	.0002	.0000	.0000	.0000	.0000	.0000	.0000
	3	.0010	.0596	.1901	.2054	.0716	.0123	.0011	.0000	.0000	.0000	.0000	.0000	.0000
	4	.0000	.0133	.0898	.2182	.1304	.0350	.0046	.0003	.0000	.0000	.0000	.0000	.0000
	5	.0000	.0022	.0319	.1746	.1789	.0746	.0148	.0013	.0000	.0000	.0000	.0000	.0000
	6	.0000	.0003	.0089	.1091	.1916	.1244	.0370	.0049	.0002	.0000	.0000	.0000	.0000
	7	.0000	.0000	.0020	.0545	.1643	.1659	.0739	.0146	.0010	.0000	.0000	.0000	.0000
	8	.0000	.0000	.0004	.0222	.1144	.1797	.1201	.0355	.0039	.0001	.0000	.0000	.0000
	9	.0000	.0000	.0001	.0074	.0654	.1597	.1602	.0710	.0120	.0005	.0000	.0000	.0000
	10	.0000	.0000	.0000	.0020	.0308	.1171	.1762	.1171	.0308	.0020	.0000	.0000	.0000
	11	.0000	.0000	.0000	.0005	.0120	.0710	.1602	.1597	.0654	.0074	.0001	.0000	.0000
	12	.0000	.0000	.0000	.0001	.0039	.0355	.1201	.1797	.1144	.0222	.0004	.0000	.0000
	13	.0000	.0000	.0000	.0000	.0010	.0146	.0739	.1659	.1643	.0545	.0020	.0000	.0000
	14	.0000	.0000	.0000	.0000	.0002	.0049	.0370	.1244	.1916	.1091	.0089	.0003	.0000
	15	.0000	.0000	.0000	.0000	.0000	.0013	.0148	.0746	.1789	.1746	.0319	.0022	.0000
	16	.0000	.0000	.0000	.0000	.0000	.0003	.0046	.0350	.1304	.2182	.0898	.0133	.0000
	17	.0000	.0000	.0000	.0000	.0000	.0000	.0011	.0123	.0716	.2054	.1901	.0596	.0010
	18	.0000	.0000	.0000	.0000	.0000	.0000	.0002	.0031	.0278	.1369	.2852	.1887	.0159
	19	.0000	.0000	.0000	.0000	.0000	.0000	.0000	.0005	.0068	.0576	.2702	.3774	.1652
	20	.0000	.0000	.0000	.0000	.0000	.0000	.0000	.0000	.0008	.0115	.1216	.3585	.8179

附錄 G　常用對數表

N	0	1	2	3	4	5	6	7	8	9
10	0000	0043	0086	0128	0170	0212	0253	0294	0334	0374
11	0414	0453	0492	0531	0569	0607	0645	0682	0719	0755
12	0792	0828	0864	0899	0934	0969	1004	1038	1072	1106
13	1139	1173	1206	1239	1271	1303	1335	1367	1399	1430
14	1461	1492	1523	1553	1584	1614	1644	1673	1703	1732
15	1761	1790	1818	1847	1875	1903	1931	1959	1987	2014
16	2041	2068	2095	2122	2148	2175	2201	2227	2253	2279
17	2304	2330	2355	2380	2405	2430	2455	2480	2504	2529
18	2553	2577	2601	2625	2648	2672	2695	2718	2742	2765
19	2788	2810	2833	2856	2878	2900	2923	2945	2967	2989
20	3010	3032	3054	3075	3086	3118	3139	3160	3181	3201
21	3222	3243	3263	3284	3304	3324	3345	3365	3385	3404
22	3424	3444	3464	3483	3502	3522	3541	3560	3579	3598
23	3617	3636	3655	3674	3692	3711	3829	3747	3766	3784
24	3802	3820	3838	3856	3874	3892	3909	3927	3945	3962
25	3979	3997	4014	4031	4048	4065	4082	4099	4116	4133
26	4150	4166	4183	4200	4216	4232	4249	4265	4281	4298
27	4314	4330	4346	4362	4378	4393	4409	4425	4440	4456
28	4472	4487	4502	4518	4533	4548	4564	4579	4594	4609
29	4624	4639	4654	4669	4683	4968	4713	4728	4742	4757
30	4771	4786	4800	4814	4829	4846	4857	4871	4886	4900
31	4914	4928	4942	4955	4969	4983	4997	5011	5027	5038
32	5051	5065	5079	5092	5105	5119	5132	5145	5159	5172
33	5185	5198	5211	5224	5237	5250	5263	5276	5289	5302
34	5315	5328	5340	5353	5366	5378	5391	5403	5416	5428
35	5441	5453	5465	5478	5490	5502	5514	5527	5539	5551
36	5563	5575	5587	5599	5611	5623	5635	5647	5658	5670
37	5682	5694	5705	5717	5729	5740	5752	5763	5775	5786
38	5798	5809	5821	5832	5843	5855	5866	5877	5888	5899
39	5911	5922	5933	5944	5944	5966	5977	5988	5999	6010
N	0	1	2	3	4	5	6	7	8	9

附錄 G 常用對數表（續）

N	0	1	2	3	4	5	6	7	8	9
40	6021	6031	6042	6053	6053	6075	6085	6096	6107	6117
41	6128	6138	6149	6160	6160	9180	6191	6201	6212	6222
42	6232	6243	6253	6263	6263	6284	9294	6304	6314	6325
43	6335	6345	6355	6365	6365	6385	6395	6405	6415	6425
44	6435	6444	6454	6464	6464	6484	6493	6503	6513	6522
45	6532	6542	6551	6561	6561	6580	6590	6599	6609	6618
46	6628	6637	6646	6656	6656	6675	6684	6693	6702	6712
47	6721	6730	6739	6749	6749	6767	6776	6785	6794	6803
48	6812	6821	6830	6839	6839	6857	6866	6875	6884	6893
49	6902	6911	6920	6928	6928	6946	6955	6964	6972	6981
50	6990	6998	7007	7016	7016	7033	7042	7050	7059	7067
51	7076	7084	7093	7101	7101	7118	7126	7135	7143	7152
52	7160	7168	7177	7185	7185	7202	7210	7218	7226	7235
53	7243	7251	7259	7267	7267	7284	7292	7300	7308	7316
54	7324	7332	7340	7348	7348	7364	7372	7380	7388	7396
55	7404	7412	7419	7427	7435	7443	7451	7459	7466	7474
56	7482	7490	7497	7505	7513	7520	7528	7536	7543	7551
57	7559	7566	7574	7582	7589	7597	7604	7612	7619	7627
58	7634	7642	7649	7657	7664	7672	7679	7686	7694	7701
59	7709	7716	7723	7731	7738	7745	7752	7760	7767	7774
60	7782	7789	7796	7803	7810	7818	7825	7832	7839	7846
61	7853	7860	7868	7875	7882	7889	7896	7903	7910	7917
62	7924	7931	7938	7945	7952	7959	7966	7973	7980	7984
63	7993	8000	8007	8014	8021	8028	8035	8041	8048	8055
64	8062	8069	8075	8082	8089	8096	8102	8109	8116	8122
65	8129	8136	8142	8149	8156	8162	8169	8176	8182	8189
66	8195	8202	8209	8215	8222	8228	8235	8241	8248	8254
67	8261	8267	8274	8280	8287	9293	8299	8306	8312	8319
68	8325	8331	8338	8344	8351	8357	8363	8370	8376	8382
69	8388	8395	8401	8407	8414	8420	8426	8432	8439	8445
N	0	1	2	3	4	5	6	7	8	9

附錄 G　常用對數表（續）

N	0	1	2	3	4	5	6	7	8	9
70	8451	9457	8463	8470	8476	8482	8488	8494	8500	8506
71	8513	8519	8525	8531	8537	8543	8549	8555	8561	8567
72	8573	5879	8585	8591	8597	8603	8609	8615	8621	8627
73	8633	5639	8645	8651	8657	8663	8669	8675	8681	8686
74	8692	8698	8704	8710	9716	8722	8727	8733	8739	8745
75	8751	8756	8762	8768	8774	8779	8785	8791	8797	8802
76	8808	8814	8820	8825	8831	8837	8842	8848	8854	8859
77	8865	8871	8876	8882	8887	8893	8899	8904	8710	8915
78	8921	8927	8932	8938	8943	8949	8954	8960	8965	8971
79	8976	8982	8987	8993	8998	9004	9009	9015	9020	9025
80	9031	9036	9042	9047	9053	9058	9063	9069	9074	9079
81	9085	9090	9096	9101	9106	9112	9117	9122	9128	9133
82	9138	9143	9149	9154	9159	9165	9170	9175	9180	9186
83	9191	9196	9201	9206	9212	9217	9222	9227	9232	9238
84	9243	9248	9253	9258	9263	9269	9274	9279	9284	9287
85	9294	9299	9304	9309	9315	9320	9325	9330	9335	9340
86	9345	9350	9355	9360	9365	9370	9275	9380	9385	9390
87	9395	9400	9405	9410	9415	9420	9425	9430	9435	9440
88	9445	9450	9455	9460	9465	9469	9474	9479	9484	9489
89	9494	9499	9504	9509	9513	9518	9523	9528	9533	9538
90	9542	9547	9552	9557	9562	9566	9571	9576	9581	9586
91	9590	9595	9600	9605	9609	9614	9619	9624	9628	9633
92	9638	9643	9647	9652	9657	9661	9666	9671	9675	9680
93	9685	9689	9694	9699	9703	9708	9713	9717	9722	9727
94	9731	9736	9741	9745	9750	9754	9759	9763	9768	9773
95	9777	9782	9786	9791	9795	9800	9805	9809	9814	9818
96	9823	9827	9832	9836	9841	9745	9850	9854	9859	9863
97	9868	9872	9877	9881	9886	9890	9894	9899	9903	9908
98	9912	9917	9921	9926	9930	9934	9939	9943	9948	9952
99	9956	9961	9965	9969	9974	9978	9983	9987	9991	9996
N	0	1	2	3	4	5	6	7	8	9

附錄 H 補充資料－指數

作者：傅永久

H-1 指數的意義與性質

一、指數的意義

指數(index number)，亦稱指標，是衡量某一特定時空內，某一社會現象或活動的一個綜合性、摘要性的指標！以此來比較諸社會現象或活動在不同時空的平均相對水準。

故而指數亦係為表示多種現象之平均的、相對變動的百分數：即多種同類現象之平均的相對變動量數。它是一種統計計量，為表示多種同類事物（如物價、物量及物值等）綜合性平均相對變動之百分數，也是同類事物變動比率的平均數，或兩種平均數的變動比率，而以簡單比率或百分數顯示一般價量水準在不同時期或不同地區綜合現象的變動，用以衡量或測定經濟消長，社會安定的一種重要指標數。指數與一個現代人關係最為密切，例如：一大早翻開報紙，就會看到：昨天的證券交易所之股票指數、去年或上一季的工業生產指數、台灣地區農業生產指數、台灣地區進出口貿易指數，如果碰到經濟不景氣時，每天不論是報紙，雜誌或電視，又會連連出現：台灣地區薑售物價指數、消費者物價指數、痛苦指數等等……換言之，如果你（妳）不瞭解指數，你就會跟現代經濟社會脫軌啦，即使你（妳）是藝術家、宗教家，也不能不瞭解指數，因為任何人不能不「生活」，要生活就要涉及衣、食、住、行、育樂，物價指數上漲，生活品質可能會受到影響，經濟衰退，不景氣，廠商為節省生產成本，會採取縮編人事，部分人會失業，如果想瞭解失業的上升程度及全球受到石油漲價所造成之物價膨脹之嚴重狀況，你（妳）就必須要瞭解痛苦指數……。

西元 2001 年美國 911 恐怖事件造成全球經濟衰退，特別是航空客運業，公司大量裁員，失業率節節升高，造成全球愛心捐獻顯著減少，愛心跟著也縮了水。

假如你（妳）是從事國際貿易或國際海空運業（如船舶運送業、航空貨運業、海空運貨物承攬業、貨櫃運輸業、船務代理業……）更要熟知波羅的海運費指數(baltic freight index, BFI)，其中又分乾貨船指數(BDI)、海岬型指數(BCI)、巴拿馬極限型指數(BPI)、適宜極限型指數(BHMI)、國際石油運價指數(ICFI)、乾貨船論時傭船平均指數……。

如果你（妳）是國際投資家，更要熟知有關(1)國際商品期貨價格指數：如①美國商品研究局期貨指數(CRB)；②道瓊美國國際集團商品指數(DJ-AIG)；③路透商品指數(Reuters)；④台灣期貨交易所(TAIFEX)台股指數期貨。(2)國際主要股市股價指數：如①美國紐約道瓊工業股價指數；②那斯達克(NASDAQ)指數；③標準普爾 500 指數；④英國倫敦金融時報 100 種股價指數；⑤法國巴黎證商公會股價指數；⑥德國法蘭克福 DAX 股價指數；⑦日本東京日經 225 種股價指數；⑧香港恆生股價指數；⑨南韓漢城綜合股價指數(Kospi)；⑩印尼雅加達證交所股價指數；⑪馬來西亞吉隆坡證交所股價指數；⑫泰國曼谷交易所股價指數；⑬台灣證交所之集中市場加權指數、店頭市場 OTC 指數；⑭中國大陸上海、深圳的 A 股 B 股等。

到底這些與民生及你我息息相關的指數是如何編製的？任何一個現代人，尤其是未來要從事商業經營與管理的商管人，確實有充分瞭解的必要。

二、指數的性質

由上述指數的意義，可綜合歸納出一個指數，它應含有以下四種性質：

（一）第一為綜合性

指數乃綜合多種資料（如多種物價，物量或物值的綜合計算）化成一簡單的統計數字，而觀測其一般變動情形。一般單一事項的相對數量，僅為一種比率，而非指數。

（二）第二為相對性

因為多種現象實數的單位不同，無法相互比較，故必須化成比率，比較其相對數量，才有意義，所以指數是各種物品價量在某一時期對另一時期之綜合性平均相對變數的比率或百分數，使得各種物品雖然計算單位不同，仍能應用指數作有意義的比較。

（三）第三為平均性

指數是應用平均方法，將多種同類事物的綜合現象，化成一簡單的統計數字，並可藉此消除多種同類事物資料間的複雜性，故指數均具備平均性質。

（四）第四為代表性

指數雖為綜合的表示某類事物的相對變動，但又未必能納入該類事物的全體個體，而實際上只能挑選其中一部分作為代表，然後用統計方法求得一種相對數來表示其全部的變動情形：謹以我國經濟部統計處所編製之《中華民國台灣地區工業生產統計指數》之流程為例驗證一個指數包含了上述四種特性。

1. 查編沿革：

台灣地區工業生產統計，創始於民國 42 年，其目的在於建立工礦業產銷查報制度，嗣後按月編製工業生產指數，與編印工業生產統計月報，迄今從未間斷。為使指數更具充分代表性，每隔五年配合工商業普查結果改編一次，同時更換基期及權數，增查重要產品與增編多種複分類指數，以提高統計用途。近年來鑒於台灣地區工廠家數、規模及產品結構等變遷快速，復利用本部 79 年工廠校正調查與 80 年工商業及服務業普查結果母體檔產銷資料，重新抽選樣本，並擴大調查產品及樣本家數，期使查編指數，更能符合近期工業產銷變動實況。

2. 查編目的與用途：

每月以快速方法調查工業生產、銷售及存貨等量值之變動實況，推計全體量值，編成各類指數與統計，用以衡量工業產銷存量消長情勢與經建成果，供為調節各業生產、貿易及施政策計畫之參據。

3. 調查週期與對象：

每月調查及編製一次；即當月份工業生產快報，由各受查企業於次月十日以前填送經濟部統計處。調查對象包括：礦業、製造業、水電燃氣及房屋建築業等四大行業，均以企業單位為調查對象。

4. 調查項目：

依照台灣地區當前工業生產結構，選取具有重要性、代表性、領導性及策略性之產品，其計選查 2,253 項產品（其中製造業 2,188 項、礦業 33 項、水電燃氣業 7 項及房屋建築業 18 項），印發「工業生產快報」調查表分別調查各月之生產量、國內外進貨量、自用量、內外銷量值、存貨量及生產量變動原因。俾能充分反映工業產銷量與質之變動，亦便於複分類統計。調查表內各欄目關係為恆等式：

(1)月初存貨量+(2)本公司生產量+(3)代客加工量+(4)國內進貨量+(5)國外進口量–(6)自用量–(7)代客加工交出量–(8)內銷量–(9)外銷量–(10)其他出貨及耗損=(11)月底存貨量。

5. 抽樣方法及樣本家數：

(1) 母體底冊：利用 85 年工商及服務業普查母體檔資料，以電腦抽出調查樣本。

(2) 採用方法：視各企業對象之規模及行業別，採用不同抽出法，凡下列各企業單位採全部調查外；其餘均採截斷抽出法。

① 礦業及房屋建築業全部調查。

統計學
以 Microsoft Excel 為例

　　② 公營企業單位（含國營及市營生產事業單位）全部調查。

(3) 分業標準：依我國行業標準分類，分至四位細行業，但非重要性細
分業則酌予合併為一業。

(4) 分層抽出程序：製造業與水電燃氣業按細分業利用 84 年工廠校正調
查獲得 2,091 項產品產值，分別依其各產品之各工廠產品值大小排
列，凡各產品產值累計達 70%以上者，各該產品之製造工廠，全部
抽選列入調查。

(5) 樣本家數：以上全部調查及抽查樣本家數，共計 8,200 家，平均總抽
出率為 5.3%，唯占 5 人以上母體數之 9.8%。

6. **調查方法：**

　　視各行業對象性質，採取不同查報方法。礦業委託台灣省礦務局調
查；房屋建築業委託各縣市建設局調查；民營製造業及水電燃氣業均由
受查企業自行填報，加工出口區廠商委託本部加工出口區管理處催報
外，其餘由本處指派專人負責通信聯繫催報為主，派員實地複查為輔。
本查報制度回收率每月平均達 95%以上。

7. **資料處理方法：**

(1) 產品之歸類：調查之產品係依 86 年經濟部編印之工業產品分類調查
共 2,253 項，再將相同性質產品合併為 644 項。

(2) 資料之處理：每月廠商之生產快報，先以人工逐表逐項審核其生
產、銷售、存貨及計量單位、電腦編號等，其次作詳細之電腦檢
誤，俟確實合理後，始進行編算各類指數。

8. **指數基期：**

　　以民國 85 年為基期，編成各類定基指數；同時編製月增率及年變
動率。

9. **指數分類：**

(1) 基本行業分類：依照我國行為標準分類，選定工業生產指數所需分類如次：

① 大分類：礦業、製造業、水電燃氣業、房屋建築業等 4 大類。

② 中分類：礦業 3 類、製造業 22 類。

③ 細分類：製造業 195 類、水電燃氣業 3 類。

(2) 製造業特殊複分類：

① 按公民營分：❶公營工業生產指數；❷民營工業生產指數。

② 按輕重工業分：❶輕工業生產指數；❷重工業生產指數。

③ 按產品用途分：❶最終需要財生產指數；❷生產財生產指數。

④ 按四大行業別分：❶金屬機械工業生產指數；❷資訊電子工業生產指數；❸化學工業生產指數；❹民生工業生產指數。

⑤ 按密集度分：❶資本密集度生產指數；❷技術人力密集度生產指數；❸能源密集度生產指數；❹勞力密集度生產指數。

(3) 房屋建築業指數：按房屋建築之構造別編製指數。

(4) 勞動生產力指數：以工業生產指數為產出，勞動總工時指數為投入，編算生產力指數。

(5) 銷售量指數：就選取之 2,253 項製造業產品，依其性質歸併為 609 項主要產品，再按 22 中分類分別編製銷售量指數。

(6) 存貨量指數：就選取之 2,253 項製造業產品，依其性質歸併為 554 項主要產品，再按中分類編製存貨量指數。

10. **權數（生產淨值）：**

依據民國 85 年工商及服務業普查暨 84 年工廠校正調查結果各項產品之生產淨值加權，其計算方法如次：

(1) 生產淨值＝生產總值－（原材物料耗用值＋燃料耗用值＋電力費用
＋各項折舊＋稅捐負擔＋其他費用）。

(2) 基期產品平均單位淨值＝生產淨值÷基期生產量。

(3) 各該產品之平均單位淨值即為該產品之基期權數，千分比為各業或
各產品所占工礦業總淨值之比重。

11. **指數公式：**

採用拉斯皮爾式(Laspeyres)基期加權總值式公式：

(1) 工業生產指數：為衡量工業部門產品生產量在某時間與基期間之相
對變動指標。

$$I_{oi} = \frac{\Sigma Q_i P_o}{\Sigma Q_o P_o} \times 100$$

Q_i：計算期生產量

Q_o：基期生產量

P_o：基期生產淨值單價

(2) 銷售量指數：為衡量產品銷售量在某時期與基期之相對變動指標。

$$I_{oi} = \frac{\Sigma \frac{Q_i}{Q_o} \cdot Q_o P_o}{\Sigma Q_o P_o} \times 100 = \Sigma \frac{Q_i}{Q_o} \cdot W_o \times 100$$

式中　　$W_o = \frac{Q_o P_o}{\Sigma Q_o P_o}$

Q_i：計算期銷售量　　　W_o：基期銷售價值權數

Q_o：基期銷售量　　　　P_o：基期銷售單價

(3) 存貨量指數：為衡量產品存貨量在某時間與基期之相對變動指標。

$$I_{oi} = \frac{\Sigma \frac{Q_i}{Q_o} \cdot Q_o P_o}{\Sigma Q_o P_o} \times 100 = \Sigma \frac{Q_i}{Q_o} \cdot W_o \times 100$$

式中　　$W_o = \dfrac{Q_o P_o}{\Sigma Q_o P_o}$

Q_i：計算期存貨量　　　W_o：基期存貨價值權數

Q_o：基期存貨量　　　　P_o：基期銷售單價

註

上述各指數公式，係以工商及服務業普查年為固定基期，且該指
數每五年改編一次。

資料來源：經濟部統計處，中華民國台灣地區工業生產統計月報
　　　　　91 年 5 月 P2~5。

再細查表 H-1 國際經濟指標：a.躉售物價表　b.消費者物價表。暨綜
合我國工業統計指數的編製過程：就可知悉：指數確具備①綜合
性；②相對性；③平均性；④代表性。

■■■ 表H-1 　國際經濟指標表

1. 躉售物價：

年月	國別	中　華　民　國 (1996 年=100)	美　　　國 (1982 年=100)	日　　　本 (1995 年=100)	德　　　國 (1995 年=100)	南　　　韓 (1995 年=100)
1989 年		93.7	113.6	106.3	91.5	82.2
1990 年		93.1	119.2	108.5	93.2	85.6
1991 年		93.2	121.7	107.8	95.5	89.7
1992 年		89.8	123.2	106.1	96.6	91.6
1993 年		92.1	124.7	103.0	96.6	93.0
1994 年		94.1	125.5	101.0	98.1	95.5
1995 年		101.0	127.9	100.0	100.0	100.0
1996 年		100.0	131.3	100.1	99.6	103.2
1997 年		99.5	131.8	101.6	101.5	107.2
1998 年		100.1	130.7	100.0	101.7	120.3
1999 年		95.6	133.0	96.7	101.6	117.8
2000 年		97.3	138.0	96.6	104.0	120.2
2001 年		96.0	140.7	97.0	105.8	122.5
2001 年	1 月	97.4	141.6	97.3	105.2	122.2
	2 月	96.2	141.7	97.0	106.1	122.4
	3 月	95.8	141.6	97.6	106.5	122.9
	4 月	95.8	142.3	97.7	106.9	123.2
	5 月	95.7	142.4	97.4	107.4	123.1
	6 月	97.1	141.9	97.2	106.9	123.1
	7 月	97.3	140.2	97.6	106.0	123.2
	8 月	97.0	140.6	97.0	105.7	122.7
	9 月	96.6	141.4	96.4	105.8	122.5
	10 月	95.6	139.1	96.1	105.0	122.0
	11 月	94.3	138.4	95.8	104.0	121.5
	12 月	93.6	137.6	96.3	104.1	120.8
2002 年	1 月	94.1	137.8	96.7	104.0	121.5

資料來源：中華經濟研究院：國際經濟情勢週報 1438 期，91 年 6 月 6 日日本銀行，美國
　　　　　勞工部，中華民國行政院主計處，南韓國家統計局，德國統計局。

註：除美國外，各國躉售物價指數未經季節調整。

■■ 表H-1　國際經濟指標表（續）

2. 消費者物價：

國別 年月		中 華 民 國 (1996 年=100)	美　　　　國 (1982 年～1984 年=100)	日　　　本 (2000 年=100)	德　　　國 (1995 年=100)	南　　　韓 (2000 年=100)
1989 年		77.5	124.0	89.3	83.5	56.1
1990 年		80.7	130.8	92.1	85.7	60.9
1991 年		83.6	136.3	95.1	87.2	66.6
1992 年		87.3	140.4	96.7	91.6	70.8
1993 年		89.9	144.6	98.0	95.7	74.2
1994 年		93.6	148.3	98.6	98.3	78.8
1995 年		97.0	152.5	98.5	100.0	82.3
1996 年		100.0	157.0	98.6	101.4	86.4
1997 年		100.9	160.6	100.4	103.3	90.2
1998 年		102.6	163.1	101.0	104.3	97.0
1999 年		102.8	166.7	100.7	104.9	97.8
2000 年		104.1	172.3	100.0	107.0	100.0
2001 年		104.1	177.2	99.3	109.6	104.1
2001 年	1 月	105.2	175.7	99.8	108.3	102.3
	2 月	103.2	176.2	99.5	109.0	102.8
	3 月	103.0	176.3	99.3	109.1	103.7
	4 月	103.8	176.8	99.5	109.5	104.1
	5 月	103.8	177.5	99.6	110.0	104.0
	6 月	103.7	177.9	99.3	110.2	104.3
	7 月	103.4	177.4	99.0	110.2	104.3
	8 月	104.1	177.5	99.4	110.0	104.9
	9 月	104.5	178.2	99.2	110.0	104.8
	10 月	106.1	177.6	99.2	109.7	104.8
	11 月	104.9	177.5	98.7	109.5	104.2
	12 月	103.0	177.3	98.6	109.6	104.4
2002 年	1 月	103.5	177.6	98.4	110.6	105.0

資料來源：日本總務省，美國勞工部，中華民國行政院主計處，南韓國家統計局，德國統
　　　　　計局。
　　　　　中華經濟研究院：國際經濟情勢週報 1437 期，91 年 5 月 30 日，P.92。
註：除美國外，各國消費者物價指數未經季節調整。

■▪ 表H-2　國際商品期貨價格指數變動表

		CRB (1967=100)	DJ-AIG (1991=100)	Reuters (9/18/1931=100)
1996 年底		239.61	148.36	1,868.5
1997 年底		229.14	140.97	1,752.4
1998 年底		211.68	129.51	1,479.6
1999 年底		205.14	92.51	1,353.9
2000 年底		227.83	111.54	1,399.1
2001 年	12 月底	190.61	89.03	1,178.2
2002 年	1 月底	187.29	88.31	1,200.1
	2 月底	192.33	90.48	1,191.2
	3 月底	204.92	99.59	1,236.4
	4 月底	201.16	99.43	1,208.7
	5 月底	204.20	97.76	1,259.4
	6 月 3 日	204.20	97.65	—
	6 月 4 日	204.98	98.25	—
	6 月 5 日	203.47	97.53	1,254.2
	6 月 6 日	203.62	97.31	1,256.9
	6 月 7 日	202.83	96.82	—
(1) 近週之平均 (6/3～6/7)		203.82	97.51	1,255.6
(2) 前週之平均 (5/27～5/31)		202.84	97.53	1,237.8
(1)較(2)變動，%		+0.48	−0.02	+1.44

備註：　CRB=美國商品研究局期貨指數，DJ-AIG=道瓊美國國際集團商品指數，Rueters=路
　　　　透商品指數。

資料來源：倫敦金融時報，華爾街日報。
　　　　中華經濟研究院：國際經濟情勢週報 1439 期，P.15，91 年 6 月 13 日。

H-2　指數的功用與種類

一、指數的功用

由上述我們可知：指數的最大功能及用途在於能顯示一期到另外一期的變動之百分比，例如：我國編算下列指數之目的，即產生之功能：

1. **台灣地區躉售物價指數編製之目的：**

　　在衡量台灣地區躉售物價水準的變動情形。其用途有三：一為用作重要經濟指標，提供財經決策與學術研究的基本資料；二為用作清結長期債務及資產重估時計算貨幣升值參考；三為用作國民所得統計中，計算有關國民生產的固定幣值準據。

2. **消費者物價指數編製之目的：**

　　乃測度貨幣一般購買力的指數，但此種指數並不完全適合消費標準所要測度的對象。消費標準的貨幣購買力決定於消費品的價格，對一般人民的生活具有更密切的關係。而躉售物價指數，並不完全反映消費者所有貨幣所得的購買力。各國為適應此一需要故除躉物價指數外，另編零售物價指數或生活費指數，二者或統稱為消費者物價指數。而零售物價指數編製之目的，主要在測度工資階級家庭生活費用的變動。此種指數與生活費指數微有不同。生活費指數在測度全部生活費用，而零售物價指數則偏重於食物方面價格的變動。

3. **我國金融統計指數編製之目的：**

　　編製金融統計之目的，主要在觀察特定時點整個社會流通中的貨幣及信用存量，以及使其發生變動之各種因素，以瞭解民間流動性之來源及其消長。

4. **台灣地區工業生產統計指數：**

　　查編目的與用途：每月以快速方法調查工業生產、銷售及存貨等量值之變動實況，推計全體量值，編成各類指數與統計，用以衡量每月工

業產銷存量消長情勢與經建成果，供為調節各業生產、貿易及施政計畫之參據。

5. 進出口貿易指數，目的在測度進出口貿易的變化情況。

綜合言之，指數在應用上具備下列 10 種功用。

1. 指數能以一個簡單量數（以時間數列方式），來表示多種同類現象的一般水準在不同時期之變動程度。

2. 依各種不同單位之現象，相互比較。

3. 可依指數的漲跌，作為顯示貨幣購買力的大小。

4. 可依指數作為商業的季節性或循環性的指標。

5. 可供釐訂國家財經政策的參考及調整軍公教人員待遇及工資的標準。

6. 作為研究財經計畫，釐訂財經政策的依據。

7. 作為重要經濟指標：如顯示經濟景氣變動程度等。

8. 提供各級政府及公民營企業管理上的參考。

9. 作為調整薪資，核算成本與實質所得，清償債務，資產重佔，以及核算財稅等的工具。

10. 可用作國民所得統計中，計算有關國民生產的固定幣值準據。

二、指數的種類

指數之編製早在西元 1764 年時首由義大利人卡利(G. R. Carli)創造，當時卡氏利用指數報導西元 1500 年至 1750 年歐洲的物價變動，直到西元 1900 年，美國始開始有蒐集和報告指數資料的系統化方法，西元 1913 年，第一個正式的指數－生活成本指數（即目前所謂之消費者物價指數）出現，自此以後，指數的應用日益廣泛，目前各國政府及民間學術單位所編算的指數與種類繁多，不勝枚舉，茲依目前統計學專家之見解可依下列六種分類標準加以分類：

1. **按指數性質分類：**

   (1) 物價指數(price index number)：以物品或勞務價格編算的指數，用以表示物價一般的相對變動，如躉售物價指數、消費者物價指數、進出口物價指數、證券交易價格指數及各產業薪資指數等。

   (2) 物量指數(quantity index number)：以物品數量（包括生產量、交易量、消費量等）編算的指數，用以表示物量一般的相對變動，如工業生產指數、農業生產指數、進出口貿易量指數、貨幣供給量指數及人口指數等。

   (3) 物值指數(value index number)：以物品價值編算的指數，用以表示物品價值一般的相對變動，如進出口貿易值指數、貸幣發行額指數、各業營業額指數、成本指數及農、工業生產值指數等。

2. **按基期標準分類：**

   (1) 定基指數(fixed base index number)：以固定基期或特定時間為準所編算的指數。如以某年為基期，則各計算期的定基指數記為：I_{01}, I_{02}, I_{03}, $\cdots$, I_{0n}。如我國台灣證券交易所發行量加權股價指數以民國 55 年為基期。

   (2) 環比指數(link index number)：各指數皆為以上一時期為基準所編算者，適用於相鄰兩期的比較。如以上一時期為基準所編的環比指數記為：I_{01}, I_{12}, I_{23}, $\cdots$, $I_{(n-1)n}$。如我國台灣地區躉售物價指數以民國 55 年為基期並另編環比指數。

   (3) 連鎖指數(chain index number)：以各環比指數逐次連乘編算的指數，可用以轉換為定基指數，連續指數可記為：I_{01}, $I_{01} \times I_{12}$, $I_{01} \times I_{12} \times I_{23}$, $\cdots$, $I_{01} \times I_{12} \times I_{23} \times \cdots \times I_{(n-1)n}$。

3. **按加權與否分類：**

(1) 簡單指數(simple index number)：未採用加權計算的指數即編算過程中視各取樣物品為同等重要性。

(2) 加權指數(weighted index number)：以顯示各種物品或現象相對重要性之數值為權數所計算的指數。

4. **按指數編算的過程分類：**

(1) 綜合式指數(aggregative index number)：為先求平均後求比率的指數。

(2) 平均式指數(composite relative index number)：為先求比率後求平均的指數。

5. **按指數數列標準分類：**

(1) 時間數列指數(time series index number)：依時間的順序排列而成的指數。

(2) 空間數列指數(space series index number)：依地區順序排列而成的指數。

(3) 屬性數列指數(attribute series index number)：依特徵（屬性）排列而成的指數。

6. **按指數類別分類：**

(1) 基本分類指數：係按物品之基本性質或用途所編算的分類指數。

(2) 複分類指數（又稱特殊分類指數）：為增廣指數用途，除上述分類外，另按特定分類標準重複組合編算的指數。

但也有部分學者專家將指數的型式簡化為：價格指數、數量指數、價值指數及特殊用途四種：

1. **價格指數**(price indexes)：

　　消費者物價指數。事實上，常用的消費者物價指數有二種，一種是零售消費物價指數(CPI)；另外一種是臺售物價指數(WPI)。當然也有其他個別項目指數，例如食品物價指數、交通費率物價指數等。

　　生產者物價指數。衡量在產品生產過程中第一個步驟，生產廠商從初級市場獲得生產因素的平均物價變動。

2. **數量指數**(quantity indexes)：

　　在美國有產出量聯邦理事會指數；在台灣有中華民國進出口數量指數或個別產業生產量指數。

3. **價值指數**(value indexes)：

　　在美國的 50 個州都有建築契約價值指數、McCann-Erickson 廣告指數；在台灣有中華民國進出口貿易指數、工業產值指數等。

4. **特殊用途指數**(special-purpose indexes)：

　　另外有一些指數反映整體的經濟活動。例如，股價指數、新建廠房設備指數、新建房屋指數，另外還有其他商業指數，政府據以綜合這些領先指數，以判斷景氣的動向，美國的商業週刊，(Business　Week)皆定時發佈這些領先指數(leading　index)，包括商業與經濟指標，如股價指數、公債殖利率、原物料物價、廠商倒閉家數、不動產融資額等等。

資料來源：Mason & Lind. statistical Techniques in Business and Econmics.張宮熊譯。

H-3　指數的編製

欲使指數的編製完美，首應瞭解二個基本關鍵詞，一為基期(base period)，一為價比(price relative)現說明如下：

一、基期的意義及種類

1. 基期的意義：

所謂基期即在編製指數時，選定作為比較基準的時期，稱為基期(base period)。

例如台灣證券交易所每日所公布之發行量加權股票指數其編算之基期以民國 55 年(1966)為比較基準年，美國的 CPI 基期是以 1982～84 年，工業生產指數基期則為 1977 年。

2. 基期的種類：

基期又分為固定基期(fixed base period)及移動基期（moving base period 或 shifting base period）。

(1) 固定基期：即採用定基基期，大多數指數的基期指數是 100，在編製各期指數時，均以某一固定時期為準。

(2) 移動基期：即在編製指數時，只作前後兩期的比較，即移動基期，指數都是以前一期為基期，故不會產生所謂基期選擇的問題，通常在編算環比指數(link index)時均採用移動基期，此種基準隨指數的先後而依次向前推移故稱為移動基期，假如環比指數連乘後所得之定期指數，則又稱為鏈指數(chain index)或鎖指數。

固定基期編製指數時，為了長期一貫的比較而選定一固定時期的物價（或物量）為基準，以進行定基指數的求算。採用固定基期編製指數是為了作長期一貫的比較，故固定基期的選擇應極為慎重，其選擇應遵循以下的條件：

(1) 基期須為正常時期。所謂正常，乃是謂指數所欲測量的變動在當時很平穩，以免發生高估或低估計算期指數的錯誤。

(2) 基期不可太短。各種指數的基期都為一年，有時甚至用二年或三年的擴大基期，以免發生高估或低估的錯誤。

(3) 基期不可距離計算期太遠。基期距計算期太遠，將降低指數的代表性，且商品品質的齊一性不易維持。

　　為了使定基指數的代表性高，以及一貫性比較的合理，固定基期必須五年或十年一換。為便於研究及分析，新舊基期指數必須要銜接起來。

　　例如我國工業生產指數，銷售量指數，存貨量指數採用拉氏公式，係以工商及服務業普查年為固定基期，但該指數每五年改編一次。

　　銜接方法是於某一期各依原有條件，將新舊基期的兩個指數同時編算，如此可得到依新舊基期分別求算之同一期的兩個指數的相對比例，然後以此相對比例為根據，將新編及舊編兩種指數加以銜接，這種改編方法其實是一種簡單的直線比例法。

例

試將下列新舊基期的物價指數銜接起來。

年　　　別	第 一 年	第 二 年	第 三 年	第 四 年	第 五 年	第 六 年	第 七 年
舊基期指數	100.00	103.21	110.42				
新基期指數			100.00	105.13	109.24	115.08	120.11

(1) 基期為第一年，則第四年至第七年的指數各乘以第三年的指數比例1.1042(110.42/100.00)，即得以第一年為基期的舊基期指數為：

年　　　別	第 一 年	第 二 年	第 三 年	第 四 年	第 五 年	第 六 年	第 七 年
舊基期指數	100.00	103.21	110.42	116.08	120.62	132.63	127.07

(2) 基期為第三年，則第一、二年指數各除以第三年的指數比例1.1042，即得第三年為基期的新基期的指數為：

年　　　別	第 一 年	第 二 年	第 三 年	第 四 年	第 五 年	第 六 年	第 七 年
新 基 期 指 數	90.56	93.47	100.00	105.13	109.24	115.08	120.11

由上述得知，環指數（又稱環比指數）為以上一期（即前一期）為基期而編算的本期指數，基期及本期為相鄰的兩期，均隨時期的移動而移動，故只能作相鄰兩期的比較，而不能作長期一貫的比較。

為了如定基指數之可作長期一貫的比較，可採用連鎖方法，將環指數改換成鏈指數（鏈比指數）或稱鎖指數（鎖比指數）。即由環指數連乘，以求得鏈指數的方法為：

$$C_{i/o} = L_{1/o} \cdot L_{2/i} \cdots \cdots L_{i/i-1}$$
$$= C_{i-1/o} \cdot L_{i/i-1}$$

鏈指數 $C_{i/o}$ 為基期固定的指數，故可達到長期一貫比較的目的。環指數與鏈指數通常同時並列，二者有以下之不同：

(1) 環指數為移動基期指數，鏈指數為固定基期指數。

(2) 環指數只能作相鄰兩期的比較，鏈指數能作長期一貫的比較。

(3) 鏈指數由環指數連乘而得。

二、價比的意義及種類

1. 價比的意義：

價比(price relative)為同一物品各計算期價格(price in later given period)對基期價格(price in base period)之比再乘以 100 化為百分比形式。

用作比較基準之分母的物價為基期價格，而作比較之分子的物價為計算期價格。計算期即計算價比或指數的時期。例如計算元月份的價比，則元月份為計算期；計算十二月份的價比，則十二月份為計算期。

■ 表H-3　價比所用的代表符號

時　期	商　　品　　別					
	第一種	第二種	………	第 j 種	………	第 n 種
基期 0	P_0'	P_0''	………	P_0^j	………	P_0^n
計算期 1	P_1'	P_1''	………	P_1^j	………	P_1^n
〃 2	P_2'	P_2''	………	P_2^j	………	P_2^n
〃 ⋮	⋮	⋮	………	⋮	………	⋮
〃 I	P_I'	P_i''	………	P_i^j	………	P_i^n
〃 ⋮	⋮	⋮	………	⋮	………	⋮

　　一般以 P 表示價格，q 表示物量，時期次序註於 p 或 q 的右下角，物品種類註於 p 或 q 的右上角，例如 p_i 為第 j 種物品第 i 期的價格。上表均為商品價格的符號，至於不同時期不同物品數量的符號亦與此相似，僅須將表中的 p 換或 q 即得。

■ 表H-4　台灣區七種物品躉售價格之定基價比88年=100

時期	白米	雞蛋	牛乳	煤炭	三夾板	鋼筋	天然氣
民國 88 年	100.00	100.00	100.00	100.00	100.00	100.00	100.00
民國 89 年	116.05	116.55	138.77	109.01	104.17	128.15	100.00
民國 90 年	208.45	173.42	118.00	226.21	147.33	219.26	100.00

■ 表H-5　台灣區七種物品躉售價格之環比

時期	白米	雞蛋	牛乳	煤炭	三夾板	鋼筋	天然氣
民國 88 年	100.00	100.00	100.00	100.00	100.00	100.00	100.00
民國 89 年	116.05	116.55	138.77	109.01	104.17	128.15	100.00
民國 90 年	179.62	147.53	85.10	207.59	141.52	171.02	100.00

　　本例係以民國 88 年為基期亦即以該年的價格為基價。故以此基期除同一物品其餘各年的價格並乘以 100，即得每一物品各年的定基價比。例如蓬萊白米的各年價比，88 年為 $\frac{703.63}{703.63}\times100=100$，89 年為 $\frac{816.60}{703.63}\times100=116.05$，90 年為 $\frac{1466.77}{703.63}\times100=208.45$。

2. **價比的種類：**

　　價比以基期的不同，可分為兩類：

(1) 定基價比(price relative in fixed base period)：即計算期價格除以固定基期價格之商。例如第一種物品各期價格以時期 0 為基期的定基價比為：

$$\frac{P_1'}{P_o'},\ \frac{P_2'}{P_o'},\ \frac{P_3'}{P_o'},\ \cdots\cdots\ \frac{P_i'}{P_o'}\cdots\cdots$$

其分母均為基期的價格 P_o'

(2) 環比(rate of change in shifting base period)：即後一期價格除以前一價格之商。例如第一種物品各期價格的環比為：

$$\frac{P_1'}{P_0'},\ \frac{P_2'}{P_1'},\ \frac{P_3'}{P_2'},\ \cdots\cdots\ \frac{P_i'}{P_{i-1}'},\ \frac{P_{i+1}'}{P_1'},\ \cdots\cdots$$

其分母價格均較分子的提前一期。

　　環比由時期 1 至各計算期的環比的乘積稱為各該計算期的鎖比(linking rate of change)。例如第一種物品價格各期的鎖比為：

第一計算期的鎖比 $=\dfrac{P_1'}{P_o'}$

第二計算期的鎖比 $=\dfrac{P_1'}{P_o'}\times\dfrac{P_2'}{P_1'}\times\dfrac{P_2'}{P_o'}$

第三計算期的鎖比 $=\dfrac{P_1'}{P_o'}\times\dfrac{P_2'}{P_1'}\times\dfrac{P_3'}{P_2'}=\dfrac{P_3'}{P_o'}$

餘依此類推。故所謂鎖比者，即將各期環比連乘之而還原為定基價比的過程。

三、指數的編製

　　將原始資料轉換成指數，可以讓我們對一序列龐大的數字變動之趨勢輕鬆地獲得概念。

　　例如，美國的消費者物價指數包含了大約 400 種產品－漢堡、日用品、醫療費用等等。這些項目本來用不同的單位價格表示，我國躉售物價指數包含大約 586 項商品，上市股票集中市場包含了 652 種股票，台灣地區工業生產統計調查及抽查樣本數也高達 8,200 家（平均總抽比率僅為百分之 5.3%），唯有把這些產品或服務編製成一種指數，政府與其他關心通貨膨脹的民眾才能方便地獲取相關資訊。

1. 指數編製的步驟：

　　　　由前述我國各種工商業指數編算的過程，得知指數編製的步驟為：

(1) 首應訂正編算目的與用途。

(2) 選定採用編算指數之公式。

(3) 確定編算指數基數。

(4) 確定抽樣方法，樣本家數及資料處理方法。

(5) 決定採用權數及加權計算方法。

(6) 確定編算指數之週期，對象與項目。

(7) 決定產值範圍及資料蒐集，抽出程序。

(8) 編算指數。

(9) 公布新指數。

2. 就上述編算各種指數實務觀之，大致有下列各流程：

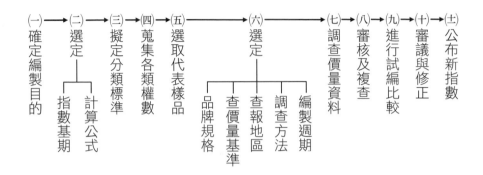

四、指數編算之方法

　　指數的編算方法有二：即①簡單指數(simple index number)與②加權指數(weighted indexes number)。而指數一般又分為三種：即①價格指數(price index number)②數量指數(quantity index number)，與③價值指數(value index number)。有關指數編算的過程，一般分為兩種：即①綜合式指數(aggregative index number)②平均式指數(composite relative index number)，其間之差異前已述及，今再簡單說明如下：

1. 簡單指數：

　　又稱無加權指數(unweighted indexes)或不加權指數，它是指數最基本的型式，係表示一個項目在經過一段時間的變化百分比。

2. 加權指數：

　　係依編製指數時不同選樣商品的重要性給予適當的權數(weighted)編算而成之指數。所謂「權」係指用以權衡輕重之分的數值，稱為權數。

3. 價格指數：

　　即在探討數量不變的前提下，價格變動所造成價值的改變。

4. **數量指數**：

　　即在探討價格不變的前提下，因數量變動所造成價值的改變。

5. **價值指數**(value index number)：

　　即表示多種物品價值一般水準的指數。

6. **綜合式指數**：

　　為先求平均後求比率的指數。

7. **平均式指數**：

　　為先求比率後求平均的指數。

　　今再以價格指數與數量指數為主體進一步對指數的編算敘述如下：

1. 價格指數又分為綜合價格指數(aggregates price index)及平均價比指數 (arithmetic mean of relative price index)。這兩種價格指數各依加權與否 可再細分：綜合價格指數分為簡單（未加權）綜合價格指數(unweighted aggregates price index)及加權綜合價格指數(weighted aggregates price index)。平均價比指數分為簡單（未加權）平均價比指數(unweighted arithmetic mean of relative price index)及加權平均價比指數(weighted arithmetic mean of relative price index)。

2. 數量指數又可分為加權綜合數量指數(weighted aggregates quantity index) 及平均量比指數(arithmetic mean of relative quantity index)。後者又可依 加權與否分成簡單（未加權）平均量比指數(unweighted arithmetic mean of relative quantity index)及加權平均量比指數(weighted arithmetic mean of relative quantity index)。

今列簡表如表下：

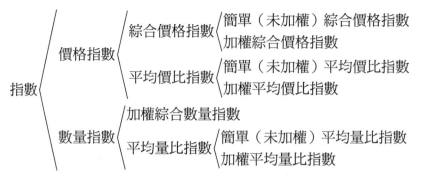

五、價格指數

（一）簡單綜合價格指數公式

簡單綜合價格指數，即先求平均後求比率之指數；亦即各項物品在兩時期（即基期與計算期）實際價格的算術平均數之比，也是將各項選樣商品計算期價格之總和與其基期價格總和之比，以百分數表之。

即各項物品在兩時期實際價格的算術平均數之比。其計算公式為：

$$定基指數：AG_{oi}=\frac{\frac{1}{n}(P'_i+P''_i+\cdots\cdots+P^n_i)}{\frac{1}{n}(P'_o+P''_o+\cdots\cdots+P^n_o)}=\frac{\sum P_i}{\sum P_o}$$

$$環比指數：AG_{(i-1)i}=\frac{\frac{1}{n}(P'_i+P''_i+\cdots\cdots+P^n_i)}{\frac{1}{n}(P'_{i-1}+P''_{i-1}+\cdots\cdots+P^n_{i-1})}=\frac{\sum P_i}{\sum P_{i-1}}$$

簡單指數除上述簡單定基指數及簡單環比指數外，還有簡單連鎖指數。連鎖指數也分為算術式、幾何式、調和式、中數式、眾數式及綜合式六種。設各期之算術式環比指數為：

$$\overline{X}_0,\ \overline{X}_{01},\ \overline{X}_{12},\ \overline{X}_{23},\ \overline{X}_{34},\cdots\cdots則$$

時期 1 的連鎖指數$=\overline{X}_0 \cdot \overline{X}_{01}$

時期 2 的連鎖指數$=\overline{X}_0 \cdot \overline{X}_{01} \cdot \overline{X}_{12}$

時期 3 的連鎖指數$=\overline{X}_0 \cdot \overline{X}_{01} \cdot \overline{X}_{12} \cdot \overline{X}_{23}$

餘依此類推。連鎖指數的求法與鎖比的求法相同，各環比指數相乘時亦必須同時除以 100，最後再乘上一個 100，如此所求得的連鎖指數始能成為百分數，目前英國倫敦時報指數(FT-30 Index)採用簡單綜合價格指數。

由於簡單綜合價格指數具有容易受到高價商品價格變動的影響的缺點，特別是在這高價商品並非是重要商品時更會扭曲了指數的功用。其次是各項商品的計價單位可能並不相同，此時也會使得指數公式的意義混淆不清。為了避免上述兩種缺失，考慮以商品數量為權數，使指數公式成為加權綜合價格指數。

（二）加權綜合價格指數公式

依不同時期的商品數量為權數以物量作權數，除能區別各物在指數中所佔之重要性外，尚能使價格(P)乘以數量(Q)而化為物值(V)，均以貨幣值為單位，則可免除因計價單位不同而產生之偏誤。目前編算公式可分成下列五種：

1. 以基期數量 Q_o 為權數（拉氏基期加權總值式）(Laspeyres' formula)：

令 $Q_{o,i}$ 表第 i 種商品在基期 o 的數量，則以 o 為基期，i 為計算期的加權綜合價格指數為

$$P_{io} = \frac{\sum_{i=1}^{r} P_i Q_o}{\sum_{i=1}^{r} P_o Q_o} \times 100 (\%)$$

其中 P_{io} 表拉氏加權價格指數，o 為基期，i 為計算期

P_o 表基期價格（即基準期）

P_i 表目前價格（即計算期）

Q_o 表基期數量

此公式為德人 G. Laspeyres 於西元 1864 年提出並開始使用，故稱拉氏價格指數(Laspeyres price index)。（又稱賴氏，拉斯皮爾氏，拉斯柏列斯式）

目前我國工業生產指數，銷售量指數，存貨量指數，製造業生產指數，房屋建築工程業生產指數，水電燃氣業生產指數，礦業生產指數，台灣地區都市消費者物價指數，台灣地區躉售物價指數，台灣地區農業生產指數，台灣地區進出口貿易指數等使用之。

2. **以計算期數量 Q_i 為權數（斐氏計算期加權總值式）(Paasche's formula)：**

令 Q_i 表第 i 種商品在計算期 i 的數量，則以 o 為基期，i 為計算期的加權綜合價格指數為

$$P_{i,o} = \frac{\sum_{i=1}^{r} P_i Q_i}{\sum_{i=1}^{r} P_o Q_i} \times 100(\%)$$

此公式為德人 H. Paasche's 於 1864 年提出，故稱斐氏價格指數 (Paasche price index)（又稱柏氏、柏謝氏、培氏、帕氏）

其中 P_{io} 表斐氏加權價格指數

P_o 表基期價格（即基準期）

P_i 表目前價格（即計算期）

Q_i 表計算期數量

（目前台灣證券交易所即採用斐氏公式（稱柏謝計算日加權股價指數）。

3. **理想公式(ideal formula)：**

此公式為美國統計學家 Irving Fisher 所提出，係採取拉氏公式與斐氏公式的幾何平均以編算綜合式物價指數。其計算公式如下：

$$I_{oi} = \sqrt{\frac{\sum\limits_{j=1}^{n} P_i Q_o}{\sum\limits_{j=1}^{n} P_o Q_o} \times \frac{\sum\limits_{j=1}^{n} P_i Q_i}{\sum\limits_{j=1}^{n} P_o Q_i}} \times 100(\%)$$

　　由於拉氏物價指數通常有低估現象，斐氏物價指數通常有高估現象，而理想公式為前二者的幾何平均，且因本公式不但符合因子互換測驗且合於時間互換測驗，再加無型偏誤，故而得名。

4. 以固定數量(W_i)為權數：

　　令 W_i 為第 i 種商品的固定數量權數，則以 o 為基期，i 為計算期的加權綜合價格指數為

$$I_{i,o} = \frac{\sum\limits_{i=1}^{r} P_i W_i}{\sum\limits_{i=1}^{r} P_o W_i}$$

此公式為固定權數的綜合價格指數。

　　此固定權數多由長期統計資料並參酌未來的趨勢而妥為決定者。

5. 艾馬綜合式：

　　以基期及計算期物量的平均 $\dfrac{Q_o + Q_i}{2}$ 為權數者為艾馬綜合式：

$$I_{oi} = \frac{\sum P_i (\frac{Q_o + Q_i}{2})}{\sum P_o (\frac{Q_o + Q_i}{2})} \times 100(\%) = \frac{\sum P_i (Q_o + Q_i)}{\sum P_o (Q_o + Q_i)} \times 100(\%)$$

　　本式為艾奇渥斯與馬夏爾二氏所提出，稱艾馬(Edgweorth-Marshall)綜合式，其應用頗廣，因計算較方便。

例 1

中國行銷研究顧問公司受託編製三種商品之物價指數，其1985與2001年之價格與其銷售量列於下表：

商品	1985		2001	
	價格	數量	價格	數量
米（斤）	$20	1,200	$25	1,500
雞蛋（斤）	$15	1,500	$18	2,000
牛乳（瓶）	$10	2,000	$12	2,700

試以1985年為基期，計算下列各指數：

(1) 簡單綜合式物價指數

(2) 拉氏物價指數

(3) 斐氏物價指數

(4) 理想物價指數

(5) 艾馬綜合式物價指數

解

商　品	1985 年		2001 年		$\frac{P_i}{P_o}$	P_oQ_o	P_iQ_o	P_oQ_i	P_iQ_i
	價(P_o)	量(Q_o)	價(P_i)	量(Q_i)					
米（一斤）	$20	1200	$25	1500	1.25	24,000	30,000	30,000	37,500
雞蛋（斤）	$15	1500	$18	2000	1.2	22,500	27,000	30,000	36,000
牛乳（瓶）	$10	2000	$12	2700	1.2	20,000	24,000	27,000	32,400
						66,500	81,000	87,000	105,900

以1985年為基期

(1) 簡單綜合物價指數

$$I_1 = \frac{\sum P_i}{\sum P_o} \times 100 = \frac{25+18+12}{20+15+10} \times 100 = 122.22$$

(2)　拉氏物價指數

$$I_{L1}=\frac{\sum P_i Q_o}{\sum P_o Q_o}\times100=\frac{81000}{66500}+100=121.80$$

(3)　斐氏物價指數

$$I_{P1}=\frac{\sum P_i Q_i}{\sum P_o Q_i}\times100=\frac{105900}{87000}\times100=121.72$$

(4)　理想物價指數

$$I_{io}=\sqrt{L_{io}\times P_{io}}=\sqrt{\frac{\sum P_i Q_o}{\sum P_o Q_o}\times\frac{\sum P_i Q_i}{\sum P_o Q_i}}\times100$$

$$=\sqrt{12180\times121.72}\times100=121.759$$

(5)　艾馬綜合式物價指數

$$I_{io}=\frac{\sum P_i(\dfrac{Q_o+Q_i}{2})}{\sum P_o(\dfrac{Q_o+Q_i}{2})}\times100(\%)=\frac{\sum P_i(Q_o+Q_i)}{\sum P_o(Q_o+Q_i)}\times100$$

$$=\frac{25(1,200+1,500)+18(1,500+2,000)+12(2,000+2,700)}{20(1,200+1,500)+15(1,500+2,000)+10(2,000+2,700)}\times100$$

$$=\frac{67,500+63,000+56,400}{54,000+52,500+4,700}\times100$$

$$=\frac{186,900}{153,500}\times100=121.758$$

（三）簡單平均價比指數

　　簡單平均價比指數，即先求比率後求平均的指數，亦先求價比後求平均之指數。

　　簡單平均價比指數依其平均的方法之不同而有：①簡單算術式物價指數；②簡單調和式物價指數；③簡單幾何式物價指數；④簡單中位式物價指數；⑤簡單眾數式物價指數等五種，其計算公式分述如下：

1. **簡單算術式物價指數：**

即各項物品價比的簡單算術平均數。其計算公式為：

定基指數：$\overline{X}_{oi} = \frac{1}{n}(\frac{P_i{}'}{P_o{}'} + \frac{P_i{}''}{P_o{}''} + \cdots + \frac{P_i{}^n}{P_o{}^n}) = \frac{1}{n}\sum(\frac{P_i}{P_o})$

環比指數：$\overline{X}_{(i-1)i} = \frac{1}{n}(\frac{P_i{}'}{P_{i-1}{}'} + \frac{P_i{}''}{P_{i-1}{}''} + \cdots + \frac{P_i{}^n}{P_{i-1}{}^n}) = \frac{1}{n}\sum(\frac{P_i}{P_{i-1}})$

2. **簡單調和式物價指數：**

即各項物品價比的簡單調和平均數，其計算公式為：

定基指數：$H_{oi} = \dfrac{n}{\dfrac{P_o{}'}{P_i{}'} + \dfrac{P_o{}''}{P_i{}''} + \cdots + \dfrac{P_o{}^n}{P_i{}^n}} = \dfrac{n}{\sum(\dfrac{P_o}{P_i})}$

環比指數：$H_{(i-1)i} = \dfrac{n}{\dfrac{P'_{i-1}}{P_i{}'} + \dfrac{P''_{i-1}}{P_i{}''} + \cdots + \dfrac{P^n_{i-1}}{P_i{}^n}} = \dfrac{n}{\sum(\dfrac{P_{i-1}}{P_i})}$

3. **簡單幾何式物價指數：**

即各項物品價比的簡單幾何平均數，其計算公式為：

定基指數：$G_{oi} = \sqrt[n]{\dfrac{P'_i}{P_o{}'} \times \dfrac{P''_i}{P_o{}''} \times \cdots \times \dfrac{P^n_i}{P_o{}^n}} = \sqrt[n]{\pi(\dfrac{P_i}{P_o})}$

式中 π（讀如 P_i）為連乘積的符號，$\pi(\dfrac{P_i}{P_o}) = n$ 項價比的連乘積。根據幾何

平均數的持性，上式可寫為：

$$G_{oi} = \frac{\sqrt[n]{P_i' \times P_i'' \times \cdots \times P_i^n}}{\sqrt[n]{P_i' \times P_i'' \times \cdots \times P_i^n}} = \frac{\sqrt[n]{\pi P_i}}{\sqrt[n]{\pi P_o}}$$

上式表示 n 項物品價比的幾何平均數，等於 n 項物品在兩時期實際
價格的簡單幾何平均數之比。即幾何式指數為比率的平均數，亦為平均

數的比率。此為幾何式的優點。由此一優點，故其基期的轉換至為方便，但因計算甚繁，故在實際應用時取其對數式：

$$\log G_{oi} = \frac{1}{n} \sum (\log \frac{P_i}{P_o})$$

$$\text{或 } \log G_{oi} = \frac{1}{n} [\sum (\log P_i) - \sum (\log P_o)]$$

簡單幾何式環比指數公式，亦可依其定基指數公式推演如次：

$$G_{(i-1)i} = \sqrt[n]{\frac{P'_i}{P'_{i-1}} \times \frac{P''_i}{P''_{i-1}} \times \cdots \times \frac{P^n_i}{P^n_{i-1}}} = \sqrt[n]{\pi (\frac{P_i}{P_{i-1}})}$$

$$G_{(i-1)i} = \frac{\sqrt[n]{P'_i \times P''_i \times \cdots \times P^n_i}}{\sqrt[n]{P'_{i-1} \times P''_{i-1} \times \cdots \times P^n_{i-1}}} = \frac{\sqrt[n]{\pi P_i}}{\sqrt[n]{\pi P_{i-1}}}$$

$$\log G(i-1)i = \frac{1}{n} \sum (\log \frac{P_i}{P_{i-1}})$$

$$\log G(i-1)i = \frac{1}{n} [\sum (\log P_i) - \sum (\log P_{i-1})]$$

4. **簡單中位數式物價指數：**

　　即各項物品價比的簡單中位數，其定基指數，就其定基價比，環比指數，就其環比，依中位數計算法求得之。

5. **簡單眾數式物價指數：**

　　即各項物品價比的簡單眾數，因其感應不靈，其數值又不易確定，故一般不採用眾數法編製指數。

　　上述五種簡單平均價比式物價指數較常使用者為①簡單算術式②簡單幾何式，其他極少應用，但此等公式對各商品的重要性均未考慮。

1. 我國台灣證券交易的股價指數，民國 51 年 2 月開業時，採用簡單算術平均式（但民國 60 年開始改採斐氏計算期發行量加權指數公式）。

2. 我國經濟日報股價平均指數。

3. 美國道瓊工業指數(DJIA)。

4. 日本日經指數(Nikkei Index)。

（四）加權平均價比指數公式

使用價比為根據計算的簡單平均式只可用物值或其他無名數為權數，而不能用物量為權數，由於採用的物值之時間不同，故有不同的物值（物價×物量=物值($P \times Q = V$)）如生產值，交易值，或消費值等權數，故可分為下列四種權數：

$$\text{I} \ P_o Q_o \ （基期物價×基期物量）$$
$$\text{II} \ P_o Q_i \ （基期物價×計算期物量）$$
$$\text{III} \ P_i Q_o \ （計算期物價×基期物量）$$
$$\text{IV} \ P_i Q_i \ （計算期物價×計算期物量）$$

將這四種物值權數分別加在簡單平均式之上，則得下述加權平均指數公式：

1. 加權算術式(weighted arithmetic mean)：

$$\overline{X}\,\text{I} = \frac{\sum \dfrac{P_i}{P_o}(P_o Q_o)}{\sum P_o Q_o} = \frac{\sum P_i Q_o}{\sum P_o Q_o} \quad （與拉氏公式相同）$$

$$\overline{X}\,\text{II} = \frac{\sum \dfrac{P_i}{P_o}(P_o Q_i)}{\sum P_o Q_i} = \frac{\sum P_i Q_i}{\sum P_o Q_i} \quad （與斐氏公式相同）$$

$$\overline{X}\,\text{III}=\frac{\sum\dfrac{P_i}{P_o}(P_iQ_o)}{\sum P_iQ_o}$$

$$\overline{X}\,\text{IV}=\frac{\sum\dfrac{P_i}{P_o}(P_iQ_i)}{\sum P_iQ_i}$$

2. 加權幾何式(weighted geometric mean)：

$$GI=\sum P_oQ_o\sqrt{\pi(\frac{P_i}{P_o})^{P_oQ_o}}$$

$$GII=\sum P_oQ_i\sqrt{\pi(\frac{P_i}{P_o})^{P_oQ_i}}$$

$$GIII=\sum P_iQ_o\sqrt{\pi(\frac{P_i}{P_o})^{P_iQ_o}}$$

$$GIV=\sum P_iQ_i\sqrt{\pi(\frac{P_i}{P_o})^{P_iQ_i}}$$

3. 加權調和式(weighted harmonic mean)：

$$HI=\frac{\sum P_oQ_o}{\sum\dfrac{P_o}{P_i}(P_oQ_o)}$$

$$HII=\frac{\sum P_oQ_i}{\sum\dfrac{P_o}{P_i}(P_oQ_i)}$$

$$HIII=\frac{\sum P_iQ_o}{\sum\dfrac{P_o}{P_i}(P_iQ_o)}=\frac{\sum P_iQ_o}{\sum P_oQ_o}$$

$$HIV = \frac{\sum P_i Q_i}{\sum \frac{P_o}{P_i}(P_i Q_i)} = \frac{\sum P_i Q_i}{\sum P_o Q_i}$$

根據目前對加權平均指數公式之使用情形，加權和式實用性極微。

例 2

中國行銷研究顧問公司受託編製四種商品之物價指數，其
1985年與2001年之價格與其銷售量列表於下：

商品	價格		數量	
	1985(P_o)	2001(P_i)	1985(Q_o)	2001(Q_i)
米	$25	$30	10	12
茶	100	125	5	7
糖	30	35	3	5
鹽	5	5	2	4

試以1985年為基期，求2001年之

(1) 簡單算術式物價指數

(2) 簡單幾何式物價指數

(3) 簡單調和式物價指數

(4) 加權算術式$P_o Q_o$加權指數

(5) 加權算術式$P_o Q_i$加權指數

(6) 加權算術式$P_i Q_o$加權指數

(7) 加權算術式$P_i Q_i$加權指數　之物價指數

商品	P_i	P_o	P_i/P_o	P_o/P_i	P_oQ_o	P_oQ_i	P_iQ_o	P_iQ_i
米	\$30	\$25	1.2000	0.8333	25×10=250	25×12=300	30×10=300	30×12=360
茶	125	100	1.2500	0.8000	100×5=500	100×7=700	125×5=625	125×7=875
糖	35	30	1.1667	0.8571	30×3=90	30×5=150	35×3=105	35×5=175
鹽	5	5	1.000	1.0000	5×2=10	5×4=20	5×2=10	5×4=20
合計			4.6167	3.4904	850	1170	1040	1430

(1) 簡單算術平均式 $\overline{X}=\dfrac{4.6167}{4}\times100=115.42(\%)$

(2) 簡單幾何平均式

$$G=\sqrt[4]{1.2000(1.2500)(1.1667)(1.000)}=115.02(\%)$$

(3) 簡單調和平均式 $H=\dfrac{4}{3.4904}\times100=114.60(\%)$

(4) 加權算術平均式 P_oQ_o 加權指數

$$\overline{X}\,\mathrm{I}=\frac{\sum\dfrac{P_i}{P_o}(P_oQ_o)}{\sum P_oQ_o}\times100=\frac{\sum P_iQ_o}{\sum P_oQ_o}\times100=\frac{1040}{850}\times100=122.35(\%)$$

(5) 加權算術平均式 P_oQ_i 加權指數

$$\overline{X}\,\mathrm{II}=\frac{\sum\dfrac{P_i}{P_o}(P_oQ_i)}{\sum P_oQ_i}\times100=\frac{\sum P_iQ_i}{\sum P_oQ_i}\times100=\frac{1430}{1170}\times100=122.22(\%)$$

(6) 加權算術平均式 P_iQ_o 加權指數

$$\overline{X}\,\mathrm{III}=\frac{\sum\dfrac{P_i}{P_o}(P_iQ_o)}{\sum P_iQ_o}\times100$$

$$=\frac{1.2\times300+1.25\times625+1.1667\times105+1.0\times10}{300+625+105+10}\times100$$

$$=\frac{360+781.25+122.50+10}{1040}\times100=\frac{1273.75}{1040}\times100=122.47(\%)$$

(7) 加權算術平均式 $P_i Q_i$ 加權指數

$$\overline{X}\,\mathrm{IV} = \frac{\sum \frac{P_i}{P_o}(P_i Q_i)}{\sum P_i Q_i} \times 100$$

$$= \frac{1.2 \times 360 + 1.25 \times 875 + 1.1667 \times 175 + 1.0 \times 20}{360 + 875 + 175 + 20} \times 100$$

$$= \frac{432 + 1993.75 + 204.1725 + 20}{1430} \times 100$$

$$= \frac{1749.925}{1430} \times 100 = 122.37(\%)$$

　　由三種簡單平均式之答案很明顯的可看出 $X > G > H$。三種平均式中以採幾何平均式較合理，因簡單價比幾何平均式具有：

1. 不偏性：因簡單算術平均式指數偏高，調和平均式指數偏低，而幾何平均式指數居中（因選用公式不同，而造成偏高、偏低之現象，謂型偏誤）。

2. 其為不加權公式，無須為權數問題引起困擾；其顯示一個單純物價因素的變動，易於解釋。

3. 其能表示物價之比例的平均變動。因價比為一種比例，幾何平均式恰能表示比例變動的功能。

六、物量指數與物值指數

　　編製加權物量指數及物值指數(value index number)只是當編算加權物量指數時係以物價作權數，一般常用公式說明如下：

1. **加權物量指數：**

(1) 拉氏物量指數(Laspeyres quantity index)

$$拉氏物量指數 = \frac{\sum_{i=1}^{n} Q_i P_o}{\sum_{i=1}^{n} Q_o P_o} \times 100(\%)$$

(2) 斐氏物量指數(Passche quantity index)

$$斐氏物量指數 = \frac{\sum\limits_{i=1}^{n} Q_i P_i}{\sum\limits_{i=1}^{n} Q_o P_i} \times 100(\%)$$

(3) 理想物量指數(ideal quantity index)

$$理想物量指數 = \sqrt{\frac{\sum\limits_{i=1}^{n} Q_i P_o}{\sum\limits_{i=1}^{n} Q_o P_o} \times \frac{\sum\limits_{i=1}^{n} Q_i P_i}{\sum\limits_{i=1}^{n} Q_o P_i}} \times 100(\%)$$

2. **物值指數**(value index number)：

$$物值指數 = \frac{\sum\limits_{i=1}^{n} P_i Q_i}{\sum\limits_{i=1}^{n} P_o Q_o} \times 100(\%)$$

因基期或計算期的物價與物量均係變數，故編製物值指數將無須加權。

例 3

中國行銷研究顧問公司受託編製三種商品之物量指數及物值指數，各商品的價格與消費量如下表：

商品	1985		2001	
	價格 P_o	數量 Q_o	價格 P_i	數量 Q_i
香吉士（斤）	6	100	12	80
雞蛋（斤）	10	10	24	10
牛乳（瓶）	5	90	8	100

試以1985年為基期，以下列公式編算2001年之物量指數及物值指數：

(1) 拉氏物量指數
(2) 斐氏物量指數
(3) 理想物量指數
(4) 物值指數

 解

(1) 拉氏物量指數 $= \dfrac{80 \times 6 + 10 \times 16 + 100 \times 5}{100 \times 6 + 10 \times 16 + 90 \times 5} \times 100(\%) = 94.21(\%)$

(2) 斐氏物量指數 $= \dfrac{80 \times 12 + 10 \times 24 + 100 \times 8}{100 \times 12 + 10 \times 24 + 90 \times 8} \times 100(\%) = 92.59(\%)$

(3) 理想物量指數 $= \sqrt{(94.21)(92.59)} \times 100\% = 93.40(\%)$

(4) 物值指數 $= \dfrac{12 \times 80 + 24 \times 10 + 8 \times 100}{6 \times 100 + 16 \times 10 + 5 \times 90} \times 100(\%) = 165.29(\%)$

H-4　指數公式的測驗（評量）與選擇

一、指數公式的測驗（評量）

　　由前幾節所述即得知編算指數所使用之公式極多，美國統計學家費雪氏(Inving Fisher, 1867~1947)曾在其所著指數編製（又稱指數的作成法）一書中即已提出 134 種不同的公式，但究竟採用何種指數較適當，較有高度代表性？基本上除了要考慮指數公式的偏誤，加權數資料之蒐集難易外，一般統計學者皆認為一個優良的指數公式應具備以下七個條件評量之：

1. 單位共通性(commensurability)：

　　　　所謂單位共通性，即指數之值應不受計價單位的影響。例如米不論取其每公噸之價或公斤之價，汽油不論取其每公秉之價或每公升之價，

指數之值，應該沒有差異。因簡單綜合式指數隨商品計價單位不同而異，故簡單綜合式指數不合此條件。凡是用價比或量比計算的指數或加權綜合式指數，均合此條件。

2. **敏感性**(sensibility)：

　　所謂敏感性，即指數所包含的各種物品價格中，任何一種或數種價格發生變動，指數應即隨之變動。除中位數式及眾數式指數外，均合此條件。

3. **簡單性**(simplicity)：

　　所謂簡單性，係指指數的計算過程應是簡單的。一般而言，簡單指數比加權指數計算簡單。而簡單指數中平均式公式比綜合式公式複雜。而平均式中又以幾何式最為複雜（因其計算有取對數與反對數的過程）。

4. **時間互換性**(time reversibility)：

　　時間互換性，亦稱時間互換測驗。所謂時間互換性或時間互換測驗(time reversal test)，即原指數與其基期、計算期互換後所得的新指數，應互為倒數。亦即此兩指數相乘之積應等於一，以符號表示之，即應有 $I_{oi} \times I_{io} = 1$ 的結果（I_{oi}＝以時期 0 為基期的 i 的指數；I_{io}＝以時期 i 為基期的時期 0 的指數）。在上述簡單及加權指數公式中，有簡單幾何式，簡單綜合式，固定權數綜合式艾馬公式(Edgeworth-Marshall)及理想公式合此條件，其餘均不合。簡單幾何式，因其

$$I_{oi} \times I_{io} = \sqrt[n]{\pi(\frac{P_i}{P_o})} \times \sqrt[n]{\pi(\frac{P_o}{P_i})}$$

$$= \frac{\sqrt[n]{\pi P_i}}{\sqrt[n]{\pi P_o}} \times \frac{\sqrt[n]{\pi P_o}}{\sqrt[n]{\pi P_i}} = 1$$

簡單綜合式，其

$$I_{oi} \times I_{oi} = \frac{\sum P_i}{\sum P_o} \times \frac{\sum P_o}{\sum P_i} = 1$$

固定權數綜合式，其

$$I_{oi} \times I_{io} = \frac{\sum P_i Q}{\sum P_o Q} \times \frac{\sum P_o Q}{\sum P_i Q} = 1$$

艾馬公式（Edgeworth-Marshall 式），其

$$I_{oi} \times I_{io} = \frac{\sum P_i(\frac{Q_o + Q_i}{2})}{\sum P_o(\frac{Q_o + Q_i}{2})} \times \frac{\sum P_o(\frac{Q_o + Q_i}{2})}{\sum P_i(\frac{Q_o + Q_i}{2})} = 1$$

理想公式，其

$$I_{oi} \times I_{io} = \sqrt{\frac{\sum P_i Q_o}{\sum P_o Q_o} \times \frac{\sum P_i Q_i}{\sum P_o Q_i}} \times \sqrt{\frac{\sum P_o Q_i}{\sum P_i Q_i} \times \frac{\sum P_o Q_o}{\sum P_i Q_o}} = 1$$

故均合乎時間互換性，其餘公式均不合此條件的公式，因其 $I_{oi} \times I_{io} \neq 1$。

5. **因子互換性**(factor reversibility)：

因子互換性，亦稱因子互換測驗(factor reversal test)。即原物價指數與其價、量兩因子互換後所得的物量指數的乘積，應等於物值指數。今舉拉氏物價指數公式為例解說如下：

$$I_p = \frac{\sum P_i Q_o}{\sum P_o Q_o} \quad （拉氏物價指數）$$

$$I_q = \frac{\sum Q_i P_o}{\sum Q_o P_o} \quad （拉氏物量指數）$$

物量指數公式之求得，僅須將物價指數公式中的 p、q 兩因子互換之，即得。

$$I_v = \frac{\sum P_i Q_i}{\sum P_o Q_o} \quad （物值指數）$$

今拉氏公式的 $I_p \times I_q \neq I_v$，故知拉氏公式不合因子互換性條件。在前所介紹之簡單及加權指數公式中，僅理想公式合乎因子互換性所要求之條件，因

$$I_p = \sqrt{\frac{\sum P_i Q_o}{\sum P_o Q_o} \times \frac{\sum P_i Q_i}{\sum P_o Q_i}}$$

將上式中 P 與 Q 互換，即得其物量指數公式：

$$I_q = \sqrt{\frac{\sum Q_i P_o}{\sum Q_o P_o} \times \frac{\sum Q_i P_i}{\sum Q_o P_i}}$$

$$\therefore I_p \times I_q = \sqrt{\frac{\sum P_i Q_o}{\sum P_o Q_o} \times \frac{\sum P_i Q_i}{\sum P_o Q_i}} \times \sqrt{\frac{\sum Q_i P_o}{\sum Q_o P_o} \times \frac{\sum Q_i P_i}{\sum Q_o P_i}} = \frac{\sum P_i Q_i}{\sum P_o Q_o} = I_v$$

6. 循環性(circularity)：

循環性又稱循環測驗(circular test)，凡是任何連續兩時期以上的環比指數之間，若有下列關係，即證明其合於循環測驗的條件。

$$I_{12} \times I_{23} \times I_{34} \times \cdots\cdots \times I_{(n-1)n} \times I_{n1} = 1$$

實際上循環測驗為一三角的測驗，凡指數公式符合 $I_{12} \times I_{23} \times I_{31} = 1$ 的條件者，亦必合於上列循環性的條件。故指數公式是否合於循環測驗，即用 $I_{12} \times I_{23} \times I_{31}$ 是否等於一試之。以上各種公式中只有簡單幾何式及簡單綜合式合此條件，因

$$I_{12} \times I_{23} \times I_{31} = \frac{\sqrt[n]{\pi P_2}}{\sqrt[n]{\pi P_1}} \times \frac{\sqrt[n]{\pi P_3}}{\sqrt[n]{\pi P_2}} \times \frac{\sqrt[n]{\pi P_1}}{\sqrt[n]{\pi P_3}} = 1$$

$$I_{12} \times I_{23} \times I_{31} = \frac{\sum P_2}{\sum P_1} \times \frac{\sum P_3}{\sum P_2} \times \frac{\sum P_1}{\sum P_3} = 1$$

基本上凡是合於循環條件的指數公式必具有兩大特點：

第一、根據同一資料所求得的定基指數與其連鎖指數完全相同。

第二、能用簡單除法改換任一時期為基期，其結果與根據原資料改換基期編算的完全一致。今以符合循環性之簡單幾何式指數為例解說如下：

以時期 1 為基期的指數改換以時期 3 為基期的指數

$$I_{11} = \frac{\sqrt[n]{\pi P_1}}{\sqrt[n]{\pi P_1}} \times 100 = 100 \quad I_{31} = \frac{I_{11}}{I_{13}} = \frac{\sqrt[n]{\pi P_1}}{\sqrt[n]{\pi P_1}} \times \frac{\sqrt[n]{\pi P_1}}{\sqrt[n]{\pi P_3}} \times 100 = \frac{\sqrt[n]{\pi P_1}}{\sqrt[n]{\pi P_3}} \times 100$$

$$I_{12} = \frac{\sqrt[n]{\pi P_2}}{\sqrt[n]{\pi P_1}} \times 100 \quad I_{32} = \frac{I_{12}}{I_{13}} = \frac{\sqrt[n]{\pi P_2}}{\sqrt[n]{\pi P_1}} \times \frac{\sqrt[n]{\pi P_1}}{\sqrt[n]{\pi P_3}} \times 100 = \frac{\sqrt[n]{\pi P_2}}{\sqrt[n]{\pi P_3}} \times 100$$

$$I_{13} = \frac{\sqrt[n]{\pi P_3}}{\sqrt[n]{\pi P_1}} \times 100 \quad I_{33} = \frac{I_{13}}{I_{13}} = \frac{\sqrt[n]{\pi P_3}}{\sqrt[n]{\pi P_1}} \times \frac{\sqrt[n]{\pi P_1}}{\sqrt[n]{\pi P_3}} \times 100 = 100$$

$$I_{14} = \frac{\sqrt[n]{\pi P_4}}{\sqrt[n]{\pi P_1}} \times 100 \quad I_{34} = \frac{I_{14}}{I_{13}} = \frac{\sqrt[n]{\pi P_4}}{\sqrt[n]{\pi P_1}} \times \frac{\sqrt[n]{\pi P_1}}{\sqrt[n]{\pi P_3}} \times 100 = \frac{\sqrt[n]{\pi P_4}}{\sqrt[n]{\pi P_3}} \times 100$$

循環測驗為時期互換測驗的延伸。時間互換測驗，僅適用兩個時期，循環測驗則適用兩個以上的時期。故合乎循環測驗的指數公式，必合於時間互換測驗。但合於時間互換測驗的指數公式，未必合於循環測驗，理想公式即其一例。

指數公式的評量除上述六種條件外，同時也應考慮偏誤問題，同時，統計學專家對於指數公式的選擇也提出以下之建議：

(1) 如有基期及各計算期的物量資料作為權數，宜採用費歇氏的理想公式。

(2) 在實際應用時，可將艾馬(Edgeworth-Marshall)式代替理想公式，因依此二式計算的指數，彼此相差甚微，但前者的計算手續較簡便。

(3) 如不能獲得每一計算期的物量資料，而只有基期的物量資料，則可能採用的最佳公式為拉氏公式。

(4) 如只有基期以外的某期物量或若干期的平均物量或一估計的概數作為權數，此時宜採用拉氏公式的代替式，即：

$$I_{oi} = \frac{\sum P_i Q}{\sum P_o Q} \text{ 或 } I_{oi} = \frac{\sum P_i W}{\sum P_o W}$$

(5) 如估計的概數亦不可得，則只有採用簡單幾何式。

　　有關指數公式選擇，國立政治大學統計研究所長童甲春教授則提出建議：

　　依據上述所探討的六個指數公式評量的條件，當然以滿足條件愈多的指數公式為最佳。實際應用時，則可參考下列原則選擇合適的指數公式：

(1) 應先衡量簡單性及權數資料蒐集之難易，決定採用簡單指數公式或加權指數公式。

(2) 若決定採用簡單指數公式，則以選擇簡單價比幾何平均式指數公式為佳。蓋此指數公式符合單位共通性、敏感性、循環性，且準確度較高等優良指數公式應具之條件。

(3) 若決定採用加權指數公式，則選擇指數公式之準則依序為

　① 準確度較高或無偏誤者。

　② 合乎敏感性與單位共同性的。

　③ 合乎時間互換性者。

　④ 合乎因子互換性和循環性者。

　　然江建良教授認為對於指數公式的選擇除上述六個評量條件外尚應有第七個即不偏性(unbiasedness)。

7. **不偏性**(unbiasedness)：所謂不偏性，係指指數不含任何偏誤（見如下說明）。

　　就上述七條件中，無任何一指數公式完全符合。若比較條件的重要性，以不偏性最為重要，因為指數若有偏誤，則可能有錯誤發生，相互比較則無意義。其次為單位共通性、敏感性與簡單性，再其次為時間互換性，最後則為因子互換性與循環性。

二、指數公式的偏誤

　　前幾節已論及編算指數的目的，在於反應平均值的變動，然由於採用計算公式的不同或所選用的權數不同，而出現偏誤現象，致使指數的正確性降低，而產生誤差。此種造成誤差之來源為何？茲說明如下：

（一）指數公式偏誤之來源

　　指數公式偏誤主要來源有二：

1. **型偏誤**(type bias)：

　　　計算指數時由所用的公式不同而產生之誤差，稱為型偏誤。平均數公式中 $\overline{X} > G > H$，因此採用 $\overline{X}$（算術式）計算的指數結果較高，故為型偏高公式，以 H（調和式）計算者為型偏低公式，採 G（幾何式）計算者居中，故為無型偏之公式。

2. **權偏誤**(weight bias)：

　　　由加權不同權數而造成偏誤，稱為權偏誤。

　　　用 P_oQ_o 或 P_oQ_i 為權數的指數，常出現偏低的傾向，稱為權偏低。

　　　用 P_iQ_o 或 P_iQ_i 為權數的指數，常有偏高的傾向，稱為權偏高。

（二）指數公式的偏誤情形

有關前述指數公式，其偏誤狀況，經綜合整理後，列表如下：

類別	公式名稱	偏誤情形	偏誤來源 型偏	偏誤來源 權偏	說明
加　權 綜　合　式	①拉氏公式	無			近似無偏
	②裴氏公式	無			近似無偏
	③艾馬氏公式	無			近似無偏
	④理想公式	無			無偏誤
加權算術 平　均　式	①加權平均 I	無	高	低	
	②加權平均 II	無	高	低	相互抵消，即為拉氏公式
	③加權平均 III	二重偏高	高	高	相互抵消，即為裴氏公式
	④加權平均 IV	二重偏高	高	高	
加權幾何 平　均　式	①加權平均 I	一重偏低	無	低	
	②加權平均 II	一重偏低	無	低	
	③加權平均 III	一重偏高	無	高	
	④加權平均 IV	一重偏高	無	高	
加權調和 平　均　式	①加權平均 I	二重偏低	低	低	
	②加權平均 II	二重偏低	低	低	
	③加權平均 III	無	低	高	相互抵消，即拉氏公式
	④加權平均 IV	無	低	高	相互抵消，即裴氏公式

（三）採用拉氏公式之原因

目前編製各種指數有採用拉氏公式者，其原因有下述三點：

1. 拉氏公式：$I_{oi} = \dfrac{\sum \dfrac{P_i}{P_o} P_o Q_o}{\sum P_o Q_o}$ 雖為型偏高權偏低，但經交叉後本身即成為無偏誤公式。

2. 僅以基期物量式物值為權數，只須於開始編製時，蒐集權數一次，故計算較為簡便，且意義較明顯。

3. 採固定權數之指數，更能顯示出長時期之純物價或物量之相對變動情形。

H-5　指數之應用

　　以價格指數為例說明之：二次世界大戰以後，開發中國家為促進經濟迅速成長與社會安定，均透過統計數據，以確定政經目標，制定國家經貿暨全國資源政策。因此，對於統計工作均努力謀求改進並積極研發，以作為制定經貿計畫，統籌分配，施政決策之準則與標桿。近四十年來，我政府統計業務亦為因應經貿工商發展之需求，發展頗為迅速且有績效，一方面透過實施大規模之基本國勢調查及專案性抽樣調查；另一方面，推動並規定各部門公務登記資料應編製成表並予分析，同時並規定統計結果均應定期編布公告。凡此各項調查及登記所產生之統計報告，足以闡明國家政治、經濟、社會等各方面之消長實況，不僅可供政府各部門施政考核依據；且可供為民間企業、學術團體研究參考，政府統計之功能日益恢宏與擴大，已為國家經建計畫之推動貢獻良多。

　　特別是，近年來經濟呈現循環現象，逐漸由繁榮，衰退而落至蕭條，然根據台經院、中科院之預測，九十一年經濟成長率將可達 2%～3%，一般人對指數之功能在政府財經單位的引導下，教導下有了進一步的瞭解，特別是物價指數，更成為政府及民間企業釐訂政策及營運方針決策之主要參考指標：根據統計學產、官、學專家們之見解，價格指數之功能在實務應用上可解決下述問題。

1. **可評量當前貨幣之購買力**(purchasing power of money)：

　　物價指數愈高，貨幣購買力愈低，換言之，物價上漲指數與貨幣購買力呈反方向，物價水準愈高，貨幣的購買力愈低，固定所得者（如薪水階級之公教人員、勞動階級之職工）所能購買的財貨與勞務愈少，通常貨幣購買力為物價指數的倒數。

$$貨幣購買力 = \frac{1}{物價指數}$$

如以民國85年為基期，民國91年之消費者物價指數(CPI)為 120.25，則民國91年之貨幣購買力為 $\frac{100}{120.25} \times 100 = 83.16\%$，換言之，單位貨幣購買力已下跌了16.84個百分點，也就是91年較85年貶值了16.84%。

2. 可求得實質所得：

可透過物價指數去了解當前實質所得（即實質價格或真實工資指數），其換算公式為

實質所得（實質價格）＝當前所得（現在價格）×貨幣購買力

＝當前所得（現在價格）× $\frac{100}{物價指數}$

以上例題為例：若甲君民國85年月薪為8,000元，民國91年之月薪為10,000元，在名目所得上，甲君民國91年月薪較85年增加2,000元，但若評量實質所得

$$實質所得 = \frac{貨幣所得}{CPI} \times 100 = \frac{10,000}{120.25} \times 100 = 8,316（元）$$

由上得知：甲君實質所得不但沒有增加，反而減少了 2,577.96（元）。

3. 可用於計算固定幣值，以求得實質增加率：

(1) 欲知某些商品的價格是否有上漲，或者貨幣購買力是否降低，必須將物價或貨幣所得與一般物價水準：即物價指數相衡量之後，才能真正得到答案。

　　一般調整物價或所得的方法，是將物價或所得除以物價指數，求得的物價稱為平減物價(deflated price)；所求得的所得稱為平減所得(deflated income)或實質所得(real income)。

中國貿易公司民國85年～91年七年來營業淨收入及按當年幣值計算之增加率如表，由於物價年年波動，請試以民國90年之貨幣值計算其實質之增加率。

年別	按當年幣值計算	
	營業收入（萬元）	增加率(%)
民國 85 年	2,000	—
86	3,000	50
87	4,500	50
88	6,750	50
89	9,450	40
90	14,175	50
91	22,680	60

應用躉售物價指數先求出該公司依民國90年幣值計算實質營業淨收入，然後再求實質增加率如下表所示：（實質增加率為四捨五入）

年別 (民國)	按當年幣值計算		躉售物價 指　數	按 90 年幣值計算	
	營業收入 （萬元）	增加率 (%)	90 年 =100(%)	營業收入（萬元）	實質固定增加率(%)
85	2,000	—	56.82	$\frac{100}{56.82} \times 2{,}000 = 3{,}520$	—
86	3,000	50	59.32	$\frac{100}{59.38} \times 3{,}000 = 5{,}054$	$(5{,}504\text{–}3{,}520) \div 3520$ $=43.58$

年別 (民國)	按當年幣值計算		躉售物價 指　數	按 90 年幣值計算	
	營業收入 （萬元）	增加率 (%)	90 年 =100(%)	營業收入（萬元）	實質固定增加率(%)
87	4,500	50	72.92	$\frac{100}{72.92} \times 4,500 = 6,171$	(6,171–5,054)÷5054 =22.10
88	6,750	50	102.51	$\frac{100}{102.21} \times 6,750 = 6,584$	(6,584–6,171)÷6171 =6.69
89	9,450	40	97.31	$\frac{100}{97.31} \times 9,450 = 9,711$	(9.711–6,584)÷6584 =47.49
90	14,175	50	100.00	$\frac{100}{100} \times 14,175 = 14,175$	(14,175–9,711)÷9711 =45.97
91	22,680	60	102.76	$\frac{100}{102.76} \times 22,680 = 22,070$	(22,070–14,175)÷14,175 =55.70

註：資料來源：童甲春，《統計學》，P.595，民國 89 年 9 月。

(2) 政府財經主管單位（行政院主計處）為能顯現人民經濟生活水準，
每隔一段時間即在行政院主計處網站公布實質所得，為能剔除物價
變動對 GDP 的影響，則透過 GDP 平減指數(GDP deflator)，又稱為
隱性物價指數(implicit price index)即國內生產毛額平減指數(GDP
deflator)。

計算 GDP 平減指數之公式如下：

$$\text{GDP 平減指數} = \frac{\text{GDP}}{\text{gdp}} \cdot 100$$

GDP 平減指數（以及其他物價指數），習慣上以 100 代表基期的物
價，故計算時要乘以 100；準此，則當某年之平均物價為基期的一倍
半時，平減指數為 150。

欲剔除物價變動對 GDP 的影響，我們可以選定某一年（例如
1996 年）為基期，再把我們想知道的某一年（例如 1998 年）的各產

品產值,分別除以各該產品之物價指數再予加總,得到「依基期價格衡量的 GDP」。這種依基期價格計算的 GDP,即稱為實質國內生產毛額(real GDP)。相對的,以當期價格計算的 GDP,則稱為名目國內生產毛額(nominal GDP)。再以名目 GDP 除以實質 GDP,所獲得的百分比,即稱為國內生產毛額平減指數(GDP deflator),又稱為隱性的物價指數(implicit price index)。

稱它為「隱性」的物價指數,是因為它不是直接算出的物價指數(是直接由調查來的價量計算的),而是先算出實質 GDP,再以之與名目 GDP 相除而得。

4. 可用於計算貨幣升(貶)值,以清結長期債務:

設中國貿易公司於民國84年元月初向第一商業銀行借款30,000元,至91年元月初償還,如果不考慮利息因素,究竟應償還若干?
設84年躉售物價指數為98.33,91年的躉售物價指數為110.20。(可應用躉售物價指數,計算其貨幣升值)

$$償還債款金額 = \frac{還款時躉售物價指數}{借款時躉售物價指數} \times 借款金額$$

$$= \frac{110.20}{98.33} \times 30,000元 = 33,621.47$$

5. 可用於企業的資產重估之計算:

設中國機械公司於86年購進一部機器,其價值為20萬元,當時躉售物價指數為98.33,經歷年攤提折舊後帳面價值尚有6萬元,至91年辦理資產重估後其價值應為多少?設91年躉售物價指數為110.20。

重估後資產價值 $= \dfrac{\text{重估年之物價指數}}{\text{取得資產之物價指數}} \times$ 某資產經提列折舊後

的帳面價值

$=$ 物價倍數 $\times$ 某資產提列折舊帳面價值

$= \dfrac{110.20}{98.33} \times 60,000 = 67,242.95$ 元

6. 可用於土地移轉時計算應課徵增值稅額：

設中國貿易公司於86年8月購置一塊土地60萬元，已按當時移轉申報地價，至91年6月亦按公告地價出售120萬元，依91年規定地價漲一倍以上增值稅率為40%，則中國貿易因售地應繳增值稅額多少？86年、91年薑售物價指數分別為98.33及110.20。

 應繳增值稅額 $=($ 出售土地現值 $-$ 前購申報地價

$\times \dfrac{\text{出售時物價指數}}{\text{購進時物價指數}}) \times$ 稅率

$= (1,200,000 - 600,000 \times \dfrac{110.20}{98.33}) \times 0.4 = 268,971.83$ 元

7. 可用於計算薪資調整，以求實質貨幣所得：

設李小明君於86年6月固定貨幣所得為4萬元，至91年6月因五年來消費者物價上漲，其薪資應調整為多少，才不至於影響原有生活水準。設86年、91年消費者物價指數分別為104.48及110.68。

解 調整後的貨幣所得 $= \dfrac{本期消費者物價指數}{前期消費者物價指數} \times 原有貨幣所得$

$$= \dfrac{110.68}{104.48} \times 40,000 = 42,373.67 元$$

因此，應調整為42,373.67元才等於五年前4萬元的購買力。

若不予調整，則原有4萬元因生活費上漲，其實質的所得將降為

$$40,000 \times \dfrac{104.48}{110.68} = 37,759.31$$

即91年6月之4萬元只等於86年6月之37,759.31元。

H-6 我國重要指數之編製介紹

一、物價指數

以物品或勞務價格(price)編算之指數。

僅介紹：①消費者物價指數(consumer price index, CPI)；②躉售物價指數(wholesale price index, WPI)；③股價指數(weighted stock index)及④進出口物價指數(import & exports price index)。

（一）台灣地區消費者物價指數

1. 編製目的：

用為衡量都市消費者日常生活需要，所購商品及勞務價格之平均變動情形。

2. 用途：

(1) 作為公私機關調整薪資及調節民生日用品供需之依據。

(2) 用為國民所得統計平減指數之依據。

3. **主協辦機關：**

由行政院主計處負責編布，實地查價工作由台灣省各縣市政府主計室及台北市、高雄市。

4. **基期：**

基期為民國 85 年，此時的物價指數為 100，並另編製環比指數。

5. **指數公式：**

總指數與類指數均採用拉斯皮爾(Laspeyres)加權總值式

$$I_{io} = \frac{\sum \frac{P_i}{P_o} p_o Q_o}{\sum P_o Q_o}$$

6. **整理編算方法：**

(1) 價格整理：

① 旬平均價格：按各查價地區並每旬二、五、八日之價格，用簡單算術平均法計算。

② 月平均價比：按各查價地區之每月上、中、下旬平均價格，用簡單算術平均法計算之。

③ 年平均價格：按各查價地區之全年十二個月平均價格，用簡單算術平均法計算之。

④ 加權平均價比：按各查價地區之月（年）平均價格，乘以各該地區之價格權數（平均人口比例），所得總和即為台灣地區平均價格比。

(2) 月指數及年指數：月指數以台灣地區之月平均價格加權計算，年指數以台灣地區之年平均價格加權計算。均用上述拉氏公式計算。

（二）台灣地區躉售物價指數

1. 台灣地區物價指數之查編，則始於民國 35 年，由前台灣行政長官公署統計室遵照國民政府主計處訂頒之「物價調查與統計方案」辦理，選定商品五十項，採簡單幾何平均公式編算「台北市躉售物價指數」。嗣以行政長官公署改組，由台灣省政府主計處負責編布，先後秉承行政院主計處指示，於 38 年、43 年、46 年對指數基期，商品權數及編算方法等作三次修正，以應各方需要。59 年間為避免台灣省及台北市查編之聯繫困難，乃由行政院主計處接辦，更換以 55 年為基期，改採台灣地區各項商品交易值為權數，選用商品 586 基，除編基分類十二大類外，增編複分類指數，且開始以電子計算機處理，於 60 年元月編布。嗣為配合經濟發展及生產結構之變化，決定每五年檢討改編一次最近復以民國 85 年為基期，並更換權數及重選代表商品，新指數自 86 年元月起編布。

2. **編製目的及用途：**

   (1) 編製目的：為衡量及提供台灣地區躉售物價水準之變動情形。

   (2) 指數用途：

   ① 用作重要經濟指標之一，提供財經決策、調節物資供需與學術研究之基本資料。

   ② 用為清結長期債務、計算平均地價、資產重估價及計算貨幣昇值之參考。

   ③ 用作國民所得統計平減指數，計算有關國民生產之固定幣值之依據。

3. **主協辦機關：**

   由行政院主計處負責編布；實地查價工作由台灣省各縣市政府主計室及台北市政府主計處辦理。

4. **基期及商品項數：**

(1) 指數基期：以民國 85 年全年平均為 100；分別編算定基指數及環比指數，以供比較。

(2) 商品項數：依照基期年台灣地區經濟結構及各類商品權數分配情況，按分層選樣原則，選取代表躉售商品約 1,000 項。

(3) 選樣範圍：本項指數以選查企業相互間交易之國內生產物品及輸入物品。但輸出物品，直接售與家庭之物品，如瓦斯等非企業間交易；以及雖屬企業間相互交易之物品，但價格調查困難或無法比較價格者，如飛機、輪船、建築物等，則不包括在調查範圍之內。

5. **指數分類：**

本指數分類有基本分類及特殊複分類兩種：

(1) 基本分類：為便於分析比較，本指數除編算總指數外，另編 24 大類指數，105 個中分類指數，125 個小分類指數。其中大分類係參酌我國商品標準分類第一層分類歸類如下表。

基本分類指數	基本分類指數
總　　指　　數	
1.農產品	13.化學材料
2.林產品	14.化學製品
3.禽畜產品	15.橡膠及塑膠製品
4.水產品	16 非金屬礦物製品
5.礦產品	17.基本金屬
6.加工食品	18.金屬製品
7.飲料及菸類	19.機械設備
8.紡織品	20.電機及電器
9.成衣及服飾品	21.運輸工具
10.皮革及其製品	22.精密器械
11.木竹製品	23.雜項工業製品
12.造紙及紙製品	24.水電及煤氣

(2) 特殊複分類：此項分類係配合不同用途與部門別另行分類，詳附說明及附表如次：

① 按商品用途別分類：主要在衡量躉售商品價格在不同用途別之變動情形；以供分析用於生產、資本、消費等用品，以及食物與非食物類之價格變動關聯實況。

② 按商品部門別分類：為衡量台灣地區來自農業、礦業、製造業、水電煤氣等各部門產品躉售價格之變動情形，以供分析比較來自不同部門之物價動向，俾供調節物資供需參考。

③ 產業別投入及產出分類：主要為衡量國內各產業部門從事於生產活動，所投入及產出商品價格相互依存之變動情形，供編國民所得統計、產業關聯及生產統計參考。

特殊複分類指數	特殊（複）分類指數
1.按用途別分類	3.按產業別投入分類
(1)生產用品	(1)農林漁牧業
(2)資本用品	(2)礦業及土石採取業
(3)消費用品	(3)製造業
(1)食物類	(4)營造業
(2)非食物類	(5)電力瓦斯自來水及衛生服務業
2.按部門別分類	(6)運輸倉儲及通信業
(1)農產品	4.按產業別產出分類
(2)農產加工品	(1)農林漁牧業
(3)工業產品	(2)礦業及土石採取業
(1)農林漁牧業產品	(3)製造業
(2)礦產品	(4)電力及瓦斯服務業
(3)製造業產品	(5)運輸倉儲及通信業
a.輕工業產品	5.按加工程度別分類
b.重化工業產品	(1)原材料
(4)水電煤氣	(2)半製品
	(3)完成品

6. **權數資料：**

(1) 權數計算法：根據 85 年台灣地區各項物品之總交易值為權數，其中各項商品之權數，按商品流通法計算。

　　　　計算公式：各商品交易值=生產總值+進口值±存貨值變動。

　　　　並以總交易值為 1000 計算各類項千分比，以陳示各類項商品權數比重之大小。

(2) 權數之蒐集：主要資料來源係根據：①工商業普查報告；②工業生產年報；③農業年報；④林業年報；⑤漁業年報；⑥海關進出品貿易統計年報；⑦各機關及民間機構提供有關統計資料等，計算其交易值。至非選查商品交易值之處理，係將其交易值分攤於同類項，且價格變動相似之商品項目內。

7. **指數公式：**

　　總指數及類指數均採用拉斯皮爾(Laspeyres)加權總值式：

$$I_{oi} = \frac{\sum \frac{P_i}{P_o} P_o Q_o}{\sum P_o Q_o} \times 100$$

P_i：計算期價格

P_o：基期價格

Q_o：基期交易值÷基期價格$= \dfrac{P_o Q_o}{P_o}$

8. **商品價格之查報：**

(1) 查價機構：由台灣省各縣市政府主計室及台北市政府主計處指定專人負責查報及審核工作。

(2) 查價週期：每月查報三次，即每月四、十四、廿四日各實地調查一次。

(3) 調查地區：調查台北市及台灣省之台中市、台南市、高雄市之躉售市場為主，並選定若干代表性商品之生產地及大宗匯集地區。

(4) 查價基準：以採用最接近生產者，或進口後第一次大盤交易價格為準，並以每一商品查二個查價地區為原則，並按規定之花色牌號及品質規格，予以固定調查，不得隨意改變。

9. **整理編算方法：**

(1) 價格整理：

① 月平均價比：用簡單算術平均法，先求出各查價地區之月平均價格，再用同法計算台灣地區之月平均價比，再求各該地區月價比。

② 年平均價格：用簡單算術平均法，先求出每查價地區年平均價格，再用同法計算台灣地區之年平均價格。

(2) 月指數及年指數：月指數以各項商品之月平均價格加權計算，年指數則以年平均價格加權計算。均採上述拉氏公式編算。

(3) 缺貨處理：各項商品之價格，如當月有缺貨者；應先查代替品價格，但缺貨商品達六個月以上者，則以新花色牌號之類似商品價格，代替原商品價格，並以新舊商品價格六個月來之價比，為調整新商品價格之折合率，其計算方法如下：

$$\frac{\text{原查某項花色牌號商品過去六個月平均價格之和}}{\text{改查某項花色牌號商品過去六個月平均價格之和}} \times \text{改查商品之價格}$$
$$= \text{換算價格。}$$

(4) 指數計算：應用電子計算機處理，數字均採用二位小數，餘以四捨五入法進位。

10. **報告編輯與發布：**

(1) 動態分析：為陳示當月份之物價變動情況，便利各方閱覽起見，除將各類物價漲跌之各種原因，加以扼要分析說明外，另在月報內編列各大中小類指數變動分析表，以及各類指數圖，藉資前後比較，察往知來。

(2) 報告種類：每月編算分析結果，於該月之八日前編布「物價動態分析速報」以應各方急切需要外；次月之十五日前編印「台灣地區物價統計月報」，分送有關機關及民間參考應用。

11. **躉售物價指數應用實例：**

(1) 用於計算貨幣升值，以清結長期債務。

(2) 用於計算固定幣值，以求實質之增加率。

(3) 用於計算企業之資產重估。

（三）台灣地區股價指數

目前台灣地區股價指數有：

1. 台灣證券交易所股價指數：

(1) 在台灣證券交易所上市之股票截至民國 91 年 6 月為止上市公司共計 593 家，上市股票 638 種，資本總額達新台幣四兆一仟二佰五十五億九仟六佰萬元，四千零六億二仟八百餘萬股，開戶人數也高達六百多萬人，每天實際進場交易的戶數，約為開戶數之十分之一，各種股票每天漲跌不一，一種股票上漲並不代表所有的股票皆會上漲；反之亦然。為了讓投資人能夠對整體股票市場有概括性的瞭解，各國的證券交易所皆編製股價指數，以簡單的數字，綜合地表現出股票市場整體價格波動的趨勢。簡言之，股價指數為股票市場的指標，通常用於反應整體市場價格變動的情形。

(2) 台灣證券交易所於民國 51 年 2 月開業時，採用簡單算術平均數做為股價指數；民國 60 年改採股價加權指數，利用（巴氏公式）（以計算期的發行量加權）來計算：

台灣證券交易所在初期（民國 51 年 2 月～59 年 12 月）曾經使用簡單平均價比指數

$$I_{n.o} = \frac{\sum\limits_{i=1}^{N}(\frac{P_{n.i}}{P_{o.i}} \times 100)}{N}$$

※並未加權，大型公司與小型公司的比重相同，易使指數失真。

故而：台灣證券交易所為消除上述缺失乃於民國 60 年改採巴氏（柏謝式）發行量計算期加權綜合價格指數，並與加拿大多倫多證券交易所、美國紐約證券交易所、法國巴黎證券交易所、日本東京與大阪證券交易所等接軌。

以民國 55 年全年平均股價為基期，至於選樣之股票，除了全額交割股，其他上市股票皆納入計算，但新上市股票則於上市滿一個月的次一日納入採樣。計算公式如下：

$$加權指數 = （計算日市價總值／基期市價總值）\times 100 = \frac{\sum P_i Q_i}{\sum P_o Q_i} \times 100$$

P_i：各選樣股票計算日的市場價格

P_o：各選樣股票基期的市場價格

Q_i：各選樣股票計算日的已發行股份總額或已上市股份總額

(3) 採用發行量加權平均指數的優點是可以同時表現價量的變化。

(4) 股價加權指數是以計算期發行量來加權，當市場發行量改變時，就必須修正指數基期的市價總值。會使發行量產生變化的事項包括：①交易所調換取樣公司；②取樣公司（現金增資、公募核配第三者

認購、轉換公司債轉換為股票、發生公司合併時）。遇有上列事項時，股價加權指數必須加以修正。

(5) 交易所編製之股價指數除了「發行量加權股價指數」外，還有「工業股價平均數」、「綜合股價平均數」、「產業分類股價指數」，其中產業共有 22 類：

1. 水泥窯製	2. 塑膠化工	3. 機電	4. 水泥
5. 食品	6. 塑膠	7. 紡織纖維	8. 電機機械
9. 電器電纜	10.化學工業	11.玻璃陶瓷	12.造紙
13.鋼鐵	14.橡膠	15.汽車	16.電子
17.營造建材	18.運輸	19.觀光	20.金融保險
21.百貨貿易	22.其他		

(6) 民國 62 年 1 月 4 日起台灣證券交易所又試編「股價平均數」乙種，惟僅供內部參考。

　　該試編之「股價平均數」為道瓊氏修正平均數，與各國通行之道瓊氏修正平均數編算方法同。

　　經濟日報自增闢證券新聞版後，編刊簡單算術平均指數，又於民國 66 年 4 月獲准將該「股價平均指數」移交經濟日報。嗣後，交易所之該項試編工作隨即停止，經濟日報則將之改稱「經濟日報股價指數」，由該報逐日繼續編算與發表。

　　台灣證券交易所鑑於各業上市公司股票日漸增多，為應投資大眾及從事股市研究分析人士之需要，乃自民國 66 年起特增編分類股價指數，以供各界參考。

2. 櫃檯指數（台灣 OTC 指數）：

(1) 股票市價總值編算基期 100 點：櫃檯買賣中心自 84 年 11 月 1 日起正式對外發布「櫃檯買賣股票發行量加權股價指數」，該指數是一種以股票市價總值編算之指數，以一百點為基期。

(2) 十種分類股價指數：目前計有電子類、證券類、金融類、鋼鐵類、紡織類、機械類、電纜類、化工類、營建類及航運類等十類。

(3) 發布時間每一分鐘發布一次：櫃檯買賣中心自 88 年 8 月 23 日起將前揭股價指數及市場委託資訊，由原先每五分鐘發布一次縮短為每一分鐘發布一次，截至民國 91 年 7 月上旬為止，上櫃家數已達 404 家，指數為 127 點，每日成交總值約百億上下。

3. **經濟日報股價平均指數：**

   經濟日報股價平均指數的公式如下：

$$經濟日報股價平均指數=[\sum_{i=1}^{n}P_i/n]/[\sum_{i=1}^{n}P_o/n]\times100，$$

如上式所示，經濟日報股價平均指數並未以發行量來加權，強調股價的變化；該指數基期為民國 62 年 1 月 4 日，亦即 P_{io} 為第 i 個選樣股票在民國 62 年 1 月 4 日的市場價格。該指數在樣本公司增資或除權時，必須加以修正。

4. **工商時報股價指數：**

   工商時報採用「經濟學家普通股價指標(economist ordinary share indicator, EOSI)」公式修正而成，其於民國 73 年 12 月 1 日所發表的股價指數如下：

$$工商時報股價指數=\frac{1}{n}\sum_{i=1}^{n}\frac{P_{it}}{P_{io}}\times400，$$

P_{io} 為第 i 個選樣股票在民國 72 年的市場平均價格。

   工商時報股價指數也未以發行量來加權，基期為民國 72 年，基期指數為 400 點，除權時並不做修正。由於該指數並未以量加權，對股價的變動較敏感。

5. 常見的外國物價指數如下表：

名　　　稱	公　　式	說　　明
道瓊工業指數(DJIA) (Dow Jones Industrial Average Index)	$\sum\limits_{i=1}^{30} P_{it}/D_{adj}$	算術平均數，樣本為紐約證券交易所中 30 家大型公司（原先 D_{adj}=30）。
史丹普綜合指數 (S&P 500 Index)	$\{\sum\limits_{i=1}^{500} P_{it}Q_{it}/\sum\limits_{i=1}^{500} P_{io}Q_{io}\}\times 100$	以紐約證券交易所中 500 家公司為樣本，基期為 1941～1943。
日經指數 (Nikkei Index)	$\sum\limits_{i=1}^{225} P_{it}/D_{adj}$	以東京證券交易所第一部的 225 個上市公司為樣本。
倫敦金融時報指數 (FT-30 Index)	$\{\dfrac{P_{1t}}{P_{1t-l}}\times\dfrac{P_{2,t}}{P_{2,t-l}}\times\cdots\times\dfrac{P_{30,t}}{P_{30,t-l}}\}^{1/30}\times 100$	以倫敦證券交易所 30 家大型上市公司為樣本。

（四）進出口物價指數

1. 查編沿革：

　　台灣地區進出口物價指數，初由台灣銀行、中央銀行、國際貿易局會同編製「台灣進出口貨價指數」。原為調度外匯及核定進出口配額之參考，於民國 43 年開始編製。其價格資料，進口部分採用國內市場批發價格；出品則大部分採用產地價格。至民國 63 年因編算技術及管理等問題，認為編製指數代表性不大，國際貿易局決定予以停編，並建議改由行政院主計處編布。

　　台灣地區海島經濟及物價變動，受國際間價格升降之影響甚大；尤以近年來對外貿易之迅速成長，益見其重要性。美、日、西德等國均編有進出口物價指數，供為國際貿易需用參考，乃由行政院主計處責成專人，蒐集有關資料，著手研定有關編算事宜。迄民國 66 年 8 月，因應工作需用，函請中央銀行，經濟建設指數審議委員會、國際貿易局、海關總稅務司署等有關機關指派專人，成立「進出口物價指數審議委員

會」，研討籌編事宜，並擬訂編製計畫，於 67 年上半年開始試編效果
良好，乃開始編布。最近復改編以 80 年為基期之新指數。

2. **編製目的與用途：**

(1) 編製目的：衡量台灣地區進出口物價水準之變動情形。

(2) 指數用途：

① 供調節進出口貿易及財經決策之參考。

② 供作調度外匯及核定配額之參考。

③ 作為進出口廠商調節供需及各有關機關研究分析之需用。

3. **主協辦機關：**

　　由行政院主計處主編，負責調查及編布；國際貿易局及海關總稅務
司署協辦。

4. **基期及商品項數：**

(1) 指數基期：以民國 80 年全年平均為 100，分編定基指數及環比指
數。

(2) 商品指數：

① 進口物價指數計選查 500 項商品，每項商品選查一至四種花色牌
號為原則。

② 出品物價指數計選查 500 項商品，每項商品亦選查一至四種花色
牌號為原則。

(3) 選樣範圍：選查商品項目以民國 80 年進（出）口通關值在新台幣一
億元以上者為原則，不含未列名之項目，並參考 80 年通關值，研判
未來可能發展趨勢，予以刪併選定。

5. **指數分類：**

　　本指數分為「進口物價指數」及「出口物價指數」兩種。其各別之
分類則有基本分類及特殊複分類兩種：

(1) 基本分類：為便於與台灣地區躉售物價指數比較，其基本分類如下：

① 進口物價指數：除總指數外，另編有十大類指數，二十八個中分類，二十五個小分類，其十個大分類為：農產及其加工品、礦產品、紡織纖維及其製品、紙漿及紙製品、化學材料及其製品、基本金屬、機械設備及精密器械、電機及電器、運輸工具、雜項類等。

② 出口物價指數：除總指數外，亦另編有十大類指數，三十一個中分類、三十六個小分類。其十個大分類為：農產及其加工品，紡織纖維及其製品，木竹製材、紙及製品、化學材料及其製品、橡膠及塑膠製品、基本金屬及金屬製品、機械設備及精密器械、電機及電器運輸工具、雜項類等。

(2) 特殊複分類：

① 按商品用途別分類：主要在於衡量進出口商品價格在不同用途別變動情形，以供分析用於生產，資本及消費等用品之價格變動關聯情況其分類列下：

A.生產原材料　　　　B.資本設備

$\begin{cases} \text{a.農業原料} \\ \text{b.工業原料} \\ \text{c.能源} \end{cases}$

C.消費品

$\begin{cases} \text{a.非耐久性消費品} \\ \text{b.耐久性消費品} \end{cases}$

② 按部門別分類：為衡量不同部門之商品項目價格變動情形，其分類列下：

A.農產品；B.農產加工品；C.工業產品 $\begin{cases} \text{a.輕工業產品} \\ \text{b.重化工業產品} \end{cases}$

③ 按國際貿易標準分類(SITC)：為便於與國際貿易間相互分析與比較，以作為決策參考。其類別如下：

A.食物及活的動物　　　　　　　F.化學產品

B.飲料及菸類　　　　　　　　　G.製造產品

C.粗原材料　　　　　　　　　　H.機器與交通設備

D.礦物性燃料、潤滑油及其製品　I.其他製造產品

E.動物性及植物性油脂（進口分類）

6. **權數之蒐集：**

　　根據 80 年台灣地區進（出）口選樣商品通關總額為準，未選用商品之通關額，依「複式法」加權分配併入採用項目內。

7. **指數公式：**

　　進口、出口總指數與類指數，均採用以基期總值之加權算術平均式（即拉斯皮爾式之變式）。

$$I_{oi} = \frac{\sum \dfrac{P_i}{P_o}(P_oQ_o)}{\sum P_oQ_o} \times 100$$

P_i：計算期價格

P_o：基期價格

Q_o：基期總值／基期價格

8. **商品價格之查報：**

(1) 查價方法：採「通信調查法」，即選定較具規模且誠懇合作之進出口廠商，按月填報各該進出口商品交易之價格。

(2) 查編地區：台北市及台灣省之基隆市、新北市、桃園縣（市）、高雄市、台中市、台南市等之進出品廠商。

(3) 查編週期：每月調查及編布一次。

(4) 查價基準：進口商品以 C.I.F.價格，出口商品以 F.O.B.價格為基準，同時，以本月內接近 25 日最近一次實際成交價格為準；如無交易時，可就最近行情填送。

(5) 缺價之處理：如當月貿易商沒有進出口者，仍沿用上（前）月價格為原則，並得以同類項相關價格比例設算之。

9. **整理編算方法：**

(1) 月指數：先求算每項商品所有花色牌號當期與基期之價比，於據以加權計算月指數。

(2) 年指數：求算各項商品上述價比平均值之年平均值，再據以加權計算年指數。

(3) 本指數：應用電子計算機處理，數字採用二位小數，餘以四捨五入法進位。

10. **報告編輯與發布：**

本指數編算結果之動態分析與報告發布，均與躉售物價相同。

二、物量指數

以物品數量(quantity)編算之指數。

物量指數是用來衡量經濟或商業活動中不同時期，地點的物品數量變動的情形。透過物量指數了解各產業生產「量」或貿易「量」的消長情況，並提供做為調節各產業生產、貿易的參考。

謹簡單介紹：①工業生產指數；②農業生產指數；③進出口貿易指數，其內容及差異點如下表：

■■ 表H-6　各物量（值）指數之比較

	工業生產指數	農業生產指數	進出口貿易指數
(1)主編機關	經濟部統計處	經濟部統計處	財政部統計處
(2)目的用途	為衡量工業生產變動及各業結構消長情況；提供施政計畫與經濟決策之依據	為衡量農業生產變動及各業間消長趨勢；提供施政計畫與輔導農業發展之依據	為衡量進出口貿易數量，單價及總值與貿易條件變動趨勢；提供貿易決策及調節產銷計畫之依據
(3)指數基期	民國 85 年平均=100	民國 85 年總值=100	民國 85 年平均=100
(4)指數分類	基本分類 4 大類。特殊分類 5 種（詳見前表）	計分農林漁畜 4 大類	基本分類 5 大類。特殊分類 3 種
(5)加權資料	各產品生產淨值＝生產總值－中間投入產品及費用 淨值間價＝生產淨值／生產量	各產品生產毛值＝生產總值－直接材料－間接費用（專扣除折舊及間接稅） 毛額單價＝生產毛額／生產量	視下列採用公式之不同，以各期之貿易數量或價加權
(6)計算公式	$I_{oi}=\dfrac{\sum Q_i P_o}{\sum Q_o P_o}\times100$ （詳見下表）	$I_{on}=\dfrac{\sum Q_n P_n}{\sum Q_o P_o}\times100$	價值 $I_v=\dfrac{\sum P_i Q_i}{\sum P_o Q_o}\times100$ 單價 $I_p=\sqrt{\dfrac{\sum P_i Q_o}{\sum P_o Q_o}\times\dfrac{\sum P_i Q_i}{\sum P_o Q_i}}\times100$ 數量 $I_q=I_v/I_p\times100$
(7)產品項數	選定重要產品約 330 項	農業產品約 140 項	進口品約 1,000 項，出口品約 1,200 項
(8)查報週期	每月查報一次	按生產季節定期查報	根據海關逐日均有資料
(9)查報範圍	按工商業普查中選查生產量較大廠商為對象	除畜產類中綿羊馬鹿未列查外，所有農業產品均予列查	凡經通關之全部進出口貨品，均列入編算指數

**　.▪ 表H-6　各物量（值）指數之比較（續）**

	工業生產指數	農業生產指數	進出口貿易指數
(10)查報方法	以通信調查為主；派員調查為輔（詳見工礦查報）	以派員調查為主，分由省農林廳（詳見農情查報）、糧食局、漁業局查報	以海關提供進出口資料、計價基準：進口 C.I.F.，出口以 F.O.B.為準
(11)整理編算	以人工分業整理，並惟計上下層總產量，網成各業及總指數	分由各查報機關分別整理，再以人工彙編為指數	分類整理及指數編算，均利用電子計算機處理
(12)指數編布	估計初步指數於次月 12 日發表，生產指數月報於次月底編布	當年 7 月、12 月各估計一次，於次年 5 月編布年指數	初步統計於次月 7 日編布；各項指數於次月 20 日編布

資料來源：李慶泉、宋欽增著，《政府統計實務》，P.221，71 年 9 月*表內資料已修正。

*進出口貿易量指數

1. 編製緣起：

　　進出口貿易之概況，雖可從進出口貿易值之變動情形直接得知，但貿易值是貿易數量及貿易單價之綜合結果，僅憑進出口貿易值，實不易確定其變動是否由於進出口商品之實質增減。例如進口值增加，可能由於進口商品之數量增加，也可能由於價值上漲結果，或於兩種因素互為變動之結果。欲瞭解進出口貿易實際變動情況，遂有編製貿易指數之必要。為便觀察進出口之數量、單價、價值等三種之條件兩項併同編布。至單價指數及數量指數除總指數外，另分別加編「複分類指數」如國家別、貿易結構別及國際標準分類等，以便於研究比較。

　　民國 42 年起由財政部統計處編製「台灣進口貿易指數」按月刊行。剛於民國 45 年至 50 年間因匯率發生不正常波動，曾採用「固定匯率法」〔即依當時率對 41 年（基期）匯率比率調整當期貿易值〕予以調整後編算，以免不正常變動之影響。又由於我國進出口貿易發展迅速，貿易結構隨著發生很大變化，為適應此種變化及改進指數編製方

法，均於每隔 5 年重新修正改編一次 63 年 3 度修正，最近復改編以 85 年為基期之指數。

2. **編製目的與用途：**

(1) 目的：以衡量我國進出口貿易數量、單價及價值變動情況與貿易條件之演變趨勢為目的。

(2) 用途：提供政府釐訂貿易政策、經濟發展計畫及國內產銷調節參考，並供為國內外各機關、團體或個人應用參考。

3. **主協辦機關：**

本指數由財政部統計處負責主編；該部海關總稅務司署資訊管理中心協助編算。

4. **基期及編製週期：**

(1) 指數基期：以民國 85 年為 100，分編定基指數及環比指數，以利比較。

(2) 編製週期：每月編製一次，約於次月廿日前編製完成。

5. **選取項數與指數分類：**

(1) 選取商品項數：選用進口商品樣本 1,000 項，出口商品樣本約 1,200 項。

(2) 分類標準：所採用商品樣本，係按我國商品標準分類的最細分類即 C.C.C.六位數號列）。指數分類亦採用一分類標準。茲將現編分類指數之指數，分類分為五大類如次：

總指數

　　1.類：農林漁牧產品

　　2.類：礦產品

　　3-4 類：製造業產品

　　5.類：水電煤氣

　　6.類：其他商品

(3) 指數種類：包括定基指數及環比指數兩大類。各類復按進口及出口分別編製單價指數、數量指數及價值指數三種。此外，並計算純貿易條件及貿易所得條件兩項併同編布。至單價指數及數量指數除總指數外，另分別加編「複分類指數」如國家別、貿易結構別及國際標準分類等，以便於研究比較。

6. **權數之蒐集：**

　　由於價值及單價指數採用公式不同，分別蒐集基期及計算期之通關貿易量值，按複式計算各種公式所需之權數。其中單價指數分別以該商品之基期及計算期數量為權數。

7. **編算資料來源與計價基準：**

　　資料來源：編製指數所用資料，均以我國海關總稅務司署所編之進出口貿易統計資料為依據。該項資料計價，係依照國際慣例，進口以C.I.F.（包括保險費及運費之到岸價格），出口以 F.O.B.（不包括保險費及運費之離岸價格）為標準，均以新台幣表示。

8. **指數公式：**

　　指數採用總值式及費暄氏理想公式(L Fisher ideal formula)：

(1) 定基指數：

① 價值指數：$I_v = \dfrac{\sum P_i Q_i}{\sum P_o Q_o} \times 100$

　　$\sum P_i Q_i$ 為某類商品計算期之出（進）口總價，$\sum P_o Q_o$ 為某類商品基期之出（進）口總值。

② 單價指數：$I_Q = \sqrt{\dfrac{\sum P_i Q_o}{\sum P_o Q_o} \times \dfrac{\sum P_i Q_i}{\sum P_o Q_i}} \times 100$

　　P_i 為計算期單價，P_o 為基期單價，Q_i 為計算期數量，Q_o 為基期數量，$\sum P_i Q_i,\ \sum P_o Q_o$ 分別代表某類商品計算期及基期之選樣值合計。

③ 數量指數：$I_Q = \dfrac{I_v}{I_p} \times 100$

④ 純貿易條件：$T_N = \dfrac{I_{PE}}{I_{PI}} \times 100$

　　I_{PE}：代表出口單價指數，I_{PI}：代表進口單價指數。本公式計算結果大於 100，表示對我國經濟有利，否則不利。

⑤ 所得貿易條件：$T_I = T_N \times I_{QE} / 100$

　　I_{QB}：代表出口數量指數。

(2) 環比指數：計算期環比指數＝（計算期定基指數÷上期定基指數）

　　$\times 100 = \dfrac{I_{01}}{I_{0(i-1)}} \times 100$

9. 資料之整理與編布：

(1) 資料整理：利用海關總稅務司署資訊管理中心計算機，按月（年）直接抽樣編製指數，並將各類指數變動原因加以扼要分析，以顯示貿易條件之盈虧消長情況。

(2) 報告之編布：編算結果每月（年）於財政部統計處刊印「進出口貿易統計月報」發布，以供各方參考應用。

10. 近期改進要點：

(1) 最近改以 85 年為基期之指數，已增編國家別及貿易結構別複分類指數，可增廣指數用途。

(2) 另按國際貿易標準分類指數，便利國際間比較。並就現有資料增算毛貿易條件＝$\dfrac{出口數量指數}{進口數量指數}$，以利應用。

(3) 單邊要素貿易條件，配合經濟部工業生產指數資料，按年或半年編製一次。

三、物值指數

以物品價值(value)編算之指數。

物值指數是當期的購買值與基期的購買值的百分比。物值指數是衡量產品的當期價值與基期價值相對變化的指數，又稱價值指數。

常用的物值指數有工業生產值、銷售值、以及進出口貿易值指數。物值指數的公式為；

$$VI_i = \frac{\sum\limits_{i=1}^{n} P_{ii}Q_{ii}}{\sum\limits_{i=1}^{n} P_{oi}Q_{oi}} \times 100$$

我國進出口貿易值指數之：

1. 編算資料來源與計價基準：

資料來源：編製指數所用資料，均以我國海關總稅務司署所編之進出口貿易統計資料為依據。該項資料計價，係依照國際慣例，進口以 C.I.F.（包括保險費及運費之到岸價格），出口以 F.O.B.（不包括保險費及運費之離岸價格）為標準，均以新台幣表示。

2. 指數公式：

指數採用總值式及費暄氏理想公式(I. Fisher ideal formula)。

（一）定基指數

1. 價值指數：$I_v = \dfrac{\sum P_i Q_i}{\sum P_o Q_o} \times 100$

$\sum P_i Q_i$ 為某類商品計算期之出（進）口總價，$\sum P_o Q_o$ 為某類商品基期之出（進）口總值。

2. 單價指數：$I_p = \sqrt{\dfrac{\sum P_i Q_o}{\sum P_o Q_o} \times \dfrac{\sum P_i Q_i}{\sum P_o Q_i}} \times 100$

P_i 為計算期單價，P_o 為基期單價，Q_i 為計算期數量，Q_o 為基期數

量，$\sum P_i Q_i$, $\sum P_o Q_o$ 分別代表某類商品計算期及基期之選樣值合計。

3. **數量指數**：$Iq = \dfrac{I_v}{I_p} \times 100$

4. **純貿易條件**：$T_N = \dfrac{I_{pE}}{I_{pI}} \times 100$

   I_{pE}：代表出口單價指數，I_{pI}：代表進口單價指數。本公式計算結果大於 100，表示對我國經濟有利，否則不利。

5. **所得貿易條件**：$T_I = T_N \times I_{QE}/100$

   I_{QE}：代表出口數量指數。

（二）環比指數

計算期環比指數＝（計算期定基指數÷上期定基指數）$\times 100 = \dfrac{I_{oi}}{I_{o(i-1)}} \times 100$

習　題

1. 何謂指數？指數具有何種基本性質？（普考統計學概要考題）

2. 試舉例說明指數應具備(1)綜合性(2)相對性(3)平均性(4)代表性。

3. 闡明指數之概念與功用。拉氏公式為編製指數最常用之公式，其優越之處何在？（商考統計學考題）

4. 試述指數的種類，指數何以要加權？

5. 編製指數的流程為何？試說明指數公式之考驗標準與無偏誤選擇條件。並論及目前世界各國編製各種指數多採用拉氏公式，其故安在？（乙特考統計學考題）

6. 我國現編進出口貿易指數有那幾種？並就其資料來源，分類標準及編製指數公式，列舉說明之。（高考統計實務考題）

7. 詳述指數公式優劣評量的條件，理想公式為何被稱為理想公式？

8. 我政府對於工業生產指數曾予修訂，試說明其要點。（高考、特考統計實務考題）

9. 試說明經濟部工業生產指數之編製方法。（經建特考考題）

10. 編製物價指數，對於指數公式所應具備之條件為何？試說明之。（乙特考考題）

11. 我國現編台灣地區都市消費者物價指數，由何機關主辦與協辦？試就其查價項目、查價地區、指數分類、基期、權數與計算公式等，分別說明之。（高考統計實務考題）

12. 我國現編台灣地區之主要物價指數有哪幾種？試說明其基本分類與複分類指數之分類內容。（高考統計實務考題）

13. 我國現編進出口貿易指數有哪幾種？並就其資料來源、分類標準及編製指數公式，列舉說明之。（高考統計實務考題）

14. 試說明我國現編台灣地區臺售物價基本分類指數之編製目的、調查項目、採用加權資料及計算公式；並申述年來對臺售物價特種複分類指數方面，有何重大改進？（高考統計實務考題）

15. 闡明指數之概念與功用。拉氏公式為編製指數最常用之公式，其優越之處何在？（高考統計學考題）

16. 選擇指數計算公式應注意其有無偏誤，試說明衡量偏誤之標準如何？以及如何選定適用之計算公式。（丙特考統計學概要考題）

17. 試根據下表甲乙兩種商品 85 年、86 年及 87 年之價格及產量資料，利用拉氏公式（以基期產量為權數之加權總值式），分別以(1)15 年為基期，(2)85 年及 86 年平均為基期，求算 87 年之物價指數。

商品	價格（每公斤：元）			產量（公斤）		
	85 年	86 年	87 年	85 年	86 年	87 年
甲	14.0	21.0	27.0	1,500	2,000	2,250
乙	0.8	1.5	2.1	23,000	35,000	41,000

18. 就我國現編躉售物價指數，分別說明下列各點：

(1) 是項指數編製之目的與用途。

(2) 指數之權數如何蒐集與計算。

(3) 指數分類概況。（高考統計實務考題）

19. 我國現編工業生產指數由何機關主辦？試就其編製目的與用途，指數分類，權數之蒐集，分別說明之。（普考統計實務考題）

20. 我國中央政府現編物價指數有哪幾種？試分就其資料來源，大分類標準，基期，計算公式及權數如何計算？分別說明之。（高考統計實務考題）

附錄 I 習題解答

習題一

1. 試分別寫出兩種連續變數及間斷變數。

    解 連續變數：身高，體重；間斷變數：人口數，球員號碼。

2. 試分別寫出兩種名義、次序、等距及比率變數。

    解 (1)身分證字號，血型。　(2)等第(A、B、C)，軍階。　(3)智商，溫度。　(4)身高，年齡。

3. 試指出表 1-8 的(1)組距，(2)組中點，(3)組界及(4)累積次數表。

.Ⅱ 表1-8

體　　重	人　　數
80～87	16
88～95	37
96～103	50
104～111	29
112～119	17

解 (1)8　(2)83.5, 91.5, 99.5, 107.5, 115.5

(3)79.5, 87.5, 95.5, 103.5, 111.5, 119.5

(4)

體　　重	以下累積次數	以上累積次數
79.5～87.5	16	149
87.5～95.5	53	133
95.5～103.5	103	96
103.5～111.5	132	46
111.5～119.5	149	47

4.　某棟大廈 31 戶住戶，去年夏季各戶的打電話時間如下所示：

128　174　259　282　191　131　238　262　280　231

159　174　232　216　260　256　187　115　152　178

229　192　308　114　239　152　234　218　235　151

237

試建立一個有 6 組的次數分配表。

解

	戶　　數
100～134	4
135～169	4
170～204	6
205～239	10
240～274	4
275～309	3

5. 試將題 4 的分配表，畫成(1)直方圖，(2)次數多邊圖及(3)累積次數多邊圖。

解 如圖 1-9 所示。

(1) 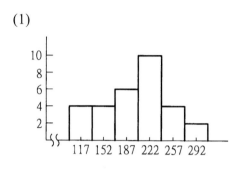 (2)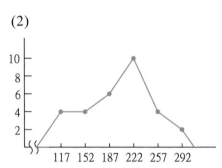

(3)

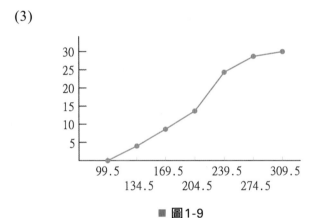

■ 圖1-9

習題二

1. 一家公司某日 10 通電話的通話時間（以分計）如下：

4, 11, 2, 1, 15, 2, 13, 16, 6, 7

試求其平均數，中位數，眾數及第三四分位數。

解 1, 2, 2, 4, 6, 7, 11, 13, 15, 16

平均數 $\dfrac{77}{10} = 7.7$、中位數 $\dfrac{6+7}{2} = 6.5$、眾數=2

因 $O(Q_3) = 3 \times \dfrac{10+1}{4} = 8.25$,

故 $Q_3 = 13 + (15-13) \cdot 0.25 = 13.5$

2. 一家已成立五年之公司，其員工在職月數如表 2-7 所示：

.Ill 表2-7

在職月數	人　數
49～60	7
37～48	10
25～36	15
13～24	5
1～12	3

試求平均數、中位數、Q_1 及 P_{70}。

 解

組距	f	組中點	d	fd	累積次數
49～60	7	54.5	2	14	40
37～48	10	42.5	1	10	33
25～36	15	30.5	0	0	23
13～24	5	18.5	−1	−5	8
1～12	3	6.5	−2	−6	3
				13	

$$\bar{X} = 30.5 + \frac{13}{40} \times 12 = 34.4$$

$$Me = 24.5 + (\frac{40}{2} - 8) \times \frac{12}{15} = 34.1$$

$$Q_1 = 24.5 + (\frac{25}{100} \times 40 - 8) \times \frac{12}{15} = 26.1$$

$$P_{70} = 36.5 + (\frac{70}{100} \times 40 - 23) \times \frac{12}{10} = 42.5$$

3. 本校球隊中，甲、乙兩位是打小前鋒的選手，以下為兩位選手在打完十場比賽，每場比賽的個人得分：

	一	二	三	四	五	六	七	八	九	十
選手甲：	21	21	7	19	20	22	19	18	23	6
選手乙：	17	19	19	18	20	17	18	15	20	22

(1) 下一場比賽應先讓哪一位選手上場比賽？

(2) 如果選手甲在第三與第十場是因為感冒之故，才使得得分降低，那麼下一場比賽應讓誰先上場？

解 (1) 應讓選手乙先上場比賽，因為選手乙的平均得分比較高，因乙平均得分 18.5 高於甲的 17.6。

(2) 應讓選手甲先上場比賽，因為在除去感冒的兩次比賽後，八次平均得分選手甲(20.375)比選手乙(18)高。

4. 某家公司 10 位員工薪水的平均數為 35400 元，中位數為 34200 元，眾數為 33000 元。若這個月每人加薪 3000 元，試問平均數、中位數及眾數各變為多少？若只有薪水最高的總經理加薪 5000 元，則變化又如何？

解 (1) $\bar{X} = 35400 + 300 = 38400$ （元）

$Me = 34200 + 3000 = 37200$ （元）

$Mo = 33000 + 3000 = 36000$ （元）

(2) $\bar{X} = 35400 + \dfrac{5000}{10} = 35900$ （元）

$Me = 34200$ （元），不變

$Mo = 33000$ （元），不變

習題三

1. 隨機抽查台中某個街道路從 1 號到 30 號的人家中，每戶擁有汽車與機車的總個數如表 3-6 所示，試求該樣本的標準差及變異數。

..ll 表3-6

1 號	3	11 號	5	21 號	2
2 號	4	12 號	4	22 號	3
3 號	2	13 號	4	23 號	2
4 號	3	14 號	2	24 號	5
5 號	5	15 號	2	25 號	2
6 號	2	16 號	3	26 號	4
7 號	3	17 號	5	27 號	1
8 號	2	18 號	2	28 號	4
9 號	1	19 號	3	29 號	3
10 號	3	20 號	1	30 號	3

 解 因平均數為 3.81，代公式後可得

標準差：1.20

變異數：1.44

2. 高速公路上隨機抽查駕駛人的年齡如表 3-7 所示，試其求標準差及變異數。

..ll 表3-7

年　　齡	人　　數
11～20	38
21～29	110
30～39	122
40～49	91
50～59	71
60～69	82

	f	d	fd	fd^2
11～20	38	−2	−76	152
21～29	110	−1	−110	110
30～39	122	0	0	0
40～49	91	1	91	91
50～59	71	2	142	284
60～69	82	3	246	737
總計	514		293	1375

$$\overline{X} = 34.5 + \frac{293}{514} \times 10 = 40.2$$

$$S = \sqrt{\frac{1375}{514} - (\frac{293}{514})^2} \times 10 = 15.36$$

$$Var = 15.36^2 = 236$$

3. 某家銀行 10 位信用卡樣本的帳戶餘額平均數為 157800 元，標準差為 8320 元。若本月份這些用戶：

   (1) 均提款 10000 元，則平均數與標準差變化如何？

   (2) 若每人存款增加至原來的兩倍金額，則平均數與標準差變化如何？

   解 (1)　$\overline{X} = 157800 - 10000 = 147800$（元）

   $S = 8320$（元），不變

   (2)　$157800 \times 2 = 315600$（元）

   $S = 8320 \times 2 = 16640$（元）

習題四

1. 甲廠牌電視零件的良品率為 70%，今隨機抽取 10 件為樣本，若 X 表示 10 件中的良品數，試求：

   (1) 其平均數及變異數。

(2) 10 件中有 8 件是良品的機率。

(3) 至少有 8 件是良品的機率。

解 (1) $E(X) = np = 10 \times 0.7 = 7$

$V(X) = npq = 10 \times 0.7 \times 0.3 = 2.1$

(2) $C_8^{10}(0.7)^8(0.3)^2 = 0.233$

(3) $1 - P_r(x < 8) = 1 - 0.851 = 0.149$

2. 若晚會上摸彩中獎的機率為 1%，則張三抽中獎品的機率為多大？而他中獎的期望值及變異數為多少？

解 因 $p = 0.01$

故 $P(X = 1) = p^1\ q^0 = 0.01$

$E(X) = 0.01$，$V(X) = 0.01 \times 0.99 = 0.0099$

3. 已知三月份南部某經銷商 12 位的新車買主中，有 5 位為女性，現在欲從中抽出 5 位買主來作問卷，試問包括 2 位女性買主的機率為何？

解 $\dfrac{\dbinom{5}{2}\dbinom{7}{3}}{\dbinom{12}{5}} = 0.442$

4. 假設台灣地區一年中發生颱風經過的平均次數為五次，試求台灣地區一年中發生颱風經過七次的機率？

解 $P_r(X = 7) = \dfrac{5^7}{7!}e^{-5} = 0.104$

5. 若高速公路上抓到駕駛人超速的機率有 23%。試問在高速公路上，交通警察攔截第 10 部汽車，駕駛人恰是第 3 個超速的機率是多少？

解 $P_r(X = 3) = C_2^9(0.23)^3(0.77)^{10} = 0.07$

6. 若一隨機分配滿足 $B(15,0.5)$，試求其平均數及變異數，並求其機率直方圖及其相對曲線圖。

解 $n = 15$ $p = 0.5$

$E(X) = 15 \times 0.5 = 7.5$

$V(X) = 15 \times 0.5 \times 0.5 = 3.75$

機率直方圖及相對曲線圖如圖 4-4 所示。

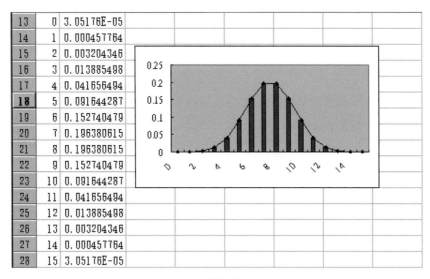

13	0	3.05176E-05
14	1	0.000457764
15	2	0.003204346
16	3	0.013885498
17	4	0.041656494
18	5	0.091644287
19	6	0.152740479
20	7	0.196380615
21	8	0.196380615
22	9	0.152740479
23	10	0.091644287
24	11	0.041656494
25	12	0.013885498
26	13	0.003204346
27	14	0.000457764
28	15	3.05176E-05

■ 圖4-4

7. 試說明波氏分配為一機率分配。

解   因 $\mu > 0$，故 $P_r(X = x) = \dfrac{\mu^x}{x!} e^{-\mu} \geq 0$ ，且各變量發生機率總和為 1，故其亦為一機率分配。

習題五

1. 假設每日光臨可口餐廳的人數為一常態隨機變數，且已知平日的平均數為 40 人，標準差為 11 人。試求某日至少會有 50 人光顧此餐廳的機率。

解 $P_r(X \geq 50) = P_r(Z \geq \dfrac{50-40}{11}) = P_r(Z \geq 0.91)$

$= 0.5 - P_r(0 < Z < 0.91) = 0.5 - 0.3186$

$= 0.1814$

2. 假設北市超級市場的每日平均營業額是以 12.3 萬元為平均數，1.4 萬元為標準差的常態分配，試計算營業金額在：(1)10.9 萬和 15.1 萬之間，及(2)少於 10 萬元的機率。

解 (1) $Z_1 = \dfrac{10.9-12.3}{1.4} = -1$，$Z_2 = \dfrac{15.1-12.3}{1.4} = 2$

故 $P_r(10.9 < X < 15.1) = P_r(-1 < Z < 2) = 0.341 + 0.477 = 0.818$

(2) $Z_3 = \dfrac{10-12.3}{1.4} = -1.64$

故 $P_r(X < 10) = P_r(Z < -1.64) = 0.5 - 0.4495 = 0.0505$

3. 假設某校期末考之統計成績是平均數 64 分及標準差 7 分的常態分配。現在若規定學生成績最差的 $\dfrac{1}{4}$ 要參加暑期輔導，試問成績多少分以下的同學必須參加？

解 因 $P_r(Z < -0.675) = 0.25$，　而　$-0.675 = \dfrac{X-64}{7}$

故 $X = 59.3$

即成績 59 分以下的同學必須參加輔導。

4. 某段時間抽查高速公路上 10 輛汽車的車速如下（以公里計）：

97, 92, 94, 88, 87, 83, 82, 87, 98, 72

試問該資料為何種峰度及偏態的分配？

解 因 $\bar{X} = 88$，$S = 7.17$，故

$\beta_2 = \dfrac{\dfrac{1}{9} \times 85572}{7.17^4} = 3.6$，$\gamma_2 = 3.6 - 3 = 0.6$，故有高狹峰趨勢。

$$\beta_1 = \frac{\frac{1}{9} \times (-2430)}{(7.17)^3} = -6.59 \text{ , 故為左偏分配。}$$

習題六

1.　表 6-6 為小新分別用不同重量的保齡球各打 5 局所得的分數，試問保齡球的重量和分數會有相關性嗎？

.ıl 表6-6

	第 1 局	第 2 局	第 3 局	第 4 局	第 5 局
12 磅	234	212	226	228	215
15 磅	183	167	180	171	169

解

第幾局數	X	Y	$X - \bar{X}$	$Y - \bar{Y}$	$(X - \bar{X})^2$	$(Y - \bar{Y})^2$	$(X - \bar{X})(Y - \bar{Y})$
1	234	183	11	9	121	81	99
2	212	167	−11	−7	121	49	77
3	226	180	3	6	9	36	18
4	228	171	5	−3	25	9	−15
5	215	169	−8	−5	64	25	40
	$\bar{X} = 223$	$\bar{X} = 174$			340	200	219

$$\text{故 } r = \frac{219}{\sqrt{340} \times \sqrt{200}} = 0.84 \text{（高度相關）}$$

2.　表 6-7 為櫻木花道在 5 局籃球比賽中所獲得的個人分數(X)和全隊得分(Y)，試問當他在某一局內拿了 25 分時，全場大約可拿多少總分？

.ıl 表6-7

	1	2	3	4	5
X	23	20	27	18	22
Y	94	88	107	105	96

解

	X	Y	$X-\overline{X}$	$Y-\overline{Y}$	$(X-\overline{X})^2$	$(Y-\overline{Y})^2$	$(X-\overline{X})(Y-\overline{Y})$
1	23	94	1	−4	1	16	−4
2	20	88	−1	−10	4	100	20
3	27	107	5	9	25	81	45
4	18	105	−4	7	16	49	−28
5	22	96	0	−2	0	4	0
	$\overline{X}=22$	$\overline{X}=98$			46	250	33

$$\beta = \frac{33}{46} = 0.72 \text{ , } \alpha = 98 - 0.72 \times 22 = 82.16$$

故 $\hat{Y} = 0.72X + 82.16$

當 X=25，$\hat{Y} = 0.72 \times 25 + 82.16 = 100.16$，約 100 分。

3. 試以上一題檢驗 $\beta = \beta_{XY} = r \times \dfrac{S_Y}{S_X}$ 的關係。

解 因 $r = \dfrac{33}{\sqrt{46} \times \sqrt{250}}$ ， $S_Y = \sqrt{\dfrac{250}{5}}$ ， $S_X = \sqrt{\dfrac{46}{5}}$

故 $r \times \dfrac{S_Y}{S_X} = \dfrac{33}{\sqrt{46}\sqrt{250}} \times \dfrac{\sqrt{250/5}}{\sqrt{46/5}} = \dfrac{33}{46} = \beta$

4. 一家公司各電器品廣告費用(X)及其相對銷售額(Y)如表 6-8 所示，其中 X 以百萬元計，Y 以百台計。

■■ 表6-8

X	2	3	4	7	6	2
Y	5	4	6	8	4	3

試求 S_{XY}，SST，SSE，SSR 及 R^2。

 $\bar{X}=4$ ， $\bar{Y}=5$ ， $S_{YX}=\sqrt{1-r^2}\,S_Y=\sqrt{1-0.64^2}\times\sqrt{\dfrac{8}{3}}=1.257$

$SST=16$ ， $SSE=9.45$ ， $SSR=6.55$ ， $R^2=0.41$

習題七

1. 假設某量販店顧客排隊等候結帳之時間為平均數 9.2 分，標準差 2.1 分的常態分配。若隨機抽取顧客 49 位，則他們平均等候時間大於 10 分的機率是多少？

   解 因 $n=49>30$，故可利用中央極限定理

   $$\mu_{\bar{X}}=\mu=9.2 \quad , \quad \sigma_{\bar{X}}=\frac{2.1}{\sqrt{49}}=0.3$$

   因 $Z=\dfrac{\bar{X}-\mu_{\bar{X}}}{\sigma_{\bar{X}}}=\dfrac{10-9.2}{0.3}=2.67$

   查表得 $P_r(0<Z<2.67)=0.496$

   故 $0.5-0.496=0.004=0.4\%$

2. 若某家連鎖超市的日營業額為一常態分配，其平均數為 10.8 萬元，標準差為 3.8 萬元。試問：

   (1) 從這些連鎖超市中隨機抽一家，其日營業額少於 5 萬元的機率為多少？

   (2) 若隨機抽取 30 家為樣本，則這些樣本的日營業額平均數介在 8 萬及 12 萬之間的機率為多少？

   解 (1) $P_r(X<5)=P_r(Z<\dfrac{5-10.8}{3.8})=P_r(Z<-1.53)$

   $$=0.5-0.437=0.063$$

(2)　因 $\sigma_{\bar{X}} = \dfrac{\sigma}{\sqrt{n}} = \dfrac{3.8}{\sqrt{30}} = 0.69$

$$故\ P_r(8 < X < 12) = P_r(\frac{8-10.8}{0.69} < Z < \frac{12-10.8}{0.69})$$
$$= P_r(-4.05 < Z < 1.74) = 0.5 + 0.4591 = 0.9591$$

3.　當自由度為 41 時，求卡方值大於 50 的機率。

解　因 $df > 30$，故接近常態

$$Z = \sqrt{2\chi^2} - \sqrt{2df-1} = \sqrt{100} - \sqrt{81} = 1$$
$$P_r(Z > 1) = 0.5 - 0.34 = 0.16$$

4.　假設食品業及美容業員工的薪資是常態分配，且兩者的變異數各為 1.5 萬及 2 萬元。現在隨機抽取食品業員工 20 人，美容業員工 18 人，計算他們薪資變異數，試問食品業的變異數是美容業變異數兩倍以上的機率是否小於 0.01？

解　因 $F = \dfrac{(n_1-1)S_1^2/\sigma_1^2}{(n_2-1)S_1^2/\sigma_1^2} = \dfrac{(19 \times S_1^2)/1.5}{(17 \times S_2^2)/2} = 1.49 \times 2 = 2.98$（設 $\dfrac{S_1^2}{S_2^2} = 2$）

且 $F_{0.01(19,\ 17)} = 3.16$

由於 $2.98 < 3.16$，故其機率大於 0.01。

5.　若 A 廠牌汽車的使用年限為平均數 10.5 年的常態分配，但標準差未知。現在隨機抽出該產牌 25 輛汽車，計算其標準差為 3.5 年，則這些車輛的使用年限不足 8.75 年的機率有多少？

解　$\dfrac{\bar{X} - \mu}{S/\sqrt{n}} \sim t(24)$

$$故\ P_r(\bar{X} < 8.75) = P_r(T < \frac{8.75-10.5}{3.5/\sqrt{25}}) = P_r(T < -2.5) = 0.01$$

習題八

1. 隨機抽樣 50 位公立圖書館的常客，發現他們每月借書的平均數目為 3.5 本($\sigma=2$)。試求該圖書館常客借書數目的 95% 信賴區間。

   解 $[3.5-1.96 \times \dfrac{2}{\sqrt{50}} \quad , \quad 3.5+1.96 \times \dfrac{2}{\sqrt{50}}]$

   即 $[2.95，4.05]$

2. 隨機抽取其行業員工 25 名，發現他們每天中午在外的伙食費平均為 140 元，標準差 30 元。試求該行業員工每日中午在外伙食費 99% 的信賴區間。

   解 $d.f.=24$，$\alpha=0.01$，查表可得 $t=2.797$

   故 $[140-2.797 \times \dfrac{30}{\sqrt{25}} \quad , \quad 140+2.797 \times \dfrac{30}{\sqrt{25}}]$

   即 $[123.4，156.6]$

3. 某大公司有員工 300 人，今隨機抽取 100 人為樣本，發現曾經出國旅遊的有 68 人，試據此推論該公司員工曾經出國旅遊的 95% 信賴區間。

   解 $p=\dfrac{68}{100}$，$q=\dfrac{32}{100}$

   故 $[\dfrac{68}{100}-1.96 \dfrac{\sqrt{\dfrac{68}{100} \times \dfrac{32}{100}}}{\sqrt{100}} \quad , \quad \dfrac{68}{100}+1.96 \dfrac{\sqrt{\dfrac{68}{100}} \times \sqrt{\dfrac{32}{100}}}{\sqrt{100}}]$

   即 $[0.59，0.77]$

4. 抽取某家公司的三合一麥片包裝 10 包，其內淨重（以公克計）如下：

$$300, 292, 278, 275, 274, 280, 290, 293, 297, 276$$

若該包裝標示的淨重為 280 公克，試利用此資料，求母體標準差 σ 的 95% 信賴區間。

解 $\bar{X} = 285.5$，$S = 9.89$，$d.f. = 9$

$\sigma = 0.05$，$\dfrac{\sigma}{2} = 0.025$ 及 $1 - \sigma = 0.975$

查表可得 $\chi^2_{0.025} = 19.023$　　$\chi^2_{0.975} = 2.7$

因此

$$\frac{9 \times (9.89)^2}{19.023} < \sigma^2 < \frac{9 \times (9.89)^2}{2.7}$$

即 $46.28 < \sigma^2 < 326.04$，故 $6.8 < \sigma < 18.1$

習題九

1. 某學院宣稱其每班平均只有 40 位學生，標準差 5 位。現在隨機抽取 50 班，發現平均有 42 位學生，試在顯著水準 0.05 下，檢定其宣稱的人數是否過低。

解 因 $Z = \dfrac{42 - 40}{\dfrac{5}{\sqrt{50}}} = 2\sqrt{2} > 1.645$，

故拒絕 H_0，即該學院宣稱的人數過低。

2. 隨機抽樣某公司標示 500 c.c.容量牛奶 16 瓶，發現其平均容量為 497 c.c.，標準差為 6 c.c.。在顯著水準 0.01 下，檢定這些牛奶瓶是否未裝滿。

$$Z = \frac{497-500}{\frac{6}{\sqrt{16}}} = -2 > -2.602 \qquad d.f.=15$$

故接受 H_0，即沒有充分證據指出該牛奶的容量低於 500 c.c.。

3. 從某校隨機抽取男生 81 名，女生 100 名，實施智力測驗（已知 $\sigma =$ 14），結果男生平均智商 105，女生平均智商 107。在 $\alpha = 0.05$ 之下，試問男、女生智商是否有顯著差異。

$$z = \frac{105-107}{\sqrt{\frac{14^2}{81} + \frac{14^2}{100}}} = \frac{-2}{2.09} = -0.956 > -1.96$$

故保留 H_0，即男女智商無顯著差異。

4. A、B 兩家公司皆宣稱他們製造的電池壽命較長。今自 A、B 兩家隨機各抽取 16 個電池，測試後發現其平均壽命各為 37 個月、39 個月，標準差各為 2、2.5 個月，假設母群體近似常態且具有相同變異數。在 $\alpha = 0.05$ 下，檢定 A、B 兩家公司製造的電池平均壽命是否有顯著差異。

$$t = \frac{37-39}{\sqrt{\frac{(16-1)2^2 + (16-1)2.5^2}{16+16-2} \times (\frac{1}{16}+\frac{1}{16})}} = \frac{-2}{0.8}$$
$$= -2.5 < -1.96 = t_{0.025}(30)$$

故拒絕 H_0，即兩家公司的電池達 0.05 顯著差異。

5.　調查工科、商科學生平均每週上網時數，隨機抽樣資料如表 9-7 所示。

表9-7

工　　科	商　　科
$\overline{X}_1 = 10.8$	$\overline{X}_2 = 9.3$
$S_1^2 = 10$	$S_2^2 = 40$
$n_1 = 10$	$n_2 = 15$

試檢定在 0.05 顯著水準下：

(1)兩科變異數是否達到顯著差異？

(2)兩科上網時數是否達顯著差異？

解 (1)　$F = \dfrac{40}{10} = 4$ ， $F_{0.05}(14,9) = 3.02$ ，故 $*p < 0.05$

(2)　$t = \dfrac{10.8 - 9.3}{\sqrt{\dfrac{10}{10} + \dfrac{40}{15}}} = \dfrac{1.5}{1.92} = 0.78$

$$d.f. = \dfrac{(\dfrac{10}{10} + \dfrac{40}{15})^2}{\dfrac{(\dfrac{10}{10})^2}{9} + \dfrac{(\dfrac{40}{15})^2}{9}} = \dfrac{13.47}{0.62} = 21.72 \approx 22$$

因 $t = 0.78 < 2.074 = t_{0.05}(22)$ ，故保留 H_0 ，即兩科學生每週上網時數未達顯著差異。

6.　欲了解兩種教學法對 10 位學生實驗後的結果，若實驗後，測得成績如表 9-8 所示，則兩種教學法在 $\alpha = 0.05$ 下是否有顯著差異？

表9-8

方法 1	19	25	14	23	19	18	15	25	22	21
方法 2	17	19	15	21	12	15	16	19	20	18

 關聯樣本 t 檢定，$df=9$，雙尾檢定

$$t = \frac{2.9}{\sqrt{\dfrac{153 - (29)^2 /10}{10 \times 9}}} = 3.31 > 3.250 = t_{0.01}(9)$$

故推翻 H_0，即兩種教學法已達顯著差異(**p<0.01)。

習題十

1. 某政黨宣稱 A 市選民有 41% 支持他們的候選人，於今隨機抽樣 500 位選民，其中有 195 位支持該位候選人。試在 0.05 顯著水準下，檢定該政黨的宣稱是否正確。

解 $p = \dfrac{195}{500} = 0.39$，由於

$n\pi = 500 \times 0.41 = 205 > 5$，且 $n(1-\pi) = 500 \times 0.59 = 295 > 5$ 故樣本比例的分配近似常態。

$$Z = \frac{0.39 - 0.41}{\sqrt{\dfrac{0.41(1-0.41)}{500}}} = \frac{-0.02}{0.022} = -0.91 > -1.96 \text{（雙尾檢定）}$$

因此接受 H_0，即該政黨宣稱正確。

2. 隨機抽查甲城市及乙鄉村兩地區夫妻離婚的比率結果如下：城市中 100 對夫妻有 25 對離異，鄉村 80 對夫妻中有 10 對離異。在 0.05 的顯著水準下，試問城市夫妻離異的比率是否較高。

解 $p_1 = \dfrac{25}{100} = 0.25$ ， $p_2 = \dfrac{10}{80} = 0.13$ ， $p = \dfrac{25+10}{100+80} = 0.19$

$$Z = \frac{0.25 - 0.13}{\sqrt{0.19 \times 0.81(\dfrac{1}{100} + \dfrac{1}{80})}} = \frac{0.12}{\sqrt{0.0034}} = 2.03 > 1.64 \text{（單尾檢定）}$$

故推翻 H_0，即城市夫妻離異的比率較高。

3. 從某學院內隨機抽取 350 位學生為樣本，在上統計課程前後，檢查學生對該科目的喜好與否，其人數如表 10-3 所示。試在 0.05 顯著水準下，檢定學生在上課前後對該科目喜好的比率是否有差異。

■■ 表10-3

（上課後）

		喜好	不喜好
（上課前）	喜好	70	135
	不喜好	90	55

解 $Z = \dfrac{70-55}{\sqrt{70+55}} = 1.34 < 1.96$，即學生在上課前後對統計喜好的比率，並無顯著差異$(p > 0.05)$。

4. 隨機抽取甲學院學生 32 人，求得上課全勤與獲取獎學金的相關係數為 0.3，試問上課全勤與獎學金的獲取是否有相關？$(\alpha = 0.01)$

解 $t = \dfrac{0.3}{\sqrt{(1-0.3^2)/(32-2)}} = 1.72 < 2.75 \quad (d.f. = 30)$

故接受 H_0，即上課全勤與獎學金的獲取未達顯著相關$(\alpha = 0.01)$

5. 欲調查商、工二科畢業生與工作起薪的相關是否有差異。今隨機抽取商科 123 名，工科 142 名，發現這些畢業生與起薪的相關係數，商科為 0.59，工科為 0.40。試問分別在$\alpha = 0.05$ 與$\alpha = 0.01$ 之顯著水準下，商、工科畢業生與工作起薪的相關是否有顯著差異？

解 $r = 0.59 \rightarrow Z_r = 0.678$

$r = 0.40 \rightarrow Z_r = 0.424$

$Z = \dfrac{0.678 - 0.424}{\sqrt{\dfrac{1}{123-3} + \dfrac{1}{142-3}}} = 2.04 < 2.58$，即未達 0.01 的顯著差異

$(p > 0.01)$；但 $Z = 2.04 > 1.96$，即達 0.05 的顯著差異$(^{*}p < 0.05)$。

6. 自國中畢業班中隨機抽取 35 位學生，實施甲、乙兩種智力測驗，並求此兩種測驗與學力測驗成績之相關。結果甲、乙兩種智力測驗與學力測驗成績相關分別為 0.74 與 0.80，且甲、乙兩種測驗之相關為 0.69。試問在 0.01 的顯著水準下，甲智力測驗與學力測驗成績之相關是否較乙種智力測驗與學力測驗成績之相關為低。

解

$$t = \frac{(0.74 - 0.80)\sqrt{(35 - 3)(1 + 0.69)}}{\sqrt{2(1 - 0.74^2 - 0.80^2 - 0.69^2 + 2 \times 0.74 \times 0.80 \times 0.69)}}$$

$$= \frac{-0.441}{0.554} = -0.797 > -2.457 = t_{0.01}(32)$$

故，接受 H_0，即沒有較低。

習題十一

1. 某大公司週一至週五請假的人數如表 11-7 所示。試在顯著水準 0.05 下，檢定該公司員工週一至週五請假的人數是否有顯著差異？

表 11-7

週	一	二	三	四	五
人	15	7	9	10	24

解

$$\chi^2 = \frac{(15 - 13)^2}{13} + \frac{(7 - 13)^2}{13} + \frac{(9 - 13)^2}{13} + \frac{(10 - 13)^2}{13} + \frac{(24 - 13)^2}{13}$$

$$= 14.30 > 9.488 = \chi^2_{0.05(4)}$$

故拒絕 $H_0 : p_i = \frac{1}{5}$，$i = 1, 2, 3, 4, 5$，即有顯著差異。

2. 調查 A 城市 300 位在職人士每個月的薪資（以仟元計），如表 11-8 所示。在 0.05 顯著水準下，檢定該城市在職人士的月薪是否呈常態分配？

■■ 表11-8

月薪	90～99	80～89	70～79	60～69	50～59	40～49	30～39	20～29	10～19	0～9
人數	11	21	33	40	55	45	38	30	17	10

解 解法如例 2 所示，即

月　薪	機　率
90～99	0.0409
80～89	0.0576
70～79	0.992
60～69	0.1469
50～59	0.1753
40～49	0.1716
30～39	0.1374
20～29	0.903
10～19	0.0479
0～9	0.0329

(1) 先將每一組上下限化為 Z 值。

(2) 查附錄 A，計算各組相對的機率。

(3) 300 乘以各組機率，即為各組的理論次數。

(4) $\chi^2 = \sum \frac{(f_o - f_e)^2}{f_e} = 3.63 < 14.067$

$\quad = \chi^2_{0.05(7)}$

故接受 H_0，即該城市在職人士月薪為常態分配。

3. 調查台中市之工、商、教三個行業對週休二日的態度，結果如表 11-9 所示。在 0.05 顯著水準下，檢定不同行業對週休二日的態度有無差異？

■■ 表11-9

	同　意	沒意見	不同意
工	55	10	35
商	48	12	30
教	60	5	15

期待次數	同　意	沒意見	不同意
工	60.4	10	29.6
商	54.3	9	26.7
教	48.3	8	23.7

因 $\chi^2 = 10.76 > 9.48 = \chi^2_{0.05(4)}$

故拒絕虛無假設，即工、商、教三個行業對週休二日的態度有顯著差異。($*p < 0.05$)

習題十二

1.　自 A、B 兩校（已知為變異數相同的常態分配）隨機抽取學生實施性向測驗，資料如表 12-18 所示。試以兩樣本 t 檢定及變異數分析法檢定 A、B 兩校學生的性向是否有顯著差異($\alpha = 0.01$)。並驗證 t 及 F 的關係。

▄▍ 表12-18

A	B
$\bar{X}_1 = 78.6$	$\bar{X}_2 = 80.2$
$S_1^2 = 51.8$	$S_2^2 = 48.3$
$n_1 = 50$	$n_2 = 40$

(1)　$t = \dfrac{78.6 - 80.2}{\sqrt{\dfrac{49 \times 51.8 + 39 \times 48.3}{50 + 40 - 2}(\dfrac{1}{50} + \dfrac{1}{40})}} = -1.06 > -2.632 = t_{0.01}(88)$

故接受 $H_0 : \mu_1 = \mu_2$，未達顯著差異

(2)　$\bar{X} = \dfrac{50 \times 78.6 + 40 \times 80.2}{50 + 40} = 79.3$

$$SS_b = 50 \times (78.6 - 79.3)^2 + 40 \times (80.2 - 79.3) = 56.9$$

$$MS_b = \frac{56.9}{2-1} = 56.9$$

$$SS_W = 49 \times 51.8 + 39 \times 48.3 = 4421.9$$

$$MS_W = \frac{4421.9}{90-2} = 50.2$$

故 $F = \dfrac{56.9}{50.2} = 1.13 < 6.93 = F_{0.01}(1,88)$

故接受 H_0，未達顯著差異

(3)　　$t^2 = (-1.06)^2 \approx 1.13 = F$ ，且

$$[t(88)]^2 = (-2.632)^2 = 6.91 \approx 6.93 = F(1,88)$$

2.　表 12-19 為某位教授分別在甲、乙及丙三班採用不同三種教學法的抽樣成績，試檢定三種教學法的成績是否達顯著差異。($\alpha = 0.05$)

▃▆ 表12-19

甲	乙	丙
79	71	82
86	77	68
74	81	70
89	83	76

解

	平方和	自由度	均方	F 值
組　間	128.00	2	64.00	1.684
組　內	342.00	9	38.00	
總　和	470.00	11		

因 $1.684 < 4.26 = F(2,9)$，故三種教學法的成績沒有顯著差異；亦即三種教學法的成績差不多。

3. 從 A、B、C 與 D 四家電池製造業中各選出 5 顆電池，分別測試它們的壽命，資料如表 12-20 所示，假設樣本來自常態母體，變異數相同。試在 0.05 顯著水準下，檢定該四家電池製造業所生產的電池壽命是否達顯著差異。

▄▋ 表12-20

A	B	C	D
25	32	24	28
23	33	24	31
20	30	23	27
27	28	27	28
20	32	22	26

	平方和	自由度	均方	F 值
組　　間	205	3	68.33	$F=13.33^*$
組　　內	82	16	5.125	
總　　和	287	19		

因 13.33>3.24=$F(3,16)$，故四家電池製造業所生產電池壽命已達顯著差別。

4. 當在進行獨立樣本單因子變異數分析時，若變數分成三組，且抽樣人數為 $n_1 = 8$，$n_2 = 6$，$n_3 = 9$。試問 F 值要多少以上，才會達到 0.05 顯著水準。

 $F_{0.05}(2,20)=3.49$

5. 某大公司調查 20～29 歲，30～39 歲，40～49 歲三個年紀層的員工每個月在食、衣、住、行四方面的花費，如表 12-21 所示。試檢定主效果是否有顯著差異及年紀層與日常生活花費是否有交互作用。($\alpha = 0.01$)

■■ 表12-21

	食	衣	住	行
20〜29	13,000	10,000	5,000	1,500
	15,400	9,000	3,000	2,500
	11,000	8,500	6,800	4,000
30〜39	11,500	12,300	5,600	5,000
	14,000	10,000	7,800	4,500
	15,600	9,800	4,500	3,600
40〜49	10,000	15,000	8,000	1,400
	11,200	13,200	7,600	2,200
	13,000	14,000	11,000	3,100

解

變異來源	SS	df	MS	F
日常生活	524941111	3	176497037	77.21
年齡層	17791666	2	8895833.3	3.89
日常生活×年齡層	61097222	6	10182870.4	4.46
誤差	54860000	24	2285833.3	
總和	322600000	36		

由上圖可知日常生活花費與年齡層有交互作用，故須繼續進行單純因子檢定即檢定 20〜29 歲的員工的食、衣、住、行四方面的花費是否達顯著差異？其採用單因子 ANOVA；同理檢定 30〜39 歲或 40〜49 歲員工的花費是否達顯著差異？方法亦同。

分析結果可知，每一個年齡層員工的日常生活花費均達顯著差異。

至於在檢定食的花費，20～29 歲，30～39 歲及 40～49 歲的三個年齡層是否達顯著差異？其也採用單因子 ANOVA；同理在檢定衣、住、或行的花費，三個年齡層是否達顯著差異？其方法亦同。分析結果可知，只有在衣的花費上；三個年齡層員工達顯著差異，其他在食、衣、行之花費則均差不多。

附錄 J　索　引

英漢名詞索引 121

名詞索引

參考文獻

1. 詹德松（民 88）。經濟統計指標（兼述政府統計實務）（三版）p.53。台北市：華泰。

2. 方純（民 64）。統計學科技資料分析方法，代序，p.2。台南市：興業。

3. 林惠玲、陳正倉（民 89）。統計學：方法與應用（二版）上冊 p.3、下冊 p.518。台北市：雙葉。

4. 張健邦（民 85）。統計學，p.486。台北市：三民。

5. 童甲春（民 89）。統計學，p.589。新北市：前程。

6. 儲全滋（民 65）。統計學，p.104~114。台北市：大同。

7. 方世榮（民 84）。統計學導論（三版）p.784。台北市：華泰。

8. 張宮熊譯（民 84）。統計學：原理、實務、方法（八版）p.645、647~648。台北市：前程。

9. 王志傑譯（民 89）。統計學技巧（十版）p.738。台北市：西書。

10. 顏月珠（民 84）。現代統計學，p508。台北市：三民。

11. 李慶泉、宋欽增（民 71）。政府統計實務，p1、p221~222。台北市：編者發行。

12. 張清溪、許嘉棟、劉鶯釧、吳聰敏（民 87）。經濟學，p.215。台北市：翰蘆。

13. 江建良（民 85）。統計學，p.562~563。台北市：李唐。

14. 中華民國台灣地區金融統計月報，p.169，台北市中央銀行經濟研究處，民國 91 年 2 月刊。

15. 國際金融參考資料第 46 期，p.328，台北市中央銀行研究處，民國 91 年 4 月。

16. 國際經濟情勢周報，第 1437 期，國際商品單元，p.73，民國 91 年 5 月 30 日，台北市中華經濟研究院，民國 91 年 5 月。

17. 國際經濟情勢周報，第 1437 期，國際經濟指標表，p.92，民國 91 年 5 月 30 日，台北市中華經濟研究院，民國 91 年 5 月。

18. 國際經濟情勢周報，第 1439 期，國際商品單元，p.15，民國 91 年 6 月 13 日，台北市中華經濟研究院，民國 91 年 6 月。

19. 台灣證券交易所上市證券概況，民國九十一年七月版，p.2，台北市台灣證券交易所，民國 91 年 7 月。

20. 中華民國台灣地區工業生產統計月報，民國九十一年五月號 393 期，p.2~4，台北市經濟部統計處民國 91 年 5 月。

21. 中華民國證券市場台灣證券交易所沿革，民國八十八年版，p.33~34 台北市台灣證券交易所，民國 88 年 12 月。

22. 台灣證券交易所 http://www.tse.com.tw 網站，民國 91 年 7 月 22 日。

_____系　　學號：_____姓名：_____

1. 一般變數分哪四種類型？其中哪一種變數只能求眾數，卻不能求平均數？為什麼？

2. 試分別寫出以上每一種變數之一種例子。

3. 何謂樣本(sample)？何謂母群體或母體(population)？請簡述之。試各舉一例說明。

4. 下列何者屬於敘述統計？何者屬於推論統計？

   (1) 今年八月份的新屋銷售率較去年同期下降了 1.3%。

   (2) 由於颱風過境造成重大損害，我們預期未來一個月內菜價將居高不下。

   (3) 台灣今年上半年的犯罪率較去年同期減少 5.6%。

   (4) 電信費率調整之後，預估每戶每年可少繳 750 元的電話費。

_____系　　學號：_____姓名：_____

1. 以下哪些為「集中量數」？(1)幾何平均數(2)中位數(3)全距(4)標準差(5)變異數(6)百分位數

2. 抽查某賣場週一至週六的營業額分別為：85, 65, 57, 60, 65, 74（萬元），求週一至週六營業額的平均數、中位數、眾數、全距各為多少？

3. 某家公司 20 位員工薪水的平均數為 35,400 元，中位數為 34,200 元，眾數為 34,000 元。這個月：

(1) 若每人加薪 3,000 元，試問平均數、中位數及眾數各變為多少？

(2) 若只有薪水最高的一位總經理加薪 5,000 元，則平均數、中位數及眾數各變為多少？

(3) 若每人薪水變為原來的 1.5 倍，則平均數、中位數及眾數各變為多少？

4. 下表為已歸類的資料(N=48)，試求：平均數、中位數、眾數（皮爾生經驗公式）。

分數	人數
90～94	1
85～89	3
80～84	6
75～79	15
70～74	12
65～69	8
60～64	3

_____系　　學號：_____姓名：_____

1. 以下哪些為「變異量數」？(1)幾何平均數(2)中位數(3)全距(4)標準差(5)變異數(6)百分位數。

2. 由於做麵包的原料漲價，某麵包店的老闆欲調整其麵包的售價，他可採取下列兩種措施。措施 A：每個麵包都漲價 10 元。措施 B：每個麵包都上漲其原售價的 50%。試問措施 A 及措施 B 對原售價的平均數、標準差及變異數各有何影響？請分別回答。

3. 試求母體 12，13，18，19，24，28 六個數值的標準差及變異數。

4. 某家公司員工 60 人，分為甲、乙兩組，甲組 20 人之平均年收入為 76 萬，標準差為 8 萬，乙組 40 人之平均年收入為 70 萬，標準差為 10 萬，試求該家公司 60 人的年收入平均數與標準差。

5. 某科系有 100 人，其中男生 40 人平均身高為 165 公分，標準差為 20 公分；女生 60 人平均體重為 56 公斤，標準差為 7 公斤。試問男生的身高或女生的體重何者較一致？

6. 若某市醫生和律師去年全年所得的分配情形如下（以萬元為單位）：

職業	人數	平均所得	中位數	眾數	標準差
醫生	240	200	150	120	50
律師	160	150	120	100	50

(1) 計算該市從事這二種職業的人（400 人）的總平均所得。

(2) 由變異係數可知哪一種職業的所得差異較大？

(3) 由（皮爾生）偏態係數可知兩種職業所得之分配呈現何種型態？

7. 下表為已歸類的資料(N=48)，試求：平均數、標準差、Q_3、P_{90} 及四分差 Q

分數	人數
90～94	1
85～89	3
80～84	6
75～79	15
70～74	12
65～69	8
60～64	3

_____系　　學號：_____姓名：_____

1. 從 6 個大人，4 個小孩中，選出 7 人來晤談。試問 7 人中包括 4 個大人的機率為多少？期望值又為多少？

2. 若某廠牌音響零件的損壞率為 2.5%，則(1)每一位購買者買到該牌音響零件的損壞機率有多大？(2)期望值及變異數又各為多少？

3. 從 6 枝不同顏色的彩色筆中選出 3 枝，有幾種選法？

4. 若高速公路上抓到駕駛人超速的機率有 0.18。試問在高速公路上，交通警察攔截第 15 部汽車，駕駛人恰是第 4 個超速的機率是多少？

5. 試求投擲一公正骰子 6 次，恰出現三次點數小於 4 的機率。而 6 次中至多出現三次點數小於 4 的機率又為何？

隨堂測驗

_____系　　學號：_____姓名：_____

1. 以下有關標準常態分配的敘述，何者正確？

   (1) $Pr(Z < 1.96)=0.05$　　　　　(2) $Pr(Z > 1.96)=0.05$

   (3) $Pr(-1.96 < Z < 1.96)= 0.95$　　(4) $Pr(0 < Z < 1.96)= 0.95$

2. 若美容店的營業額為每月平均數 10.5 萬的常態分配，但標準差未知。現在隨機抽出 25 家美容店，計算其標準差為 3.5 萬，則這些美容店的營業額不足 8.75 萬的機率有多少？

3. 假設甲公司員工的考績是一個平均數 75 分及標準差 10 分的常態分配。(1)現在若公司打算對考績最差的 25%裁員，試問考績多少分以下的員工必須有被裁員的心理準備？(2)若公司打算對考績最好的 25%加薪，試問考績多少分以上的員工能被加薪？

4. 假設某班統計成績是一個 $\mu = 85$ 分，$\sigma = 16$ 分的常態分配（成績可大於 100 分）。若老師打算對成績最好的前百分之一的學生獎勵，則該班學生能被獎勵的最低成績為多少？

5. （複選，四選二）當次數分配曲線的高峰偏向於變量較大之一方時，則 (1)偏態係數為負。(2)離差偏態為左偏或負偏分配。(3)偏態係數為正。(4)離差偏態為右偏或正偏分配。

6. 接上題，則該次數分配(1)平均數<中位數<眾數。(2)眾數<中位數<平均數。(3)中位數<眾數<平均數。(4)眾數<平均數<中位數。

_____系　　學號：_____姓名：_____

1. 何謂「母數或參數(parameter)」？何謂「統計量(statistic)」？試各舉一例說明。

2. 已知 A 班學生智商(X)與統計成績(Y)平均分數各為 100 與 75，標準差各為 12 與 10，智商與統計成績的相關係數為 0.6。(1)試求統計成績對智商的直線迴歸方程式。(2)若甲生的智商為 110，試預測他的統計成績。

3. 下表為甲球員在 5 局籃球比賽中所獲得的個人分數(X)和全隊得分(Y)，試求

   (1) 甲球員個人分數(X)的標準差？

   (2) 甲球員個人分數(X)和全隊得分(Y)之 Pearson 相關係數？（答案可以不簡化）

   (3) 甲球員個人分數(X)和全隊得分(Y)的迴歸直線方程式 $\hat{Y} = \beta X + \alpha$？

   (4) 當他在某一局內拿了 25 分時，全場大約可拿多少總分？

	1	2	3	4	5
X	23	20	27	18	22
Y	94	88	107	105	96

_____系　　學號：_____姓名：_____

1. 機率抽樣又稱為什麼抽樣？其又有數種不同之類型，請任意寫出較常用的四個類型。

2. 以下有關 t 分配的敘述，哪些是正確的？(1) t 分配為負偏分配。(2) t 分配為母體變異數未知且小樣本時適用。(3) t 分配之值可為正或負任意值。(4)無論自由度為多少，所有 t 分配固定只有一條曲線。

3. 某校若想調查 10,000 學生（10,000 學生編號如 1~10,000）中 200 位學生對學校餐廳的看法。當採取系統抽樣法，且第一組選出的是 30 號學生，則第二組選出的是幾號學生？最後一組選出的是幾號學生？

4. 採用分層隨機抽樣中的比例定分法，在 5,000 位專科生（1,998 位男生、3,002 位女生）的母體中，若欲從中抽出 10 位做實驗，則男、女生各需抽出幾位？(1)2，3 (2) 5，5 (3) 4，6。

5. 假設 A 餐廳顧客排隊等候入座之時間為平均數 7.2 分，標準差 2.4 分的常態分配。若隨機抽取顧客 64 位，則他們平均等候時間大於 8 分的機率是多少？

_____系　　學號：_____　　姓名：_____

1. 某大學有教職員工 530 人，今隨機抽取 200 人為樣本，發現結婚的有 136 人，試據此推論該大學教職員工結婚的 99% 信賴區間。則該大學教職員工已經結婚的最多人數是多少？

2. 隨機抽取某公司 25 位員工，調查他們每週看電視時數，得出其平均數為 15 小時，標準差為 5 小時。(1)試求該公司員工看電視平均時數的 95%信賴區間。(2)該公司有 95%的員工每週看電視時數約在 a 至 b 小時之間，則 a+b 之值為何？

3. 抽取某家進口食品並測得其內淨重（以公克計）如下：

280 , 293 , 278 , 276 , 292 , 275 , 300 , 274 , 290 , 297,

若該包裝標示的淨重為 282 公克，試利用此資料，求母體標準差σ 的

99% 信賴區間。

隨堂測驗

_____系　　學號：_____姓名：_____

1. 以下有關信賴係數的敘述，哪些是正確的？(1)0.95 的信賴係數犯錯之機率大於 0.99 的信賴係數犯錯之機率。(2)0.95 的信賴係數之顯著水準為 0.05。(3)0.95 的信賴區間大於 0.99 的信賴區間。(4)信賴係數常用 α 表示。

2. 若 A 廠牌汽車的使用年限為平均數 10.5 年的常態分配，但標準差未知。現在隨機抽出該廠牌 25 輛汽車，計算其標準差為 3.5 年，則這些車輛的使用年限不足 8.75 年的機率有多少？

3. 已知甲、乙兩校分別抽取 62、60 名學生參加學力測驗，其平均分數各為 92、84，標準差各為 21、23。假設母體變異數不相等，試在 0.05 的顯著水準下，檢定甲、乙兩校測驗的分數是否有顯著差異？

_____系   學號：_____ 姓名：_____

1. 若在 df=10 及 0.05 的顯著水準下，查表之 t 值為 1.812，則其表示 (1)Pr(t < 1.812)=0.05。(2)Pr(t > 1.812)=0.05。(3)Pr(t >0.05)= 1.812。(4) Pr(0 <t < 0.05)= 1.812。

2. 有關 t 分配的敘述，以下哪些正確？(1) t 分配之離差偏態為右偏分配。 (2)當 df=20 時，其平均數為 20。(3) t 分配之值可為正或負任意值。(4) t 分配表可分單、雙尾檢定。

3. 隨機抽取某公司員工 30 人，求得上班全勤與已婚的相關係數為 0.4，試 問上班全勤與已婚是否有相關？($\alpha = 0.01$)
   提示：採用 t 分配臨界值表

4. 甲超商宣稱某市有 30% 市民選用他們的日用產品，今隨機抽樣 100 位市民，其中有 32 位選用他們的日用產品。試在 0.05 顯著水準下，檢定該超商的宣稱是否正確。(1)列出虛無假設、對立假設。(2)檢定之值為何？(3)該超商的宣稱是否正確？

5. 從某學院內隨機抽取 30 位學生為樣本，在上課一學年前後，檢查學生對該學院的滿意與否，其人數如下表所示。試在 0.05 顯著水準下，檢定學生在上課前後對該學院的滿意比率是否有差異。(1)檢定之值為何？(2)學生在上課前後對該學院的滿意比率是否有差異？

（上課後）

		滿意	不滿意
（上課前）	滿意	16	2
	不滿意	8	4

_____系   學號：_____姓名：_____

1. 以下有關卡方分配的敘述，哪些正確？(1)卡方分配之離差偏態為右偏分配。(2)當 df=20 時，其平均數為 20。(3)卡方值可為正或負任意值。(4)卡方分配表可分單、雙尾檢定。

2. 一家婚紗業者在去年四季接獲新人拍照的人數如下所示，在顯著水準 0.01 下，檢定該婚紗業者在去年四季接獲新人拍照的人數比率是否有差異。(1)列出虛無假設、對立假設。(2)檢定之值為何？(3)該婚紗業者在去年四季接獲新人拍照的人數比率是否有差異？

季	春	夏	秋	冬
人數	30	39	22	25

3. 今隨機抽取 90 人，以男、女不同性別，將其
結婚狀況分成結婚、未婚兩類，結果如右表所
示。試在 $\alpha = 5\%$ 下，檢定性別與結婚狀況是否
有關？

	結婚	未婚
男	23	17
女	28	22

(1)列出虛無假設？　　　　　　(2)卡方檢定之值為何？

(3)接受或拒絕虛無假設？　　　(4)即性別與結婚狀況是否有關？

_____系　　學號：_____　　姓名：_____

1. 有關 F 分配的敘述，以下哪些正確？(1)F 分配之離差偏態為右偏分配。(2)每一 F 分配曲線是由兩個自由度所決定。(3)F 分配之值可為正或負任意值。(4)F 分配表可分單、雙尾檢定。

2. 若研究三種減肥方式對男女性別的影響，則以下哪些正確？本研究(1)有兩個主要效果。(2)有兩個交互作用。(3)有三個虛無假設。(4)若第一種減肥方式對男生較佳，而第三種減肥方式對女生較佳，則性別與減肥方式有交互作用。

3. 調查甲、乙兩校學生畢業後月薪，如下表所示。假設樣本資料來自於常態母體，且具有相同的變異數。在顯著水準 0.05 下，試以 ANOVA 及 t 檢定法去檢定甲、乙兩校畢業生平均月薪是否相同。(1)ANOVA 檢定之值（即 F 值）為何？(2)$F_{0.05}(1, 118)$之值為何？(3)甲、乙兩校畢業生平均月薪是否相同？(4) t 檢定法檢定之值為何？(5)以上 F 值及 t 值二者關係為何？

甲校	$\overline{X_1} = 90$，$S_1^2 = 70$，$n_1 = 68$
乙校	$\overline{X_2} = 88$，$S_2^2 = 65$，$n_1 = 52$

4. 某一公司隨機分派三組員工（每組各 4 人）參加 A、B、C 三種在職訓練。
試在顯著水準 0.01 下，檢定三種在職訓練後之測驗成績有無顯著差異？
(1)試寫出虛無假設、對立假設。(2)若已知組間平方和(SS_b)、組內平方和
(SS_w)各為 128、342，則由 F 檢定計算的值為多少？(3)組內自由度為多少？
(4)關鍵值為多少？(5)三種在職訓練之測驗成績是否相同。(6)此分析的因子
為何？(7)其因子水準為何？

5. 調查甲、乙、丙三種行業員工各五人，其年薪（以萬元計）如左下表所
示。試求右下表空格內的答案。

	甲	乙	丙
1	55	60	58
2	53	62	59
3	58	59	62
4	60	56	60
5	50	53	54

變異來源	SS	自由度	MS	F
組間	(1)	(4)		(6)
組內	(2)	(5)		
總和	(3)			

MEMO

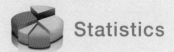
Statistics

MEMO

MEMO

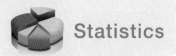

MEMO

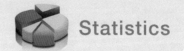

MEMO

國家圖書館出版品預行編目資料

統計學：以 Microsoft Excel 為例 / 馬秀蘭, 吳德邦編著.
　-- 九版. -- 新北市：新文京開發, 2019.09
　　面 ；　公分

　ISBN　978-986-430-551-3（平裝附光碟片）

　1.統計套裝軟體　2.統計分析　3.EXCEL（電腦程式）

512.4　　　　　　　　　　　　　　　　108013578

統計學：以 Microsoft Excel 為例（第九版）　（書號：H026e9）

編 著 者	馬秀蘭　吳德邦
出 版 者	新文京開發出版股份有限公司
地　　址	新北市中和區中山路二段 362 號 9 樓
電　　話	(02) 2244-8188（代表號）
Ｆ Ａ Ｘ	(02) 2244-8189
郵　　撥	1958730-2
七　　版	西元 2013 年 09 月 15 日
八版二刷	西元 2018 年 06 月 10 日
九版二刷	西元 2023 年 09 月 01 日

New Wun Ching Developmental Publishing Co., Ltd.

New Age · New Choice · The Best Selected Educational Publications — NEW WCDP

新文京開發出版股份有限公司

NEW WCDP

新世紀‧新視野‧新文京 ― 精選教科書‧考試用書‧專業參考書